学ぶよろこびを国語教室に

中学校国語科教育の活性化と創成を求めて

谷木由利

溪水社

父に捧ぐ

まえがき

谷木由利さん（徳島県吉野川市美郷中学校教頭）が、前著『中学校国語科における音読・朗読指導の実践的研究』（一九九三〈平成五〉年二月一日、溪水社刊）をうけ、新著『学ぶよろこびを国語教室に――中学校国語科教育の活性化と創成を求めて――』を刊行されることになった。ひたむきに取り組んでこられた十三年間の実践・研究の集積に深い感銘を覚えずにはいられない。

前著は、徳島県の中学校国語科教育に十年余全力を傾注されたのち、鳴門教育大学大学院での二年間の幅広い研究の成果であった。新著は、大学院修了（一九九一〈平成三〉年三月）後の、徳島県板野郡（現阿波市）吉野中学校、麻《お》植《え》郡（現吉野川市）川島中学校、鳴門教育大学学校教育学部附属中学校、三好郡（現三好市）東祖谷《いや》中学校における実践・研究の結実したものである。この間、一九九七〈平成九〉年には、谷木由利さんの、生活と結んで学力と人を育てる実践・研究に、「大村はま奨励賞」が贈られている。大村はま先生の精神を帯した中学校国語科教育の営みが、「活性化と創成を求め」る視点からまとめられたことに研究を共にしてきたひとりとして心から喜びたい。

谷木由利さんの念願とされる実践は、いつの場合も生徒の実態から出発した学習者中心の学室〈教室〉である。そのため、本書のⅠ～Ⅳの各部にみられるように、緻密な学習指導計画のもとに学習目標の具体化を図り、ことばによる学習が、「ことばによる人間関係」をつくり、自己を確立していく、即ち個性を伸す営みとなるようにくふうされていく。

学習者の実態から出発し、段階的に言語能力・学力を育てていくため、谷木由利さんは、中学校における国語学習の出発に際して、1学習者に優劣を感じさせない。2「手びき」など、適切な形で学習活動を支援する。3学習の基礎訓練により学習力の育成を図ることを国語科学習の活性化の基底におき、さらに中学校三年間の国語学習を支える力として、①確実に聞き取る力、②グループで話し合う力、③将来にわたっての読書生活を支える力、④自己

の学習の成果と課題を学習記録にまとめる力をねらいとしていられる。（二九七ページなど）

谷木由利さんは、こうした基本的考えをもとに、各学校・学年の実態に即して、聞く力を育て、音声表現力―音読・朗読の力を伸し、話し合う力を養い、一人ひとりの意見を育てる説明的文章の指導、文芸作品（古典を含む）の指導、さらに読書生活力に培う調べ読みの指導、意見・情報活用・情報発信力を育てるNIE学習等を展開された。しかも、学習のプロセスにおいて、「手びき」を通じての働きかけによって、ひらめきをカード化し、聞きたくなる気持を起させ、新しい発見を生むくふうがなされていく。さらに、こうした学習のすべて――学習中の気づき、友だちの発言に触発されて考え得たこと・発見はもとより、自己の関心のありよう・心の動きなど――を学習記録に収斂させていくことで、学習者には成就感とともに自己の課題が明らかになる。自己の課題に気づいた学習者は、その課題を克服するため、「自己学習力」を発動して、次の学習に意欲的に取り組んでいく。現代の教育に求められている「生きる力」、即ち「自己学習力」の育成は、このように谷木由利さんの実践・研究によって果されてきた。

さらに申せば、わが国の不易の国語教育論である西尾実先生の言語生活論、百年に一人と言われる大村はま先生の実践・研究の理念、恩師野地潤家先生の国語教育論に学び、それらに支えられた谷木由利さんの教室・教科外の営みは、ゆれ動く時代のスローガンにもぶれることがない。そこに自立した国語教育実践者の姿を見い出す。

最後に、「入学時には、一行の気づきも書けなかった学習者が、二年たってそれぞれの思いや考えを書きつづることができるようになった。」「静かに学習記録のあとがきを書く作業の中に身をおいて私は、胸の震えを押さえることができなかった。」（三九四ページ）と認められた谷木由利さんの清新で豊饒な国語教室がさらに発展するよう祈りたい。

二〇〇七（平成一九）年一月一日

元鳴門教育大学教授
博士・教育学　橋本暢夫

目次

Ⅱ　国語科授業の創成を求めて

学ぶよろこびを国語教室に

I

国語科教育の活性化を求めて

1　国語科授業の活性化をいかに図るか
――入門単元学習指導の試み――

一　入門単元指導のくふう

1　新鮮な気持ちで

中学生としてのスタート時において、国語は小学校から既に学習してきた教科であるだけに、得意だったり、苦手だったり、好きだったり、嫌いだったり、学習者の胸の中では、さまざまな思いが渦巻いている。けれども、新しいスタートラインについた今、何よりも新鮮な気持ちで、自分の可能性を信じて、だれ一人として挫折感を味わうことなく、ことばの学習に取り組ませたいという思いを強くした。

自己紹介のカードにUは、自分を見つめて次のように書いている。

ぼくは、本を読んだり、朗読をしたり、字をきれいに書くのが今でもたいへん苦手だ。でも、字をきれいに書くことは、自分がきれいに書くという気持ちがあれば書ける。ぼくは、今、前よりも字がきれく（きれいに）なっていると、ぼくはおもう。それと同じように数学、国語、理科、社会もだんだんすきになっていくと思う。

Uは、本を読むこと、朗読をすること、文字をきれいに書くことに対する苦手意識を挙げながらも、自分自身の意欲や努力によって、これらの苦手意識を克服できると信じている。また、こうした意欲や努力が、他教科の学習にも、必ずよい結果を生むものであるとしている。これからのUの学習をすすめていく力はすなわち、このU自身の自らの可能性を信じ、すすんで努力していこうとする思いそのものであるといえる。

また、学習者Iは、次のように小学校一年の時からの自分の学習過程を振り返っている。

ぼくは、小学校一年生のときは勉強がきらいではなかったが、二年、三年となっていくにつれてきらいになった。なぜかというと、学年がうえになっていくにつれて、すごくややこしくなっているからです。今とくに、嫌いな教科は国語・社会・英語である。きらいという理由もあるが苦手だからである。ぼくは、この中学校でいるあいだ、この苦手な教科が好きになれるように努力したいと思っている。ついでにぼくは、字がすんごくあらくたい（あらっぽい）。中学校にいる間になおしたい。

Iは、小学校二、三年時からの少しずつのつまずきによって次第に学習意欲をそがれていったようだ。しかし、中学校では違う、新しい気持ちで取り組みたいという思いを強く感じとることができる。「中学校にいる間に」と繰り返し書いていることから、中学校の三年間で何とかしたいという切実な思い、中学校三年間に寄せる期待の大きさが、ひしひしと伝わってくる。

学習者の十数年間の人生の中で、中学校入学は、意識して迎える初めての大きな転機であり、この機会に、「今までとは違う成長した私」を求めるのは当然のことであろう。そして、この思いこそこれからの学習を進めていくもととなる力であるといえる。入門期の学習指導では、何よりもまず、学習者のこうした思いに答えるものでなければと考えた。

大村はま氏は、中学生という時期の学習者にとって教室が魅力あるものであってほしいという願いから、次のように述べておられる。

どうぞ、教室に魅力があって、子どもたちが、そこで、優だの劣だのということではなく、その人なりの成長感に満ちて、それを実感して、伸びている、気がついたら望ましき力が自分にあった、姿勢が良くなければいけないなら、姿勢が良くなっていた、というところへもっていくのが、教室の魅力です。そういう成長のあきらかな証拠、そして、それをひしひしと子どもたちが実感しているところに教室の魅力があると思うのです。

（大村はま著『教室に魅力を』、一九八八年二月二五日、国土社刊、六六頁）

ここには、従来の国語教室で当たり前のこととしてなされてきた指導の見直しと反省すべき点への鋭い示唆が多く含まれている。学習の結果としての優劣を比較しないこと、「やってごらん」「できたましたか」式の指導ではなく、学習者の学習活動を適切な形で支援していくこと、自然に……してしまうことの必要性が説かれている。その結果、学習者は、自らの興味・関心に導かれながら、のびのびとした雰囲気の中で学習し、目標を達成することによる成就感を得ることができるようになっている。

学習者の中に、長い時間をかけて知らず知らずの間に芽生えてきた優劣の意識は、想像以上に根強いものである。それは、まず第一に、学習への興味・関心を大きくそがれることにつながっていく。「どうせ、僕なんか一生懸命やってもだめだ。」という思いを払拭するためには、かなりの時間と努力を要する。そういう思いだけは、どんなことをしても抱かせないように、入門期の単元の指導で最も留意したい点だといえる。

「この教室で、私は決して疎外されることはない」という安心感と、「先生の助言に従えば今までできなかったことができるようになった」という信頼感を教室の中に創り上げることが、入門期の指導においては、ことに大切であるといえる。またこうした指導が、国語科の授業を活性化していく上での基盤となり得ると考える。

2　学習力の育成をめざして

入門期の国語学習指導において、学習者の基礎訓練は、欠くことのできない重要な課題であるといえる。言い換えれば、中学校三年間で多様な学習活動を展開させていくためには、その出発の時点から、学力の基礎となる言語能力を、無理なく必然的に高める必要が生じてくる。いわゆる「学習のしかたを学ぶ」こともそのひとつである。

野地潤家先生は、基礎訓練の必要なものとして次の三点を挙げておられる。

① 確実に聞き取る力を身につけさせること。
② グループで話し合い、討議する力を養っておくこと。
③ 各自学習記録をまとめる力を鍛えておくこと。

言語能力の基盤としての聞くこと、コミュニケーションの基礎としての話し合いの力、また、書くことをおっくうがらない、学習主体の確立のためにも学習記録をまとめる力が不可欠のものとなってくる。さらには、これらの能力が先にも述べたように、教材に即したいろいろの学習活動の中で、「こういうしかたが国語の勉強としていいのだ」という形で、育まれることが大切になってくる。

中学校三年間を見通した上での、自然で無理のない学習の基礎訓練について、大村はま氏は、次のように示しておられる。

私は、一年生をもった場合は、たいていそうでしたけれども、最初の第一単元は「中学校国語学習準備のために」というような単元の学習でした。そして、教科書は必ず、第一単元を使いました。（引用者中略）少し経てば、いろんなことがわかってきますけれども、最初はやっぱり、新しい本をさっと開けて出発しないと、小学校から来た子どもというのは、うまくいかないのです。ですから、それを開けて、第一単元の教材を必ず使って、中学校三年間の学習のいろんな形態を、終末は発表になるんですけれども初歩的に教えたのです。そうしてだんだん訓練していくのです。司会でも何でも、一応できるように、グループの司会でしたら必ずくるくると回して、みんながやれるというところまでもっていくのです。

学習能力ということは、よく考えて、そして、それはあるという見込みをつけて、それからそれを使って次の段階の学習になるのです。話し合いなどは、とくに十分な指導をしなければならないのです。話し合いということが、新しい教育の花のようになったために、何でも話し合いにもっていく。何かわからなくなったり、ごたごたしたりしてくると、「では、話し合ってごらん」とずいぶん気軽に言われることがあるようです。しかし、「話し合って」というときは、話し合いの力が身についてきていて、先生の方も、子どもをとらえられているのでないと困ります。話し合いの場合は、先生が一段と深くクラスを把握していなければならないのですから、もし、それが不十分ならばしばらく話し合いを使っての学習はできないことになります。

（前掲『教室に魅力を』、九一～九二頁）

絶えず、学習者の実態から出発し、段階的に言語能力を育てていこうという配慮が、ここにはある。その一つは、学習指導の過程で基礎となる学力の分析が細かになされていること、さらには、学習者一人一人の現段階での学習能力が把握され、今身につけさせなければならない学習力がどのようなものであるかを的確にとらえていることといえる。

学習が、主体的で活発なものとなるためには、その学習活動にどのような基礎的な言語能力が要求されるか、さらに、その必要な言語能力が、学習者自身に備わっているかということの見極めが非常に大切になってくる。

また、教室の学習のみならず、学習者のことばの生活を生涯にわたって見通したとき、これらの基礎的な学習力とともに、読書生活を支える力をなおざりにすることはできない。いわゆる読書に親しむというだけでなく、本を使って何かをするために必要な読書技術も、この義務教育の最終段階で、ぜひ身につけておくことが大切になってくる。

本の探し方・選び方、本をその目的によって読み方を選んで読むこと、読書案内・読書新聞の活用のしかたなど読むことのいろいろの技術をメモやカードのとり方など、いわゆる情報操作の能力も身につけていけるよう系統立てることが必要になってくる。

二　入門単元指導の実際

入門期の国語科学習指導において、1　学習者に優劣を感じさせないよう、2　適切な形で学習者の学習活動を支援できるよう、3　学習の基礎訓練としての学習力の育成をはかるよう、次のような学習計画を立てた。

1　一学期の学習指導計画（『国語1』、光村図書）

学習活動	学習のための資料・教材	学習目標（指導事項を含む）
オリエンテーション —自己紹介カードを作ろう—	自己紹介の手引き 情報カード	・聞くこと、記録をすることの意味を考える。 （記録には必ず日付をいれる。）

4　　月	5　　月
「のはらうた」の朗読発表会をしよう	スカイハイツのなぞにせまる！ —作品を読んで感じたこと考えたことを発表しあおう—
「野原はうたう」　工藤　直子 「朗読」 学習の手引き 「のはらうた」プリント 話し合いの手引き 朗読発表会の手引き	「スカイハイツ・オーケストラ」　岡田　淳 「発言と話し合い」 発言メモ
・大きな声で読もうとする。 ・好きな歌を選ぶことができる。 ・何回も練習することができる。 ・進んで読もうとする。 ・野原の生き物になって読むことができる。 ・野原の生き物になって詩を作ることができる。 ・読み手の工夫に気づいて聞くことができる。 ・間のとり方を工夫して読むことができる。 ・学習中の自分の姿を記録することができる。 ・話し合いでの基本的な発言のしかたを知る。	・進んで考えたことを発言しようとする。 ・メモを用意し、進んで話し合いに参加しようとする。 ・発言の内容によって、切り出し方を工夫することができる。 ・読みながら、あるいはメモしながら情景や心情を思い描くことができる。 ・自分の考えと、他の人の考えの共通点や相違点をとらえながら聞くことができる。 ・友だちの考えをメモすることができる。 ・学習のまとまりによって記録を整理できる。 ・ことばの持つ細かな意味の違いを感じとれる。

月	単元	教材	目標
	三分間スピーチを成功させよう	【表現1】どうぞよろしく 学習の手引き 材料メモ カード　二種類	・身近な話題をとらえ、進んで書いたり話したりする。 ・聞き手に伝わる表現を心がける。 ・進んで自分に関する材料を集めることができる。 ・具体的な事実を入れて内容の構成を考えることができる。 ・カードを見て話をする経験を持つ。 ・辞書の幅広い使い方に目を向ける。
6　月	タイトルと挿し絵から内容を想像しよう	「ちょっと立ち止まって」　桑原　茂夫 ワークシート	・タイトルの字句から内容を想像できる。 ・挿し絵から、内容についてのイメージを広げることができる。 ・想像したことを検証していく形で、楽しみながら読み進めることができる。 ・たくさんの本の中から、読みたい本、さがしている本、読まなくてはならない本を見つけだす方法について知る。
	ことばの単位	【文法1】 文法を学ぶ ワークシート	・文法について興味を持つ。 ・文・文章・文節・単語など、ことばの単位を理解することができる。 ・学習記録の小見出しの付け方を知る。
	「おいのり」を声で表現しよう	「おいのり」　三木　卓	・朗読、紙芝居、劇、人形劇、いろいろな声での表現形式を知り、表現への意欲を持つ。

	7　月
	あいさつの言葉について考えよう
学習の手引き	「心のメッセージ」甲斐　睦朗 学習の手引き 意見文を書くための手引き
・何回も工夫して読む練習をする。 ・工夫したいところを台本の形で表現できる。 ・発表に向けての細々とした決定事項を自然な形で話し合うことができる。 ・発表の準備の中で、作中人物をとらえる楽しさを知る。 ・発表者の思い、工夫した点に注意しながら聞くことができる。 ・作品全体の構成をとらえながら、部分の発表を聞くことができる。 ・自然なイントネーションになるよう工夫する。	・ことばの豊かさに関心を持ち、進んで調べようとする。 ・あいさつことばにこめられているいろいろの情報をカードに整理することができる。 ・自分たちの身近なあいさつことばも、カードに分類整理できる。 ・とったカードを、別の観点で分類してみる。 ・とったカードをもとに、事例を挙げて簡単な意見文を書いてみる。 ・一学期の学習記録の整理とまとめをする。

2　学習の実際と指導上の留意点

＊優劣の意識について

四月の「のはらうた」朗読の発表会や、六月の「おいのり」の発表会は、どちらも学習内容は次の学習に移った段階の五十分授業のはじめの五～十分を取って、一グループずつおこなった。これは、第一に発表を比べあうことにつながらないようにと考えての結果である。聞き手は、楽しく興がのってくると、「ほかのグループの発表も聞きたい」とせがむことがあったが、原則はまげなかった。比べることは、なんといっても優劣の意識に結びつき易いからである。発表の終わったあとには、いろいろな視点から、その発表のよかった点を必ず一つは挙げて、指導者が批評するようにした。

また、当然のことではあるが、学習者が自らの力を意識することなく、学習に取り組めている場合は、その学習態度に如実に現れる。聞きひたり、読みひたり、作業に集中する態度がそれだといえる。一学期は、「野原はうたう」の好きな詩を選んで理由を書く活動、「スカイハイツ・オーケストラ」の発言のためのメモを書く活動、スピーチのための材料探しや構成を考える作業、「心のメッセージ」のあいさつことばのカード化の作業など、個別の学習活動を多くした。他の学習者に相談するのではなく、指導者が適切なサポートをするよう心がけ、学習に集中できるように配慮した。困ったときには、手引きを読むこと、指導者の助力を得ることで、必ず次の学習に進んでいけるという成功感を持たせ、優劣の壁を打ち破りたかったからである。

テストも、百点満点の総合点による評価を避け、観点や、ジャンル別の部分点による評点とした。学習者は、どうしても百分のいくらという形で、自分の学習結果をとらえようとしがちであるが、細かな部分に分けて自分の学力をとらえることで、優劣の意識から解放されて自分の力の足りない点、優れている点をつかめるようにさせたかった。

＊聞く力について

先に、発表は一グループずつ、比べあうことを避けてと述べたが、発表の聞き方としては、それぞれの発表のよい点を聞きながらメモするようにした。「野原はうたう」「おいのり」とも、学習記録にはさまざまの観点から、よい点をとらえようとする努力のあとがうかがえ、他の学習者の発表を聞く態度も日増しに温かい雰囲気のものになってきた。また失敗を笑うような場面もほとんど見られない。入学当初は、「いじめ」の問題も抱えていたが、「よさを聞きあう」学習によって、教室の雰囲気も温かくなったように思える。

将来的には、聞き分けること、聞いて批評することも大切になると思うが、一学期を通して、話し手の工夫に注意して聞く力はかなりついてきたように思う。

＊話し合いについて

「のはらうた」の朗読発表会のための話し合いでは、台本形式の手引きを用いて、五人グループで全員が、司会、賛成、反対、提案のしかたなどを一通り経験したあと実際の話し合いに入ったため、全員が話し合いに参加することができた。また、話し合いによって決定したことが、朗読分担など、今決定しておかなければならないことばかりであったので、熱心に意見を述べ、決まったことを記録していた。しかし、話し合いのしかたを身につけるという点では、充実した話し合いの雰囲気をつかんだ程度にすぎないかもしれない。話し合いの始め方、問題提起のしかた、賛成意見の述べ方は、後におこなったテストの結果を見ても、かなり、習得できたように思う。意見の述べ方、聞き方、司会のしかた等の細かい系統的指導が、要求されるところである。

「スカイハイツ・オーケストラ」では、主人公の少年を励ます不思議な男や、スカイハイツの住人をめぐって、一通り読み終えた段階でたくさんの疑問が生まれ、そのなぞときのおもしろさに引かれて、全体での話し合いは、楽しく活発なものになったが、しかし、意見の切り出し方や話し合いのメモの取り方では、教科書の手引きを十分生かせなかった。ここでの、この段階での話し合いは、大村はま氏の実践されたように、まず二人の意見をまとめ発表する形でおこなえば、話し合いの力を一段と伸ばすことができたと、反省している。

＊学習記録について

記録は、学習した内容とともに、学習の途中で考えたこと、ひらめいたこと、新しく覚えたことばや漢字、他の学習者や指導者の話なども記録させる。

また、学習主体の確立をめざして、自己の学習する姿を客観的にとらえられるように配慮した。

「野原はうたう」の学習記録を見た後、次のような点を指導した。

◎記録はまず時間の流れに従って――が基本。

みんなの学習記録を見ると、プリントやけい紙をとじている順番が人によってまちまちです。これでは、記録を見直したときにどこに何があるかさがすのに苦労しますし、第一に、学習の流れを振り返るということもできません。

プリントやワークシート、けい紙は学習した順番にとじていきましょう。まだ使っているけい紙や使っていないけい紙・カード・ワークシート類は、最後にとじていつでも取り出せるようにしておきましょう。

◎その日の記録はその日のうちに！

日記などの記録も同じことですが、その日の記録、プリントの整理などはその日のうちに片づけるようにしましょう。たまってしまうと、どうしてもおっくうになって、そのうちに、何がなんだかわからなくなってしまいます。

◎学習の途中で考えたこと、ひらめいたこと、疑問に思ったこと、友だちや先生の話、新しく出てきたことばや漢字などについて考えたこともメモしておこう。

◎自分の学習する姿を記録していこう。

＊今日私は、野原はうたうの中で、詩を選ぶ勉強をしました。いろいろなおもしろい詩などいろいろな詩が読めて楽しかったです。

＊今日は、集中できたけど、少し友達と相談してしまいました。

＊私は、図書室で、朗読のしかたについて勉強しました。私の知らなかったことが、いっぱいわかって良かったです。

＊今日、のはらうたの勉強をしました。詩の中にこめられていることが強く感じられました。「詩っていいなあ。」と思いました。

＊今日の時間は、自分の詩を書くことになりました。自分が思っている気持ちをそのまま書くのは、むずかしいと思いました。

＊今日の時間は、朗読発表会の練習をしました。自分の分担を決めて五人でしました。楽しかったです。自分の態度はきちんとできました。

＊今日私は教科書から好きな「し」を書き写しました。好きな「し」を書くと何度も「いいなあ」と思いました。

＊今日私は、先生がくばってくれた資料から好きな「し」を書きうつしました。いいなあと思った「し」を書くと気持ちがすごくそのことのようになりました。

＊今日は、図書室で話し合いの手引きを読むのをしました。私は友達とよく話しをしたのが反省点です。

＊読書技術について

「ちょっと立ち止まって」では、題名と挿し絵から、内容を想像し、検証する活動を中心にした。読みたい本、読まなければならない本を探すとき、本のタイトル、目次、まえがき、あとがき、挿し絵、索引、一ページ目、活字の大きさなどから判断しなければならない。本の探し方、その基礎訓練の一つとして、この学習を位置づけた。

「心のメッセージ」では、読書技術の一つとして、カードを使って、情報を整理していく方法を体得させようとした試みである。学習者にとって、本格的なカード作業は初めてのことだったので、学習の見通しがたちにくく、難しい面も多かったようだが、カードをとることが、簡単な意見文を書くところまでつながっていくことをこの時期に体験させておきたかった。何枚かカード取りを続けるうちに次第に速くとれるようになった。

三　今後の課題

聖書の中に、「よい地に落ちた種」というお話がある。荒れ地に落ちた麦の種と、よく耕された土地に落ちた麦の種では、当然のことながら、伸びていく勢いや、実り方に差がでてくる。授業の活性化と、入門期の指導との関係はまさにこれであると思う。しかしながら、麦が、ずっと生育し続けていくには、それだけでは済ますことのできない課題が、多く残されている。

学習者の持っている一人一人の違いをどうとらえ、それぞれの力をどのように伸ばしていくかということを常に考えないわけにはいかない。入門期においては、教科書教材を中心にして、学習活動を展開してきたが、一人一人のことばの力を伸ばしていくためには、もっとさまざまな学習材を用意する必要があるし、学習の手引き等も、もっときめ細かなものにしていかなくてはならない。

さらに、聞く力、話し合う力、記録をまとめる力をどのように伸ばし、読書生活をどのように豊かなものにしていくかという系統性の問題も絶えず念頭において、授業の活性化を図っていきたい。そのためには、指導者自身が、一つ一つの学習活動でどのようなことばの力を育てようとしているのか、また学習活動の基礎となる力はどのようなものであるかを、分析・把握していなければならない。その分析・把握のもとに、一人一人の学習者に必要な支援がなされ、学習が深まったときに初めて、授業の活性化が図れると思う。

子どもを知らなければ、どんないい教材も、学習の方法も、その子どもに合わせることはできないでしょう。子どもを知らなくて、この教材がこの子にあうと、どうしてわかるのでしょうか。よくできるか、できないか。上と中と下とどれか、そんなわけ方とらえ方では、子どもの学習に使うことはできません。

ですから、愛をいう前に、まず子どもを知るということだと思います。知った上では、かなりの知恵が浮かんでくると思うのです。それは、他の教科でも何でも同じだと思います。

（前掲『教室に魅力を』、一八四頁）

二学期以降の実践でも、自己修練とともに、「子どもを知る」というところから絶えず考え、工夫を重ねていきたい。

2　成就感に支えられた国語教室を

一　はじめに

この四月（平成五〈一九九三〉年）、八十九名の一年生の担当になった。一年生は、新しい環境と人間関係になれるまで、いさかいやちょっとした感情の行き違いが茶飯事である。生徒たちの日常のことばの生活を見てみると、友の関心を引くためにわざと嫌がることを言ったり、感情をストレートにぶつけたりすることがある。自ら発することばが、相手の胸に、心にどのように響くか、言いたいことが正確に伝わっているのかの意識が少ないために、トラブルが起きる。ことば遣いが乱暴と指摘されても、そのことが、自分の生活とどう関わっているのか考えていないために、直そうという気持ちは希薄であるように思える。

そうした一方で、友がどう思うだろうかと考えるあまり、言いたいことを言えずに毎日をすごす生徒もいる。また、友のことばに過剰に反応して、寛容さを失い、暴力に訴えてしまうことがある。その背景として、生徒たちの生活の中では、異質と思われる行為や言動が排除される傾向の強いことに気づいた。具体的にいうと、日常生活で興味を引くもの、好きなテレビ番組や音楽、スポーツなどは、同じ傾向のものでなくては、仲間から排除される。それと同じように、生活の行動パターン、部活動に行く、塾に行く、なども同じでなくてはならないし、服装や、ものの考え方も、少し人と違っているというだけで、仲間外れにされる傾向にあるといえる。異質な者同士が、その言動を通して互いの違いに気づき、学びあっていくところに集団で学習することの意義があると思うが、今、目の前の生徒たちの場合は、同質の中に埋没して、できるだけ異端視されることのない、安定した状態の中での心地よい状態を求めているように思える。しかし、この時期には、閉塞した仲間意識に支えられるより、集団の中で、自我を意識的に解放していくことのよろこびを経験することが、特に重要ではないかと考えた。

こうした実態から、文字どおり中学生としての基礎・基盤を形作っていくこの時期に、コミュニケーションの基盤としてのことばの生活をしっかりと自覚あるものにしていきたいと考えた。自分自身の話す、聞く、読む、書くことの生活を客観的に振り返ることによって、ことばの持つ力に興味を持ち、ことばの生活を高めていこうとする意欲につなげていきたい。例えば、文字の乱れも、このままでいい、ていねいに書く必要なんか感じないと思っているうちは、容易に整ったものにはならない。乱雑な文字が、読む人にどのような印象を与えるものかということを考え、自らの文字の乱雑さに気づいたとき、文字を整えようという意欲がわいてくるといえる。一年生のこの段階では、ことばが、心から心へ届くよう、まず自らのことばの生活を振り返らせる機会を大切にし、そこから一歩高いところをめざして、立ち上がっていける国語教室にしていきたい。

一年生の生活は、活気とエネルギーにあふれている。そのエネルギーは、ほとんどの場合、体を動かすことや、おしゃべりによって外に向かって発散されている。そしてこのパワーは、国語教室は、音声言語の活動において、十二分に発揮される。朗読発表会や、話し合いなど、声を出す活動を好む。思ったことをすべて一気に吐き出してしまおうとする。この外に向かって自己を解放していこうとするエネルギーを生かしつつ、さらに、いろいろな考えを参考にしながら、聞き手の反応も考慮にいれて、自分の意見を述べる方向へ導いていく必要がある。そのためにもまず、この外に向かうエネルギーを大切にしたい。この時期は、精神的な成長とともに、自ずと、自己を見つめなおし、自分という存在を追求していく内に向かうエネルギーが、大きくなってくる時期でもある。このエネルギーは、言い換えると、自己を閉ざそうとする要素も含んでいる。この時期にこそ、集団の中でことばを共有していくよろこびを味わい、自我を解放することが大切だといえる。自己を閉ざしてしまう以前に、自然に、気負わず、しかも、論理的、建設的に自己の意見を述べていく基礎訓練を積んでおきたいと考えた。したがって、一年生のこの時期が、本格的に音声言語学習に取り組む絶好の機会ともいえる。

二　一学期の実践から

1　新鮮な気持ちで

中学生としてのスタート時において、国語は小学校から既に学習してきた教科であるだけに、得意だったり、苦手だったり、好きだったり、嫌いだったり、学習者の胸の中では、さまざまな思いが渦巻いている。けれども、新しいスタートラインについた今、何よりも新鮮な気持ちで、自分の可能性を信じて、だれ一人として挫折感を味わうことなく、ことばの学習に取り組ませたいという思いを強くした。

自己紹介のカードにUは、自分を見つめて次のように書いている。

ぼくは、本を読んだり、朗読をしたり、字をきれいに書くのが今でもたいへん苦手だ。でも、字をきれいに書くことは、自分がきれいに書くという気持ちがあれば書ける。ぼくは、今、前よりも字がきれく（きれいに）なっていると、ぼくはおもう。それと同じように数学、国語、理科、社会もだんだんすきになっていくと思う。

Uは、本を読むこと、朗読をすること、文字をきれいに書くことに対する苦手意識を挙げながらも、自分自身の意欲や努力によって、これらの苦手意識を克服できると信じている。また、こうした意欲や努力が、他教科の学習にも、必ずよい結果を生むものであるとしている。これからのUの学習をすすめていく力はすなわち、このU自身の自らの可能性を信じ、すすんで努力していこうとする思いそのものであるといえる。しかし、Uが、「きれいに書こうとする気持ち」をそがれた時には、学習が停滞してしまう可能性を大いにふくんでいる。学習への興味を喪失したとき、「字は、きたなくても、読めればいいよ。」と今にも言い出しそうにも思える。根気強く、学習上の困難な課題を克服していくよろこびを体験していない学習者は、学習の最初の一歩で、大きく学習への興味をそがれがちである。

また、学習者Iは、次のように小学校一年の時からの自分の学習過程を振り返っている。

ぼくは、小学校一年生のときは勉強がきらいではなかったが、二年、三年となっていくにつれてきらいになった。なぜかというと、学年がうえになっていくにつれて、すごくややこしくなっているからです。今とくに、嫌いな教科は国語・社会・英語である。きらいという理由もあるが苦手だからである。ぼくは、この中学校でいるあいだ、この苦手な教科が好きになれるように努力したいと思っている。ついでにぼくは、字がすんごくあらくたい（あらっぽい）。中学校にいる間になおしたい。

Iは、小学校二、三年時からの少しずつのつまずきによって次第に学習意欲をそがれていったようだ。しかし、中学校では違う、新しい気持ちで取り組みたいという思いを強く感じとることができる。「中学校にいる間に」と繰り返し書いていることから、中学校の三年間で何とかしたいという切実な思い、中学校三年間に寄せる期待の大きさが、ひしひしと伝わってくる。

学習者の十数年間の人生の中で、中学校入学は、意識して迎える初めての大きな転機であり、この機会に、「今までとは違う成長した私」を求めるのは当然のことであろう。そして、この思いこそこれからの学習を進めていくもととなる力であるといえる。入門期の学習指導では、何よりもまず、学習者のこうした思いに答えるものでなければと考えた。

学習者の中に、長い時間をかけて知らず知らずの間に芽生えてきた優劣の意識は、想像以上に根強いものである。それは、まず第一に、学習への興味・関心を大きくそがれることにつながっていく。「どうせ、僕なんか一生懸命やってもだめだ。」という思いを払拭するためには、かなりの時間と努力を要する。そういう思いだけは、どんなことをしても抱かせないように、入門期の単元の指導で最も留意したい点だといえる。

「この教室で、私は決して疎外されることはない」という安心感と、「先生の助言に従えば今までできなかったことができるようになった」という信頼感を教室の中に創り上げることが、入門期の指導においては、ことに大切であるといえる。またこうした指導が、国語科の授業を活性化していく上での基盤となり得ると考える。

2　学習力の育成をめざして

入門期の国語学習指導において、学習者の基礎訓練は、欠くことのできない重要な課題であるといえる。言い換えれば、中学校三年間で多様な学習活動を展開させていくためには、その出発の時点から、学力の基礎となる言語能力を、無理なく必然的に高める必要が生じてくる。いわゆる「学習のしかたを学ぶ」こともそのひとつである。そうした観点に立って、次の三つの力を獲得していける土台づくりを、一学期の主な目標とした。

①　確実に聞き取る力

②　グループで話し合い、討議する力
③　学習記録をまとめる力

言語能力の基盤としての聞くこと、対話・問答、会話、討議（話し合い）の力、また、書くことをおっくうがらない、学習主体の確立のためにも学習記録をまとめる力が不可欠のものとなってくる。さらには、これらの能力が先にも述べたように、教材に即したいろいろの学習活動の中で、「こういうしかたが国語の勉強としていいのだ」という形で、育まれることが大切になってくる。

学習が、主体的で活発なものとなるためには、その学習活動にどのような基礎的な言語能力が要求されるか、さらに、その必要な言語能力が、学習者自身に備わっているかということの見極めが非常に大切になってくる。

また、教室の学習のみならず、学習者のことばの生活を生涯にわたって見通したとき、これらの基礎的な学習力とともに、読書生活を支える力をなおざりにすることはできない。いわゆる読書に親しむというだけでなく、本を使って何かをするために必要な読書技術も、この義務教育の最終段階で、ぜひ身につけておくことが大切になってくる。

本の探し方・選び方、本をその目的によって読み方を選んで読むこと、読書案内・読書新聞の活用のしかたなど読むことのいろいろの技術をメモやカードのとり方など、いわゆる情報操作の能力も身につけていけるよう系統立てることが必要になってくる。

入門期の国語科学習指導において、1　学習者に優劣を感じさせないよう、2　適切な形で学習者の学習活動を支援できるよう、3　学習の基礎訓練としての学習力の育成をはかるよう、次のような学習計画を立てた。

3　入門単元指導の実際

一学期の学習指導計画（『国語1』、光村図書）

	学習活動	学習のための資料・教材	学習目標（指導事項を含む）
4月	オリエンテーション —自己紹介カードを作ろう—	自己紹介の手引き 情報カード	・聞くこと、記録をすることの意味を考える。 （記録には必ず日付をいれる。）
	「のはらうた」の朗読発表会をしよう〈七時間〉	「野原はうたう」　工藤　直子 「朗読」 学習の手引き 「のはらうた」プリント 話し合いの手引き 朗読発表会の手引き	・大きな声で読もうとする。 ・好きな歌を選ぶことができる。 ・何回も練習することができる。 ・進んで読もうとする。 ・野原の生き物になって読むことができる。 ・野原の生き物になって詩を作ることができる。 ・読み手の工夫に気づいて聞くことができる。 ・間のとり方を工夫して読むことができる。 ・学習中の自分の姿を記録することができる。 ・話し合いでの基本的な発言のしかたを知る。
	スカイハイツのなぞにせまる！ —作品を読んで感じたこと考えたことを発	「スカイハイツ・オーケストラ」 岡田　淳 「発言と話し合い」	・進んで考えたことを発言しようとする。 ・メモを用意し、進んで話し合いに参加しようとする。 ・発言の内容によって、切り出し方を工夫することができる。

月	単元	教材・資料	目標
5月	表しあおう―〈五時間〉	発言メモ	・読みながら、あるいはメモしながら情景や心情を思い描くことができる。 ・自分の考えと、他の人の考えの共通点や相違点をとらえながら聞くことができる。 ・友だちの考えをメモすることができる。 ・学習のまとまりによって記録を整理できる。 ・ことばの持つ細かな意味の違いを感じとれる。
5月	三分間スピーチを成功させよう〈五時間〉	【表現1】どうぞよろしく 学習の手引き 材料メモ カード　二種類	・身近な話題をとらえ、進んで書いたり話したりする。 ・聞き手に伝わる表現を心がける。 ・進んで自分に関する材料を集めることができる。 ・具体的な事実を入れて内容の構成を考えることができる。 ・カードを見て話をする経験を持つ。 ・辞書の幅広い使い方に目を向ける。
	タイトルと挿し絵から内容を想像しよう〈五時間〉	「ちょっと立ち止まって」桑原　茂夫 ワークシート	・タイトルの字句から内容を想像できる。 ・挿し絵から、内容についてのイメージを広げることができる。 ・想像したことを検証していく形で、楽しみながら読み進めることができる。 ・たくさんの本の中から、読みたい本、さがしている本、読まなくてはならない本を見つけだす方法につい

月	単元	教材	目標
6月			て知る。
	ことばの単位〈三時間〉	【文法1】文法を学ぶ ワークシート	・文法について興味を持つ。 ・文・文章・文節・単語など、ことばの単位を理解することができる。 ・学習記録の小見出しの付け方を知る。
	「おいのり」を声で表現しよう〈八時間〉	「おいのり」　三木　卓 学習の手引き	・朗読、紙芝居、劇、人形劇、いろいろな声での表現形式を知り、表現への意欲を持つ。 ・何回も工夫して読む練習をする。 ・工夫したいところを台本の形で表現できる。 ・発表に向けての細々とした決定事項を自然な形で話し合うことができる。 ・発表の準備の中で、作中人物をとらえる楽しさを知る。 ・発表者の思い、工夫した点に注意しながら聞くことができる。 ・作品全体の構成をとらえながら、部分の発表を聞くことができる。 ・自然なイントネーションになるよう工夫する。
月	あいさつの言葉について考えよう〈八時間〉	「心のメッセージ」甲斐　睦朗 学習の手引き	・ことばの豊かさに関心を持ち、進んで調べようとする。 ・あいさつことばにこめられているいろいろの情報をカードに整理することができる。 ・自分たちの身近なあいさつことばも、カードに分類整

7	意見文を書くための手引き	理できる。 ・とったカードを、別の観点で分類してみる。 ・とったカードをもとに、事例を挙げて簡単な意見文を書いてみる。 ・一学期の学習記録の整理とまとめをする。

【学習の実際と指導上の留意点】

＊優劣を越えて

四月の「のはらうた」朗読の発表会や、六月の「おいのり」の発表会は、どちらも学習内容は次の学習に移った段階の五十分授業のはじめの五～十分を取って、一グループずつおこなった。これは、第一に発表を比べあうことにつながらないようにと考えての結果である。聞き手は、楽しく興がのってくると、「ほかのグループの発表も聞きたい」とせがむことがあったが、原則はまげなかった。比べることは、なんといっても優劣の意識に結びつき易いからである。発表の終わったあとには、いろいろな視点から、その発表のよかった点を必ず一つは挙げて、指導者が批評するようにした。

また、当然のことではあるが、学習者が自らの力を意識することなく、学習に取り組めている場合は、その学習態度に如実に現れる。聞きひたり、読みひたり、作業に集中する態度がそれだといえる。一学期は、「野原はうた う」の好きな詩を選んで理由を書く活動、「スカイハイツ・オーケストラ」の発言のためのメモを書く活動、スピーチのための材料探しや構成を考える作業、「心のメッセージ」のあいさつことばのカード化の作業など、個別の学習活動を多くした。他の学習者に相談するのではなく、指導者が適切なサポートをするよう心がけ、学習に集中できるように配慮した。困ったときには、手引きを読むこと、指導者の助力を得ることで、必ず次の学習に進んでいけるという成功感を持たせ、優劣の壁を打ち破りたかったからである。

テストも、百点満点の総合点による評価を避け、観点や、ジャンル別の部分点による評点とした。学習者は、どうしても百分のいくらという形で、自分の学習結果をとらえようとしがちであるが、細かな部分に分けて自分の学力をとらえることで、優劣の意識から解放されて自分の力の足りない点、優れている点をつかめるようにさせたかった。

＊確実に聞く力を養う

先に、発表は一グループずつ、比べあうことを避けてと述べたが、発表の聞き方としては、それぞれの発表のよい点を聞きながらメモするようにした。「野原はうたう」「おいのり」とも、学習記録にはさまざまの観点から、よい点をとらえようとする努力のあとがうかがえ、他の学習者の発表を聞く態度も日増しに温かい雰囲気のものになってきた。また失敗を笑うような場面もほとんど見られない。入学当初は、「いじめ」の問題も抱えていたが、「よさを聞きあう」学習によって、教室の雰囲気も温かくなったように思える。また、指導者が意図的に話をするようにした。

将来的には、聞き分けること、聞いて批評することも大切になると思うが、一学期を通して、話し手の工夫に注意して聞く力はかなりついてきたように思う。

＊問答・話し合いの力を伸ばす

「のはらうた」の朗読発表会のための話し合いでは、台本形式の手引きを用いて、五人グループで全員が、司会、賛成、反対、提案のしかたなどを一通り経験したあと実際の話し合いに入ったため、全員が話し合いに参加することができた。また、話し合いによって決定したことが、朗読分担など、今決定しておかなければならないことばかりであったので、熱心に意見を述べ、決まったことを記録していた。しかし、話し合いのしかたを身につけるという点では、充実した話し合いの雰囲気をつかんだ程度にすぎないかもしれない。話し合いの始め方、問題提起のしかた、賛成意見の述べ方は、後におこなったテストの結果を見ても、かなり、習得できたように思う。意見の述べ方、聞き方、司会のしかた等の細かい系統的指導が、要求されるところである。

「スカイハイツ・オーケストラ」では、主人公の少年を励ます不思議な男や、スカイハイツの住人をめぐって、一通り読み終えた段階でたくさんの疑問が生まれ、そのなぞときのおもしろさに引かれて、全体での話し合いは、楽しく活発なものになったが、しかし、意見の切り出し方や話し合いのメモの取り方では、教科書の手引きを十分生かせなかった。ここでの、この段階での話し合いは、大村はま先生の実践されたように、まず二人の意見をまとめ発表する形でおこなえば、話し合いの力を一段と伸ばすことができたと、反省している。

＊すべての学習を記録する

記録は、学習した内容とともに、学習の途中で考えたこと、ひらめいたこと、新しく覚えたことばや漢字、他の学習者や指導者の話なども記録させる。

また、学習主体の確立をめざして、自己の学習する姿を客観的にとらえられるように配慮した。

「野原はうたう」の学習記録を見た後、次のような点を指導した。

◎記録はまず時間の流れに従って——が基本。
　みんなの学習記録を見ると、プリントやけい紙をとじている順番が人によってまちまちです。これでは、記録を見直したときにどこに何があるかさがすのに苦労しますし、第一に、学習の流れを振り返るということもできません。

　プリントやワークシート、けい紙は学習した順番にとじていきましょう。まだ使っているけい紙や使っていないけい紙・カード・ワークシート類は、最後にとじていつでも取り出せるようにしておきましょう。

◎その日の記録はその日のうちに！
　日記などの記録も同じことですが、その日の記録、プリントの整理などはその日のうちに片づけるようにしましょう。たまってしまうと、どうしてもおっくうになって、そのうちに、何がなんだかわからなくなってしまいます。

◎学習の途中で考えたこと、ひらめいたこと、疑問に思ったこと、友だちや先生の話、新しく出てきたことばや漢字などについて考えたこともメモしておこう。

◎自分の学習する姿を記録していこう。
＊　今日私は、野原はうたうの中で、詩を選ぶ勉強をしました。いろいろなおもしろい詩などいろいろな詩が読めて楽しかったです。
＊　今日は、集中できたけど、少し友達と相談してしまいました。
＊　私は、図書室で、朗読のしかたについて勉強しました。私の知らなかったことが、いっぱいわかって良かったです。
＊　今日、のはらうたの勉強をしました。詩の中にこめられていることが強く感じられました。「詩っていいなあ。」と思いました。

＊今日の時間は、自分の詩を書くことになりました。自分が思っている気持ちをそのまま書くのは、むずかしいと思いました。
＊今日の時間は、朗読発表会の練習をしました。自分の分担を決めて五人でしました。楽しかったです。自分の態度はきちんとできました。
＊今日私は教科書から好きな「し」を書き写しました。好きな「し」を書くと何度も「いいなあ」と思いました。
＊今日私は、先生がくばってくれた資料から好きな「し」を書きうつしました。いいなあと思った「し」を書くと気持ちがすごくそのことのようになりました。
＊今日は、図書室で話し合いの手引きを読むのをしました。私は友達とよく話しをしたのが反省点です。

＊読書生活の基礎に培う

「ちょっと立ち止まって」では、題名と挿し絵から、内容を想像し、検証する活動を中心にした。読みたい本、読まなければならない本を探すとき、本のタイトル、目次、まえがき、あとがき、挿し絵、索引、一ページ目、活字の大きさなどから判断しなければならない。本を探す、その基礎訓練の一つとして、この学習を位置づけた。

「心のメッセージ」では、読書技術の一つとして、カードを使って、情報を整理していく方法を体得させようと試みた。学習者にとって、本格的なカード作業は初めてのことだったので、学習の見通しがたちにくく、難しい面も多かったようだが、カードをとることが、簡単な意見文を書くところまでつながっていくことをこの時期に体験させておきたかった。何枚かカード取りを続けるうちに次第に速くとれるようになった。

三　二学期の実践から

聖書の中に、「よい地に落ちた種」というお話がある。荒れ地に落ちた麦の種と、よく耕された土地に落ちた麦の種では、当然のことながら、伸びていく勢いや、実り方に差がでてくる。入門期の指導の重点はまさにここにあるといえる。しかしながら、麦が、ずっと生育し続けていくには、それだけでは済ますことのできない課題が、多く残されている。

学習者の持っている一人一人の違いをどうとらえ、それぞれの力をどのように伸ばしていくかということを常に考えないわけにはいかない。入門期においては、教科書教材を中心にして、学習活動を展開してきたが、一人一人のことばの力を伸ばしていくためには、もっとさまざまな学習材を用意する必要があるし、学習の手引き等も、もっときめ細かなものにしていかなくてはならない。

さらに、聞く力、話し合う力、記録をまとめる力をどのように伸ばし、読書生活をどのように豊かなものにしていくかという系統性の問題も絶えず念頭において、コミュニケーションの基盤としての学習者のことばの生活をしっかりと自覚あるものにしていきたい。そのためには、「はじめに」のところでも述べたように、第一に、学習者自身のことばの生活や身近な言語環境を客観的に見つめ直すことによって、学習者自身の内側から、ことばをもっと大切にしていこうという意欲がわきあがってくるようにしたいと考えた。

二学期を、たった一つのことばが、どのように伝わっていくか、ひとによってどのような反応の違いをもたらすか、どのような影響力を持っているのか、また、時間を超えてどのように残されていくのかなどについて、自らの興味や関心に導かれながら、体験的にとらえる場にしたいと考え、次のような計画をたてた。

二学期の学習指導計画

月	学習活動	学習のための資料・教材	学習目標（指導事項を含む）
9月	単元「どう思う〈すっぴん徳島〉 ―自分の考えを伝えよう―」〈八時間〉	「『すっぴん』考」　板羽　淳 （一九九三・八・一九、徳島新聞） 「読者の手紙」　十種類 （一九九三・八・二二〜九・四、徳島新聞） 学習の手引き ―二人の考えをまとめる― 「声を届ける」 「話すように読む」 「わたしはニュースキャスター」　久和ひとみ	・伝達手段としてのことばに興味を持つ。 ・一つのことばに対するさまざまな人々の反応について知る。 ・自分の考えをカードにメモできる。 ・自分の声や話し方に興味を持つ。 ・四、五メートル先の相手に声を届ける。 ・文意にあわせた息の使い方ができる。 ・自然な共通語のイントネーションで音読できる。 ・自分の考えと他者の考えを比較し、その共通点、相違点をとらえることができる。 ・二人の考えをまとめて、発表できる。
	語のいろいろについて知る〈一時間〉	【ことばの窓】 語のいろいろ	・「語のいろいろ」に関心を持つ。 ・漢語と和語の区別を理解することができる。 ・カタカナで書き表す外来語の表記の多様性に注意することができる。 ・漢語・和語・外来語の性質や特徴について理解することができる。

10　月		
単元「時間の流れの中で…」〈八時間〉	「流星の夜」　E・L・カニグズバーグ 学習の手引き 〈朗読台本〉 「モモ」　ミヒャエル・エンデ 単元のまとめ	・作品を読んで文学の楽しみを味わうことができる。 ・朗読によって、作品を読み味わうことができる。 ・朗読を聞き、よい点をメモすることができる。 ・登場人物の心情を表す部分を書き抜くことができる。 ・間に注意して聞くことができる。 ・間のとり方に注意して朗読することができる。 ・テーマに添い記録をまとめることができる。
慣用句さがし　〈三時間〉	『学習慣用句辞典』　大村　はま 学習の手引き	・さまざまな慣用句のあることに気づき、意味や用法を知って、実際に使うことができる。
一つの命 ―視写して味わおう― 〈九時間〉	『写真と作文でつづる昭和の子どもたち』 （一九八六、学習研究社刊） ・靴の配給 ・父の出征 ・原しばくだん 「大人になれなかった弟たちに…」　米倉斉加年 「木琴」　金井　直 「命ということ」　中澤　晶子	・ことばや文章を大切にする態度を身につける。 ・文章の内容や、特徴にあわせて、自然な朗読ができる。 ・優れた表現を視写することによって味わい自分のものにすることができる。 ・自分の考えや気持ちを整理し、話すことができる。 ・友の考えを聞くことによって自分の考えを豊かにすることができる。

月			
11月	文の成分とはなんだろう〈三時間〉	【文法2】文の成分	・文の成分を通して、国語の特質に関心を持つ。 ・文の成分について理解することができる。
	単元「地球を救う三〇の方法―吉中の環境を考える」〈十二時間〉	『ゴミとリサイクル』（一九九一、偕成社刊） 『ゴミが地球をうめつくす』（一九九一、ポプラ社刊） 他、参考図書　三十四冊 ・新聞記事 ・文集作成のための手引き ・情報収集メモ（カード） 【表現に学ぶ】 書き出しと結び	・説明・論説文を読んで、自分の考えをまとめるのに生かそうという意欲を持つ。 ・課題の解決に必要な部分を抜き出しメモすることができる。 ・資料や調べたことに基づいて、三人で話し合うことができる。 ・事実と意見を区別して書くことができる。 ・自ら書いたものの影響力に興味を持つ。 ・書き出しと結びを工夫して、文章を書くことができる。 ・読む立場にたって丁寧に書くことができる。
12月	単元「古典に親しむ」―昔話の主人公―〈十時間〉	古典テキスト〈おとぎ草子〉 一寸法師 鉢かづき 物ぐさ太郎 古典テキスト 〈むかしむかし、うらしまは〉 〈蓬莱の玉の枝〉	・古典に関心を持つ。 ・古文を何度も音読しようとする。 ・古文の持つことばの響きに親しむ。 ・昔話で親しんできた主人公を通して、古典そのものに親しむことができる。 ・〈古典テキスト〉を通して現代文と古文の仮名遣いやことば遣いの違いに気づくことができる。 ・漢文特有な言い回しに注意して朗読できる。

「故事から生まれた言葉」	
学習の手引き	・故事成語に興味を持ち、その由来や意味を調べることができる。

1　単元「どう思う〈すっぴん徳島〉―自分の考えを伝えよう―」

徳島県は、平成十年の明石大橋開通などを機とした、新たな徳島県のPRのために、三〇〇〇日の徳島戦略の一つとして、県のイメージコピーを〈素顔が元気―すっぴん徳島〉に決定した。平成五年四月の徳島新聞紙上にその報道がなされて以来、そのコピーをめぐって、県民の間にいろいろな論議が交わされた。そのなかでも、八月一九日の同新聞紙上に、板羽淳氏の「『すっぴん』考」という論が掲載されてからは、毎日のように徳島新聞「読者の手紙」欄に、さまざまな年齢層の人々の〈すっぴん徳島〉に対する意見がのせられるようになった。

〈すっぴん徳島〉という一つのことばに対する、さまざまな反応や考えを夏休みの短期間に収集できたということと、郷土のイメージや郷土を愛する気持ちは、中学校一年生にも、十分に理解でき、興味・関心を覚えるテーマだと感じたので、二学期最初の「自分の考えを持ち、伝える」単元の題材にふさわしいと考えた。

(1)　学習計画とめざしたい力

〈第一次〉　ことばに対する人々のさまざまな反応について知る。……………………三時間

徳島県イメージコピー〈すっぴん徳島〉についてのさまざまな反応を、徳島新聞「読者の手紙」欄から読み取る。読み取ったことに対する自分の考えをカードにメモする。

〈第二次〉　伝える――ニュースを読む――……………………三時間

音読の基本について学習し、例文のニュースに挑戦する。自分の考えを正確に伝えるための音読は、学習者の将

来にわたって必要な学力だといえる。ここでは、自然に話すように読むことが、自分の考えを正確に伝えるために必要な音読の方法であることを、体験的に学ばせたい。

〈第三次〉　二人の意見をまとめて発表する。……………………………………………二時間

〈すっぴん徳島〉についての自分の考えと、友だちの考えを比較し、共通点、相違点をまとめて発表する。話し合いの基礎となる考えを比較し、まとめていく力をここで育てたい。第一次でメモした自分の考え、第二次で身につけた音読の方法を実際に役立てながら、発表する。

(2)　学習指導過程

〈第一次〉

封筒の中に入った、〈読者の手紙〉を読み、自分の考えを書いたカードをいれて、次に回す。次に回ってきた封筒は、他の学習者の意見も入っているので両方を読んで次に回す。これを八回繰り返す。封筒からさまざまな意見がでてくる楽しさに引かれて、熱心に読みひたり、カードをとっている。八種類もの意見と友のさまざまな考えを読み、それに対する自分の考えを書くという作業には、途中で苦痛を覚える学習者もいるかもしれないと心配したが、かつてないほど集中して読みすすめることができた。「次を早く読みたい」「もうこれで終わり?」という声も聞かれ、学習を終えた後も、「また、新聞を読む授業をしてください」という者もおり、当初の心配は、みごとに打ち消された。

〈第二次〉

これまでにも、声の出し方や、自然なイントネーションについて学習してきたが、ここでは、呼吸法やアクセントなども含めて、総合的に読む基本について次のように段階を追って学習した。

ア　声を届ける――声に心をのせて、相手の心に届ける
イ　発声のエネルギーは息――息の力をつける
ウ　呼吸法を知る――深い息と息のコントロール
エ　共通語のイントネーション――高から低へ読み下す
オ　話す口調――意味を伝える
カ　読む手順をふむ――黙読―素読み―自然な表現――
キ　例文に取り組む

ア～カについては、短い例文の音読や、ゲームなどを取り入れながら、基本となる呼吸法や、イントネーションを練習した。キの「例文に取り組む」では、実際にアナウンサーになったつもりで、〈すっぴん徳島〉採用のいきさつを報道するニュース原稿を読んでみた。最終的には、指導者の読みに続けて読む練習の後に、一文ずつを担当してアナウンスし、テープに録音した。

録音後、自分の声を聞くという経験を持った。生徒たちにとってテープレコーダーは、ごく手近な録音機材になっていると思っていたが、意外にも、自分の声を聞くという機会は少なかったようで、まず「いつも聞いている自分の声と、テープで聞く自分の声が違っている。」という感想を持った者が多かった。また、かなりの学習者が、「文末が上がってしまった。」「へんなふしがついている。」「阿波弁のアクセントになっている。」「声にはりがない。」など、音読の基本を学習の中で、注意してきた点について、客観的に自らの音読を分析していた。

〈第三次〉

第一次の作業でとった八枚のカードを、二人一組になって読みあう。さらに、次のような学習の手引きに従って、

二人の意見を発表に向けて、まとめていく。

自分の考えを伝えよう。――学習の手引き――

・二人の考えをまとめて発表する。

1　はじめに、

ア　私の考えと（　　　　　　）さんの考えは、たいへんよく似ています。

イ　私の考えと（　　　　　　）さんの考えは、ほぼ同じですが、少し違うところがあります。

ウ　私の考えと（　　　　　　）さんの考えは、おおむね一致していますが、その理由が違っています。

エ　私の考えと（　　　　　　）さんの考えは、全く正反対です。

オ　私の考えと（　　　　　　）さんの考えは、大きく違っていますが、一部共通しているところもあります。

2　二人の考えの共通点は、

3　二人の考えの相違点は、

4　二人の考えをまとめると、

この手引きに従って、二人の考えを記入し、そのまま読み上げると、二人の考えを比較しつつ、両者の考えをまとめて発表できる。完全に最後まで、手引きを仕上げることができたのは、クラスの半数で、後の半数の学習者は、2から4のいずれかでつまずきがあった。しかし、結果としてこの発表によってクラスのほぼ七割近くのものの考えが、皆の前で披露されることになった。課題としては、すべての学習者がこのような形で、二人、あるいは三人の考えをまとめて発表できるようにしていかなければと考えている。

2　単元「時間の流れの中で…」

「どう思う〈すっぴん徳島〉―自分の考えを伝えよう―」の単元で、自分のアナウンスを聞く経験を持ったことによって、自ら発したことばの響きに敏感になったようだ。また、他の人の話し方や、アクセント、イントネーションが気になるようだった。「先生の今の話し方、変なふしがついとったよ。」とか、音読の練習をしていて、「どうしても阿波弁になってしまうな」というような声が聞こえるようになってきた。また、ことばの響きや言い回しにも、少しではあるが敏感になってきたようにも思う。

音の響き、イントネーション、アクセントなど、声に出して読むということに興味を持ちはじめたこの時期に、ぜひ、文学作品を声に出して味わわせたいと思った。また、声に出して読む部分とともに、声にならない部分、つまり、「間」にも注目させたいと考えた。

E・L・カニグズバーグの「流星の夜」は、おばあさんと孫の会話を通して、人の持っている「時間の有限性」を、自然な形で気づかせてくれる作品である。作者は、この作品において、自ら描いた挿し絵とともに、行間の取り方や、会話部分の微妙な間を、意図的に用いている。

この作品の前半部分は、読み聞かせで、後半をグループによる朗読によって、味わうことができればと考えた。後半の朗読には、次のような朗読台本を用意した。

朗読台本

1 A	星の夕立が始まるまで、あと四十五分。	高くでる、ゆっくりと。
2 A B	僕らは待った。	
3 A	待った。	
4 B	そして見た。	

5	C	「何を泣いているのさ。」	（　　　　）
6	B	おばあさんはきいた。	
7	A	そっけなく。	マヲ、オカズニ。
8	D	「今度壮大な星の夕立を見るまで、三十三と三分の一年待たなくちゃならないんだもの。今度リーオニドを見るときには僕は四十三歳になっちゃう。」	いっきに。 はきだすように。
9	C	「お黙り！」	大きくはないが力強い声で。
10	B	おばあさんは言った。	
11	A	そっけなく。	
12	D	「僕は中年だあ。」	

13	D	「なんでよ。」	ぶたれる理由がわからない。
14	A	僕はきいた。	
15	D	「僕が何したっての。」	
16	A	僕はきいた。	たたみかけるように。
17	D	「僕が何したってのさ。」	
	B		
18	A	またきいた。	
			「ウ」をはっきり。
19	B	僕らはけっこううまくいっていると、いつも思ってたんだ。	ケッコー、ウマク。
20	A	おばあさんと僕。	
	B		
21	C	「足してごらん。」	
22	A	おばあさんは言った。	
23	B	そっけなく。	
24	A	で、やってみた。	
25	A	足してみたんだ。	
	B		

26	A	六十三たす三十三……　では、 もうチャンスはない。	九十六歳では、と暗算するつもりで。マをじゅうぶんに。
27	B	おばあさんのアパートへの帰り道、	
28	B	僕はおばあさんと手をつないだ。	
	A		
29	B	二人とも手をつなぐのなんか好きじゃないけど、	フシがつきやすいので気をつけよう。
	A		
	D		
30	B	おばあさんは僕に手をにぎらせてくれた。	
	A		
	D		
	C		
31	D	僕は、おばあさんの手を握った。	
32	D	さっき僕をぶった手を。	（　　　　）
	C		

(1) 朗読台本について

朗読台本は、右のように三段にわけ、一番上に、朗読分担、二段目に本文、一番下に、朗読する上で工夫したい点、注意したい点を書くようにした。このように三段にわけた一番の理由は、本文に書き込みをしたくなかったからである。本文に、朗読分担や、朗読する上での注意点を記入すると、読む者の意識が、そちらの方に向いてしまい、肝心の文章の意味に向けられるべき注意がそがれてしまう。書き手の意図や文意に合わせて、自然で無理のない口調で読むためにはやはり、「今を読む」――読みひたりの境地が必要とされる。そのために、本文横に、印をつけたり、書き込みをすることは、極力避けたかった。

一息で読みたいところはでき得るかぎり、続けて書くようにした。反対に、間をおきたいところは、行間を多く取って、自然に間を意識できるようにした。右の台本で、行間が均等でないのは、そのためである。また、一人の分担の表示に1～32までの番号を打っているのは、朗読練習の際に、「10番のところ、もう少しゆっくり」などというように、グループの中で読み方の工夫や、指導をしやすくするためのものである。

その他、朗読する上で注意したい点を、次のように考えた。

ア　1Aは、高くでる。最初が低くなると、後が全体的に低くなってしまうので注意したい

イ　1A、2AとAが続けて読んでいくのに、Bが合わせる形で、2Bの部分を朗読し、この部分を際だたせたい

ウ　2と3、3と4の間は、間を取って、壮大な星の夕立を見る感動を表したい

エ　9Cの「お黙り!」は、8Dの「僕は四十三歳になっちゃう。」という言葉を否定する気持ちがでるよう、「なっちゃう」の「なっ」が終わるころに、重ねてはいるようにしたい

オ　29、30の部分は、声を揃えようとすると、「手をつなぐのなんか」「手を握らせてくれた」のあたりで、ふし

がつきやすい。Bのリードで自然なイントネーションになるよう気をつけたい

カ　最後の32の部分は、グループごとに工夫を凝らした読み方ができるよう、話し合って考えさせたい

(2)　**単元目標**

ア　読む

・作品を読んで文学の楽しみを味わうことができる

・朗読によって作品を読み味わうことができる

イ　書く

・朗読を聞き、よい点をメモすることができる

・登場人物の心情を表す部分を書き抜くことができる

・テーマに添って、記録をまとめることができる

ウ　聞く

・間に注意して、聞くことができる

エ　話す

・間のとり方に注意して朗読することができる

(3)　**学習計画**（八時間）

〈第一次〉　単元の目標を知る。……………………………………………………………一時間

〈第二次〉　「流星の夜」の前半部分を通して、星の夕立を見るまでの僕とおばあさんの関係について考える。…二時間

〈第三次〉　朗読台本によって、後半の部分を読み味わう。（朗読練習と録音）…………………………………二時間

〈第四次〉　他グループの朗読のよい点を聞き取る。………………………………………………一時間

〈第五次〉　「モモ」の朗読を聞き、時間の流れについて考えをひろげる。……………………一時間
〈第六次〉　単元のまとめをする。……………………………………………………………………一時間

(4)　学習指導過程

「流星の夜」前半部分では、僕とおばあさんは、さっぱりした関係、べたべたした関係ではないが互いに信頼しあっている関係であることを強調している。このことを、読み聞かせとワークシートを使って味わった後、後半部分の朗読練習にはいる。初めは、声に出すこと、繰り返し読むことをおっくうがっていたものも、さまざまな間のとり方や、息を合わせて読むところ、重ねて読むところを練習していくうちに、そのおもしろさを体験できたように思う。また、グループとしての朗読を成り立たせるには、一人一人の読みが、たいへん重要になっており、自らの責任を果たそうと、繰り返し読むうちに、作品の持つ世界に次第にひきこまれていくようだった。

前もって学習者には、今回も、朗読をテープに録音することを告げていた。そのことが、学習者の直接的な目標となって練習への意欲を高めていたようだ。ことに、間のとり方や、重ねてはいる部分は、タイミングが、非常にむずかしいので、繰り返し根気よく練習していた。

録音に際しても、前回のニュースアナウンス以上に、緊張したようだ。録音後に、すべてのグループの録音を皆で聞きあい、よいと思われる点をメモしていった。他のグループの朗読を聞くとき、自然な口調、間のとり方、はりのある声がでているかなど、聞く上で注目したい点をいくつか話しておいた。全体的に、温かい雰囲気の中で、朗読を聞きあうことができた。中には、自分の番になると、恥ずかしがってうつむいてしまう学習者もいたが、大部分は、自分の朗読や、級友の朗読に、真剣に耳を傾け、メモを取っていた。

次頁は、そのメモの一例で、いろいろな観点に目を向けながら聞こうとしたことがうかがえる。

・第1グループ　間のとり方が上手だった。
　　安原さんの「お黙り」が上手だった。
・第2グループ　みんなで読む所が、気が合ってよかったと思う。
・第3グループ　自然な話し方でうまくできていて、間の取り方や、アクセントが上手にできていた。
・第4グループ　最後の方は、阿波弁のアクセントが交じっていたけど、間の取り方は、上手だった。
　　大浦隆史君の「お黙り」という感じが、はりのある声で上手にできていた。
・第5グループ　最後の呼吸が悪かったが、まーまーよかったと思う。
・第6グループ　姫田さんの間のとり方、しゃべり方がとても上手にできていた。
・第7グループ　早口の子や笑いながらいう子がいて朗読としては、少し乱れていたと思う。

間のとり方、アクセント、声のはり、息の合わせ方など、さまざまな点から、級友の朗読のよい点をとらえようとしていることがわかる。しかし、数人の者は、すべてのグループに対して、「よかった」とか「うまかった」というような、具体的な指摘のないメモに終わっていた。いろいろな観点から、自分自身の朗読を見直すことができるようになっていくことは、声にのせて、作品の世界を読み味わっていくためにも必要なことといえる。

朗読を通して、作品を読み味わうことについて、単元のまとめに、学習者は次のように書いている。

・朗読をしているときに、あまり思ったようにスムーズにすすまなくて、いっしょに読むのがこんなにむずかしかったとは思いませんでした。あと、朗読してみて、おばあさんや僕は、どんな気持ちでリーオニド（星の夕立）を見ていたのかがわかりました。

・最後の「さっき僕を……」というところに少しふしがついてしまった。声をあわせて読むところが少しむずかしかった。またやってみたい。
・むずかしかったことは、ときどき方言が交じってしまったこと。楽しかったのは、みんなで協力できたこと。
・朗読するとき、どきどきした。テレビでニュースをしゃべるほうがよほどどきどきするなと思いました。気持ちがよくわかったです。みんなの朗読を聞くとき、私みたいにどきどきしたんだろうなと思った。一番はじめによむ人は、すごく緊張するだろうと思った。
・予想以上に難しかったです。一番最後の文章が特に難しかったです。
・朗読してみて、私は、ほとんど、共通語は話さないので、その共通語の音程（イントネーション？）がわかりにくかったけど、朗読をして楽しかったです。思ったよりよくできていたので、また朗読してみたいです。
・間のとり方、朗読の速さがよくわからなかったので、少し難しかった。みんなで分担して読んだことはとても楽しかった。最後まで読み切ったときは、とてもうれしかった。朗読の分担のやり方は、ちょうどよかったと思う。
・自分の朗読を聞いて、声がとても小さかったので、もっと大きな声で朗読すればよかったと思った。全体的にイントネーションはうまく行っていたと思う。最後の読む人が一人ずつふえていくとき、とてもおもしろく、練習中におなかがいたくなるほど笑ってしまった。
・テープに録音するとき、緊張するし、終わったあとはすっきりする。
・ルイスとおばあさんがしゃべっているところで、本当にしゃべっているみたいに朗読するのが楽しかった。間をあけたり、みんなであわせて朗読するところが難しかったし、「お黙り！」と言うタイミングが一番難しかった。
・私は、流星の夜を朗読して、わかったことが一つあります。それは何かと言うと、朗読するときには方言にならないようにAだったら、Aと思いこんで言ったらうまいく言えるのがわかったような気がします。

・私は、「流星の夜」を朗読して、最初に朗読したときは、別に思わなかったけど、何回も読んでいくうちに、おばあさんは、今度リーオニドが見れなくなってしまうなあと思いました。
・初め私は、流星の夜を読んでみて、なんかあまりおもしろくなさそうで、長かったからいやと思っていたけど、読んでいくうちに続きが読みたくなって、家で二回読んで、楽しかった。四人で流星の夜をわけて読んだときもなかなか楽しかったと思う。
・流星の夜を読んで、僕は最初意味がわからなかったが、一、二回と読んでいくと内容がよくわかってきた。
・私は流星の夜を朗読して、意味がわからなかったところがわかったような気がしてきました。すると疑問に思った所などもでてきました。練習するたびに「あーこういうことだったんだ」という所があった。
・ルイスの心の変化がでているところが読みにくかったです。
・私は「流星の夜」を勉強していき、いろんなことがわかった。おばあさんの気持ちとか、ルイスの気持ちが何となくわかったような気がした。一回読んだときは、あまり意味がわからなかった。でも最後の場面がすごく印象に残りました。
・朗読してみて、阿波弁がでてきて、発音が、おかしくなって直すのに苦労しました。それでもみんなと息があってきれいにできたのでよかったと思います。朗読はあんがい難しいんだなと思いました。
・一番初めに読んだとき、ぜんぜんいみがわかりませんでした。今まで読んできたものと、しゃべりかたの違いや感じが変わっているように思いました。なんだか、深ーく考えさせられるような感じがしました。
・僕は読むときに間のとり方がけっこうむずかしかった。共通語の発音にするのがむずかしかった。なんとはなく、最後の文字の「が」とか「を」が強くなったような気がした。
・みんなで声をそろえて言うのがなかなかそろわなくてむずかしかった。練習しているときが楽しかった。共通語の言い方が少しわかった。

・楽しかったことは、みんなで朗読する前の練習がすごくおもしろかった。共通語にするところが、すごくむずかしかったけれど、上手にできたと思う。最初はみんなのいきがばらばらだったけれど、本番の時はあっていた。また、メンバーを変えたりしてやってみたい。
・私は、「流星の夜」を朗読して、ルイスは、おばあさんとリーオニドを見て時間の大切さがわかってよかったと思いました。

阿波弁のアクセントを強く意識しているのは、「待った」や「見た」が阿波弁では、平板で間延びしたものになり、星の夕立を見る感動が伝わりにくくなることを学習した結果である。方言でなくては伝わりにくいものと、共通語のアクセントでなくては伝わりにくいものがあることを今後は気づかせるようにしたい。

話し合いの学習ではまだまだ、ことばを共有することによるよろこびを体験し得ていない学習者も、朗読分担によって、ことばを共有するよろこびを味わい、その楽しさを十分感じとったように思う。また同時に、朗読することのむずかしさを感じた学習者も多く、この意識を今後も、困難点を克服する意欲と成就感につないでいきたい。今回の朗読で、発声や、発音の癖を克服できなかった者の中には、朗読への意欲を失いかけているものもいるので、十分配慮していきたい。

作品を朗読して味わい得たことのすべてをことばに置き換えることはできないが、かなりの数の学習者が朗読を通して、カニグズバーグの作品の持つ独自性と、登場人物の感情の起伏を味わうことができているように思う。

(5)　評価について

朗読練習に対する意欲や、朗読中の態度、また、ワークシート、朗読を聞いた感想メモや、単元のまとめなどの学習記録、テストなどを評価の対象とした。また、今後の読書傾向や、話の間などに寄せる関心のありようも、評価の対象としていきたい。

四　おわりに

学習の結果が、学習者のことばの生活の中で、生きて働く力となっていくためには、ただ単に、楽しく学習できたというだけでは足りない。学習過程での困難を自らの力で克服できてこそ、ほんとうの力につながっていくのだといえる。そのためには、指導者の適切な支援が鍵となる。学習が、上滑りなものにならないよう、一人一人の学習実態をとらえていきたい。

一・二学期の実践は、そういった意味でまだまだ一人一人の実態に即したものには、なり得ていないと思う。学習への意欲が、目先のおもしろさにひかれてではなく、学習者一人一人のことば自覚に基づいたものとなるようこころがけ、集団の中でことばを共有するよろこび、困難を克服していくことによって得る成就感に支えられる国語教室をめざしたい。

3　学習者把握からの出発
――学習記録と音声表現を核として――

一　はじめに

「生きる力」を育てる教育の必要性が強く叫ばれてはいるが、今、私の目の前にいる学習者に必要な「生きる力」とは、いったいどのような力なのだろう。教室開きにあたって、学習記録と音声表現活動を通して、学習者の実態を把握することから始めたいと考えた。

刹那的、短絡的、快楽主義的な時代の雰囲気は、学習者自身の日常生活にも、暗い影を落としており、多くの人々の指摘どおり、学校は、まさに危機的な状況にあるように思える。日常の学校生活においても、生徒が、結果を考えずに一時的な感情のままに行動してしまい、トラブルを招くことがしばしばある。それは、学習面でも同様であって、一部の学習者は、結果を求めることにあまりにも性急であって、思うような結果が得られないとなると感情の赴くままに、学習への取り組みを放棄してしまうことがある。そこで、まず第一に、先の見通しを持って、根気強く学習に取り組むこと、そのことによって得られる目標達成のよろこびこそ、学習者の今日を「生きる力」となるのではないかと考えた。

学ぶことによって、新しい視野が開け、自己の内面が充実し、手応えが湧いてくるとすれば、そうした学習こそが「生きる力」を育てる学習と称するにふさわしいといえるのではないだろうか。たとえその瞬間瞬間は辛く苦しい作業の連続に思えても、それが自分自身を支え、次の段階へと導いてくれる、そうした体験を積み重ねていける「国語教室」でありたい。

そのためには、学習者に学習目標や学習計画を明確に提示するとともに、ワークシートや学習の手引き、学習資料などをすべてファイルすることによって、自らの学習の足跡をつぶさに振り返れるようにしたいと考えた。また、毎時間の学習の記録を残すことによって、自己を観察し、学習を積み重ねていくよろこびを実感できるようにしたかった。学習記録はまた、指導者にとっては、一人一人の学習者の学習実態を把握する貴重な資料となり、そこから次に一人一人の学習者の身に培っていくべき力をとらえたいと考えた。

環境問題の悪化や国際化の進む現在、今日的な社会問題の多くは、個人や国の枠を越えて知恵を出し合い、話し合うことなしには解決しえないものになってきている。まさに国際協力と共生の時代である。しかし、現実には、今ほど人々が孤立している時代も他に類を見ないのではないだろうか。学習者一人一人の日常においても、孤立をひどくおそれる一方で、事実上、誰とも真のつながりの持てない状況に追い込まれているように思われる。また、つながりを求めるならば、相手の立場に立って行動することが必要になってくるが、根気強く人間関係を作り上げていくには、あまりにも幼なすぎる言動がしばしばである。自立した一人の人間として、望ましい人間関係を築いていける力こそ、学習者にとって必要な、これからの時代を「生きる力」なのではないだろうか。

人はことばによって育てられる。人は生まれ落ちてから、ことばによるコミュニケーションの中で安心感を感じ、伝達のよろこびを知り、そして他者に出会う。私たちは、ことばによって外界の出来事を対象化し、意識化して自らの内側に取り込み、さらにそれを主体的に変形し、言語表現として表出する。そうした一連の過程そのものが、人の成長と深く関わっている。

国語教室においても、ことばを発し、それが有効に機能して誰かに受け止められる、そういう過程を豊富に経験させたい。必要感と目的意識を持って産み出されたことばが、しっかりと相手に受け止められたとき、ことばは「生きる力」そのものとして発信者自身にも意識されるであろう。

さらにそこで確かめられたことばによる交流は、教室の中の人間相互の関係を深めその外へと広がっていくことができるとすれば、社会の中で「生きる力」として働くであろう。そこで、本年度はまず「ことばで人間関係をつくる」を第一目標として、音声表現を核とした、学習者の「生きる力」に培う国語教室をめざしたいと考えた。音声による表現活動には、しばしば本人が意図しない学習者の本音の部分が現れることがある。指導者としては、こうした表現活動を通しても、学習者一人一人をとらえる大切な基盤としたいと考えた。

三年生の国語学習指導の出発にあたり、まずは、学習者の実態に即した「国語科でつけたい生きる力」すなわち「生きて働くことばの力」の育成を、学習記録と音声表現活動に求めていきたいと考えた次第である。

二　単元「シンポジウムをしよう」（中学三年）の場合

1　単元名　単元「シンポジウムをしよう」――わたしを変えた一つの出会い――

2　対　象　鳴門教育大学学校教育学部附属中学校　三年生

3　実施期間　平成一〇（一九九八）年四月～六月

4　単元設定の理由

情報化、国際化、また価値観の多様化する社会の中にあっては、一人一人の考えを大切にし、またその違いを認め合うことが大切になってくる。また、互いに考えを述べ合うことによって、さらに考えが深まっていく経験を持ち、話し合う楽しさを味わうことは、義務教育を終えようとする中学三年生にとってどうしても必要な学習体験であるといえる。

友や先生との新しい出会いがあるこの時期、「出会い」をテーマに書かれたさまざまな文章を読み、そこから得られた情報をもとに、自らのものの見方や考え方を広くすること、また、さらに自分自身の出会いの経験にもとづきながら自己の考えを発表し合う場をつくりたいと考えた。ここ数年来、四月最初の単元では、学習者一人一人の「出会い」について発表させるようにしている。私たちは、日々何かに出会い、出会いの連続によって自らの人生が形づくられているといっても過言ではない。「出会い」は一人一人の人生そのものであり、「出会い」にどのような意義を見いだすかは、その人の価値観そのものであるといえる。自らの「出会い」について語ることは、しらずしらずのうちに胸のうちにある「本音」の部分を語ることでもあるようだ。安心して「本音」で語り合うことによって、「友」の気づかなかった一面に気づき、それぞれの持つ違いやかけがえのなさに気づかせたいと考えた。さらに、話し合うことによって考えが広がり深まっていくよろこびも味わわせたいと考えた。

また、学習記録を工夫し、根気強く学習を積み重ね、記録していくよろこびも味わわせたいと考え、本単元を設定した。

5　単元目標

（◎印は、この単元で特に身につけさせたい中心的な目標）

① 新学期の始まりにあたって、学習のしかたを工夫しようとする意欲を育てる

②　話し合いを通して、自らの考えが広がり深まることによろこびを見いだし、進んで話し合いに参加しようとする態度を育てる

③　話し合いを通して、支え合い高め合う人間関係を育てる

④　おもに次のような言語能力を育成する

ア　読む

◎筆者独自の表現を通して、筆者のものの見方、考え方をとらえることができる

◎場面の展開や描写から登場人物の人物像をとらえることができる

イ　書く

・主題を生かすための関連した材料を集め選んで書ける

・発表するために、考えを整理して書くことができる

ウ　話す

◎シンポジウムにおいて提案発表ができる

・シンポジウムにおいて質問をし、意見を述べることができる

・聞き手の立場に立って、話すことができる

エ　聞く

◎話し手の立場に立って聞くことができる

◎自分の考えと比較しながら聞き、自らの考えを深めることができる

オ　言語事項

・ことばの持つテーマ性、象徴性に気づき、イメージを広げることができる

・提案発表にふさわしいことばのつかい方を知る

6　教　材

①　教科書教材（『国語3』、光村図書）

「山上の景観」辻まこと／「握手」井上ひさし／「話し合いを豊かに」／「家族について考える」

②　・学習の手引き1

・シンポジウム発表の手引き

・話し合いメモ

7　学習指導計画（十三時間）

〈第一次〉　今年度の学習目標を立てる。「出会い」についての指導者の話を聞き、学習計画を立てる。……一時間

〈第二次〉　教科書教材「山上の景観」を読んで、筆者の「出会い」に関する考えや見方を知る。

教科書教材「握手」を読んで、気づきをワークシートに整理し、発表する。……………四時間

〈第三次〉　シンポジウムに参加するにあたって知っておかなくてはならないことの説明を聞く。

教科書教材「話し合いを豊かに」「家族について考える」を参考にしながらシンポジウム発表のための材料を集め、発表原稿を書く。……………………………三時間

〈第四次〉　シンポジウムを開く。…………………………………………………………四時間

〈第五次〉　学習記録を整理し、学習のまとめをする。…………………………………一時間

8　学習指導の実際――シンポジウムを中心に

第一次では、今年度の授業のスタートにあたり、国語学習の目標とすること、一学期の学習計画などについて話をし、学習記録の書き方の工夫や国語教室通信の利用法などを説明した。

第二次は「山上の景観」を筆者独自の表現に着目しながら読み、辻まこと氏が中学生時代に「御来光」に出会っていなかったらどうなっていただろうかと想像させ、この「出会い」の意味について考えさせた。「握手」の場合は、ルロイ修道士の人物像をとらえることを中心とし、主人公の「わたし」とルロイ修道士の「出会い」について考えさせた。

第三次では、シンポジウムのしかたを説明するとともに活発で有意義な話し合いとするためにはどういう心構えが必要かについて考えさせた。話し合いによって、考えを深めていくためには質疑応答の時間の大切なこと、話し手は聞き手の立場に、聞き手は話し手の立場に立ってということの重要性も確認した。発表原稿を書く作業では、個別指導をおこない、思うように書き進めることができない学習者には、書く内容を絞り込んでいくための相談をした。

さていよいよ、第四次はシンポジウムである。学習者の発表原稿を見ると、人や動物との出会い、本との出会い、スポーツとの出会いといったふうに実にさまざまな出会いが書かれており、したがって出会いの意味づけもまた実にさまざまだった。

学習者はシンポジウムというまだ経験したことのない話し合いに対して期待と関心を寄せており、また、前に出て、発表することに緊張感を覚えるようだった。毎時間の前半をシンポジウムの時間とし、さまざまな出会いを経験した七人ずつを提案発表者に選び、指導者の司会で、シンポジウムをおこなった。発表者以外の学習者は、七人の発表を、落ちついた雰囲気で聞くことができた。

発表を通して感じたことは、学習者が一見何気なく選んだように見える「わたしを変えた一つの出会い」ではあるが、まさにその学習者自身のアイデンティティに深く関わったものであるということである。「出会い」が自己実現につながっている学習者も多いが、必ずしもそうではない場合もある。家族との葛藤や、うまく自己実現できないフラストレーションが如実に感じられる場合もあり、学習者自身が持つ深い悲しみにもふれたような気がした。

こうしてすべての学習者が発表を終えたが、全員が、皆に受け止めてもらえているという安心感を持って発表をおこなったかというとそうではない。自分の発表が受け入れられるのか受け入れられないのか不安な中で、とにかく発表を終えてしまおうとした学習者のいたことを、忘れないようにしたい。それぞれの学習者の発表の中に、一人一人の学習者を把握する上で大切な本音の部分を聞けたことが大きな収穫だった。

発表者の発表が終わって、質問や意見交換がおこなわれたが、それぞれの学習者が、互いの考え方の違いとよさに気づくことができたのではないかと思う。しかし、ここでも、気になる反応が、いくつか見受けられた。いわゆる冷たい笑いや人権意識に欠けた発言、嫌がらせ的な質問、相手を傷つける質問などである。これらの人間の生き方として間違った反応には、その場で徹底して指導をおこなった。

9　評価について

- 筆者独自の表現を通して、筆者のものの見方考え方をとらえることができたか。（学習記録、作業、テストを通して）
- 場面展開や描写から登場人物の人物像をとらえることができたか。（学習記録、作業、テストを通して）
- 主題を生かすための関連した材料を集め選んで書けたか。（学習記録、作業を通して）
- 話し手の言いたいことや根拠を的確にとらえることができたか。（学習記録、話し合いを通して）
- 授業の前後で話し合いに対する興味がどのように変化したか。（学習記録、話し合い、日常生活を通して）

・学習のしかたを工夫したり、よりよい学習態度を示そうとしているか。　（学習記録、話し合い、日常生活を通して）
・話し合いによろこびを見いだし意欲的に参加しようとしているか。　（話し合い、日常生活を通して）
・話し合いを通してよりよい人間関係を築こうとしているか。　（話し合い、日常生活を通して）

三　おわりに

教室の外の何気ない会話においても、学習者に本音で語らせることは難しい。しかし、こちらも本音で関わっていくなかで、一人一人を把握する糸口となることはあらゆる機会に存在し、学習者のことばに、私自身も精いっぱいの思いをこめたことばで応えられるよう努めたい。また、国語教室においては、単元のなかに何らかの形で表現する場を設け、表現を通して、指導者と学習者、学習者と学習者が互いの違いを認め合いながらつながっていける関係を築いていきたい。そうしたなかで、学習者一人一人が生きていく上で抱えている深い課題をとらえることができ、また、そのときに初めて、学習者一人一人の身に培っていくべき「生きる力」が何であるのかを発見できるのではないだろうか。

学習記録を通して、一人一人の力を確実に把握していくとともに、次の学習が、ほんとうに学習者の「生きて働くことばの力」を育んでいくにふさわしい主体的な学習となるよう全力を傾けて取り組んでいきたい。

参考文献

府川源一朗稿「生きる力を育てることばの学習」（『月刊国語教育研究』312号、日本国語教育学会編）二一～二三頁

〈参考1〉話し合いの学習指導を進める力

話し合いの学習指導を進めていく力、原動力とは何であるかと考えるとき、それはなんといっても話し合う楽しさ、よろこびを体験することだといえる。またその反対に、話し合いの学習指導を阻むもの、阻害する要因は何かと考えるとき、話す内容がなくて困ったこと、話し方がわからなかった、発表したが笑われ傷ついた場面などを思い浮かべることができる。

大村はま氏は、話し合いの学習への準備として、

A　話し合うことのねうちを体験させる。

B　自分をも、人をも、大切にするということを身につける。

の、二点を挙げている。(注)また、話し合いの学習において気をつけたいことを次のように述べている。

話し合いというのは失敗してはいけない。そうしないと頭のいい子どもの中に、一人で考えたほうがずっとよく考えられる、話し合うなんて面倒くさい、時間つぶしだなどと、考える子どもが出てくるかもしれません。ほんとうにくだらない話し合いは時間つぶし、なんにもなりませんからこの子の言うとおりです。自分で考えたほうがよっぽど早い、こういうことになります。作文などは失敗しても、みんなに知られずにすみますが、話すことと声に出すことは失敗したら、もうあとには戻りません。長く心の傷になって、なかなか消えません。

（大村はま著『日本の教師に伝えたいこと』、一九九五年三月二〇日、筑摩書房刊、八六頁）

学習者の一人一人が、話し合いに参加して、おもしろかったな、よかったな、と思えるような体験をさせることが、話し合うことのねうち、大切さにつながっていくといえる。一人一人の考えが違っていること、またそれを聞くことによって自らの考えが深まっていく体験こそが、話し合う楽しさそのものである。民主主義の社会において話し合うことが何よりも基本となる理由も体験として学ばせたい。

そのためには、学習者の所属する学級や国語教室に、「自分をも、人をも、大切にする」人間関係が必要になってくる。学級でも、グループでも、思いや考え感じとったことなどを自由に気がねなく、発言し発表していく雰囲気を作り、自由に発言できる学級や集団を作っていくことが大切であろう。

話し合う楽しさを学習者一人一人のものとし、準備段階での指導も含めて話し合う力を育てていくためには、1　心から聞き合う人間関係を育てる、2　話す内容を持たせる、3　話し合う中で、話し合いのしかたを身につけさせる、の三つに留意しながら、話し合いの学習指導を進めていきたいと考えた。

（注）野地潤家著『話しことば学習論』（昭和四九年一二月一五日、共文社刊）二二〇頁より引用。

〈参考2〉話し合い学習指導の進め方に関する省察

次に、〈参考1〉の話し合いの学習指導を進める力のところで述べた三つの観点、1　心から聞き合う人間関係を育てる、2　話す内容を持たせる、3　話し合う中で、話し合いのしかたを身につけさせる、のそれぞれについて、述べてみたい。

1　心から聞き合う人間関係を育てる

生活の中では、異質と思われる行為や言動が排除される傾向の強いことに気づいた。具体的に言うと、日常生活で興味を引くもの、好きなテレビ番組や音楽、スポーツなどは同じ傾向のものでなくては仲間から排除される。生活の行動パターンも同じでなくてはならないし、服装や、ものの考え方も少し違っているだけで仲間外れにされる傾向にあるといえる。異質なもの同士が、互いの良さに学び合って初めて集団で学習することに意義があるのであって、一人一人の違いや良さを心から聞き合う人間関係を育てるために、国語教室では、次の二点を、さまざまな学習過程の中に位置づけたいと考えた。

①　一人一人のよさや違いを聞き取る

②　発表と発表を比べない

発表を聞くときには、「よかったところ」を中心に感想を述べ合いメモしていく活動を取り入れた。他班の発表を聞く場合、短所はすぐ目につき、長所は二の次になりやすい。「よかったところ」を見つけるためには、いろいろの観点から、発表者の立場に立って真剣に聞かざるを得ない。そのことが、結果として、静かによく聞く態度となって現れ、発表者により発表しやすい雰囲気を作り出すことにもなったように思う。

また、こうした発表の際に、二つ以上のグループや、二人以上の発表者が続いてということになると、聞き手はどうしても、声の大きさや、わかりやすさ、内容などを比べる意識が働いてしまう。「よかったところ」に目をつけているつもりでも、ついついどちらがうまい、下手の意識が働いてしまう結果になる。そこで、②の「発表と発表を比べない」配慮が必要になる。「どちらが上手、どちらが下手」という意識から聞き手を解放し、「聞きほれる態度を」という大村はま氏の提唱を実践していきたいと考えていた。

しかし、「よさ」を聞き取るだけでは、話し合いの楽しさやほんとうの意味での話し合うことのねうちに気づくまでにはいたらない。話し合いの醍醐味は、自分一人では思いもつかない考えやものの見方に出会えるというところにある。そこで、三年の最初の単元では、「一人一人の考え方の違い」に注目させ、「違い」を大切にする態度を育てたいと考えた。一人一人がかけがえのない位置を持って、その集団の中で機能するとき、自ずと互いのよさや違いを心から聞き合い、高め合う人間関係が生じるのだと痛感した。

2　話す内容を持たせる

学習者にとって、話し合いがつらく重苦しいものとなる原因は、なんといっても話す内容を持たない場合であろう。話し合いに積極的に参加し、意見を述べない場合があったとしても、乗り出すような気持ちで聞くことのできる話し合いにするためには、事前に学習者一人一人に話すべき内容を持たせる指導が必要になってくる。

その意味では、三年の最初の単元「シンポジウムをしよう」もまた、出会いという一人一人の体験が話し合いの核となるので、どの学習者にも、自分の体験と比較しながら話し合いに参加するという姿勢が確保できたように思う。

以上のような実践を通して、話し合いの学習指導において話す内容を持たせるための指導として、

①　どうしても話し合って決めなくてはならない話題を持たせる

②　読むこと・調べることと関連させて学習者に独自の発表内容を持たせる

の二つの点から述べてきたが、この他にも、実践を重ねくふうを重ねて、学習者一人一人に話す内容を持たせる方

法を模索していきたいと考えている。

3　話し合う中で、話し合いのしかたを身につけさせる

話し方がわからなくて、話し合いが楽しいはずはない。話したいことがあって、自由に自分の思いを述べることができて初めて話し合いは楽しくなる。話し合いの学習指導は、話しことばの特質を理解し、その機能を十分に生かしたものでなくてはならない。書きことばは、その時点で記録され残されていくが、話しことばは、その場の一回限りで消えていく運命にある。したがって、話しことばの指導は、書きことばの指導と違って、ことばの発せられるその場をとらえて指導されなくてはならず、時間をへたあとで再び指導を加えることは（特別な場合をのぞいて）不可能である。

そこで、話し合いの学習指導は、話し合いの中で、話し合いのしかたを基礎から系統的に段階的に身につけさせる以外に方法はない。また、話し合いのしかたを身につけさせるための「手引き」の工夫は、話し合いの学習のいろいろな場面で必要だといえる。

三年では最初の単元「わたしを変えた一つの出会い」で、シンポジウムを経験し、二学期以降もさまざまな形の話し合い活動に取り組みたいと考えている。

話し合いの学習指導においては、意見発表や質問など話すことの指導とともに聞くことの指導がたいへん重要になってくる。話し手の立場に立って聞く指導とともに、絶えず自分の考えと比較しながら聞くことが大切だといえる。そのためには、自分自身の気づきを交えて相手の言いたいことをメモできるようにしておかなければならない。黒板に一緒にメモを取りながら、話し合いを進めた。指導者自身が、適切な場面をとらえて、その場で範を示していくことの大切さに気づかされた。また、機会をとらえて適切な指導をするためには、指導者自身の自己修練が必

要になってくる。

「話し合う中で、話し合いのしかたを身につけさせる」ためには、①基礎訓練から段階を追って、②〈手引き〉の工夫を重ねつつ、③聞く側の指導も大切にしながら、④指導者自身が模範を示していきたいと考えている。

4　伝え合い、高め合う国語教室を求めて

――中学校入門期の場合――

一　はじめに

ここ数年の間で、中学生をとりまく言語環境は大きく変わりつつある。その一例として、Eメールやホームページへの書き込みを通して、会ったことのない友達と日常的に会話を交わしていることなどが挙げられる。また、女子生徒の場合は、親しい友とも直接会話するのではなく、紙切れにメッセージをしたため、やりとりをしていることが多く見受けられる。どちらの場合も、現在の中学生が、直接的な会話より、何らかのメディアを通した間接的な会話を好む傾向を示しているように思える。その間接的な会話の中では、特別なペンネームが使われ、素の自分というよりは、自分のイメージの中で作られたキャラクターを通して、さまざまな思いを相手に伝えているようである。現実の対人関係において生徒たちは、友達との人間関係が壊れないよう驚くほど気を遣っているが、そのことはまた、何の気兼ねもなく無邪気に語り合える友達をほとんど持っていないことの証であるようにも思える。一般的によく言われるように、コンピュータやゲーム機の氾濫、少子化、核家族化、塾通いなどの生活環境の変化が、中学生の置かれている言語環境を様変わりさせていることも事実であるが、当然、成り立つべき自然な形の人と人との日常的なコミュニケーションが、どこかで歪められ、失われていく現実があるように思われる。

また、もう一つの例として、不登校の場合のいわゆる「ひきこもり」を挙げることができる。ある時まで、元気

で何事にも精一杯努力していたと思われる生徒が、友人との些細なトラブルをきっかけとして、もとの人間関係を修復できないまま、家庭にひきこもってしまうのである。家族や教師が、登校を強く促そうとすると、その多くは、家庭で一番甘えられる人に対する暴力へと発展してしまう。このようなことは、数年前までの不登校とは、いささか異なるものであり、不登校に陥った生徒は、学校におけるいっさいの人間関係を断固として拒否しているかのように見える。

国語科において育てるべき、ことばの力の中には、当然のこととして、ことばで人間関係を作っていく力が含まれている。しかしながら、私は、ここ数年来、「ことばで人間関係を作る」をあえて国語学習の目標の一つとして、学年当初に学習者に提示してきた。それは、前述のような状況をふまえて、学校における人間関係が、生徒たちにとって、通じ合いのよろこびや、学び合い、高め合う楽しさに支えられたものでなくてはならないと考えるからである。

そのためには、国語教室が、1　のびのびと自己を表現する場であること、2　互いの考えを伝え合い、協同して活動する学び合いの場であること、3　学び合いの過程で共有したものを個の成長に生かしていける場であること、の三つを実現することが必要ではないかと考えた。また、中学校入門期のこの時期に、一つの単元を通して、そのような国語教室を実現させ、体験させることの意味は大きいと考えた。以下、この三つを核として、中学一年生の国語学習入門期の学習指導はどうあるべきかを考えた。

二　単元「わたしの神話的時間」(中学一年) の場合

1　対象

鳴門教育大学学校教育学部附属中学校　一年生　一五六名

2　単元設定の理由

人はだれしも、幼い頃のある瞬間を格別の理由もなく、しかし不思議にありありと特別な時間として思い浮かべることがある。その特別な時間の流れは、鶴見俊輔氏のことばを借りれば「神話的時間」と呼ぶことができる。誰の心にもあるこの「神話的時間」について語り合うことで、まず、のびのびと自己を表現できるのではないかと考えた。

鶴見俊輔氏は、『神話的時間』（一九九五年九月三〇日、熊本子どもの本の研究会刊）の中で「神話的時間」について次のように述べている。

二歳三歳の子どもは、私があるいはあなたが教えたことを、直に、子どもがこちらにまた教えてくれることがあるでしょう。そのときに、「それは私が教えたことではないか」っていうふうに子どもに言い返さないほうがいいんです。つまりその考えは、その話は、二人の間に共有されているんですから。二人の間に置かれて、あっちからこっちへ、こっちからあっちにというふうに、話が自由に動いているんです。話が誰のものとも考えられずに共有されている。それが旧約聖書の時間なんです。そのようにして話が誰のものともしれずにやりとりされるんですね。何時、誰から聞いたってことと関わりなく、昔からある話としてやりとりしているわけです。

鶴見氏は、「神話的時間」を、「旧約聖書の時間のように、誰のものとも考えられずに共有されている時間」というふうに定義しており、二人の人間の二人の時間がふと重ね合わさる時間、一人一人が私有することなどができなくて、そもそもが人類の歴史を一貫して流れる共有財産のような時間というふうにもとらえている。

幼い頃のある特別な瞬間は、独特の、ことばにはできない気配に包まれており、旧約聖書の時間のように、複数の人の間を行き来し、共有のものとなっていく。学習者の心の中に眠っているこの幼い頃の特別な時間を意識して掘り起こし、発表することによって、先に述べたような三つの場を教室の中に実現することができるのではないかと考え、単元「わたしの神話的時間」の学習指導計画を立てた。

友の幼い日の特別の時間が、学習者の間を行ったり来たりする間に、一つの共有財産のようなものに変化し、その過程で、新たな思いが、学習者一人一人の胸に刻み込まれればと考えた。そして何より、これからの一年間の学習を支えていくであろう温かな雰囲気、人間関係が生まれればと考える。

3　単元目標

① 国語学習の基本的な学習方法を身につけさせる
② 自己を表現することの楽しさに気づく
③ 対談・鼎談を通して、互いの考えを伝え合うよろこびを味わわせる
④ 友の発表から学んだことを、学習記録に残すことができる
⑤ 主に次のような言語能力を育てる

ア　読む
・登場人物の心情や、性格を多面的に読み取ることができる
イ　書く
・学習したことのすべてを記録に残すことができる
ウ　聞く
・質問の意図をきちんと聞き取ることができる
エ　話す

・聞き手がよくわかるよう、順序よく話すことができる
・質問されたことに、ちょうどの幅で答えることができる

4　教　材

① 教科書教材　工藤直子「野原はうたう」／安東みきえ「そこまで　とべたら」／桑原茂夫「ちょっと立ち止まって」
② その他の教材　工藤直子「のはらうた　Ⅰ・Ⅱ・Ⅲ」（一九八七年七月七日、童話屋刊）／鶴見俊輔他「神話とのつながり　一七五篇のメッセージ」（一九九七年一〇月一五日、熊本子どもの本の研究会刊）
③ 学習の手引き　五種類

5　学習指導計画（十五時間）

〈第一次〉　教科書教材「野原はうたう」と「のはらうた」のプリントを読み、のはらの生き物になったつもりで、「のはら」に流れる不思議な時間について考える。また学習記録の書き方、朗読の工夫など、基本的な学習のしかたを知る。……五時間

〈第二次〉　教科書教材「そこまで　とべたら」を読み、登場人物の心情や性格、心の交流について考えるとともに、自らの神話的時間を考える糸口にする。……四時間

〈第三次〉　発表会に向けての準備をする。手引きにそって、神話的時間（幼い頃の特別に思われる時間）について書き、対談（鼎談）相手と交換し、まず筆談で質問し合う。次に、他の学習者の前で、対談ないしは鼎談の形で発表できるように練習する。……二時間

〈第四次〉　発表をする。発表は、一時間の最初に二組ずつおこなう。発表のあとの時間で、内容を想像しながら、説明的文章「ちょっと立ち止まって」を読む。……………………………四時間

6　学習指導の展開と留意点

〈第一次〉

教科書教材「野原はうたう」は、工藤直子氏が、野原に住む物言わぬさまざまな生き物の代理人として、生き物の気持ちを書きとめた詩が四編載せられている。すべて平仮名で書かれた詩なので、学習者が漢字などの抵抗を感じることなく学習にとけ込んでいけた。また、自然の中で、という詩の場面設定が、学習者をのびのびと包み込み、日常とは少し違う時間の流れ（神話的時間）を、感じ取らせるのにふさわしい教材になっている。

学習者は、好きなのはらうたを選んだり、朗読の工夫をしたり、自らのはらうたを作る活動をおこなう。ここでの朗読の工夫は、グループ（四、五人）で、人数の変化や男声、女声の特徴を生かした朗読のしかたを経験したあと、自分たちのグループで朗読方法を話し合い、練習の後、発表した。このあたりで、入学後ずっと続いていた緊張感もほぐれ、「のはらむら」という異次元の空間を十分に楽しみながら、のびのびとしかも協力しあって、学習に取り組むことができた。こうした学習の雰囲気は、中学三年間を通して持続していきたいもののひとつであると実感した。

また、このような機会をとらえて、自分の学習する姿を記録させておきたいと考える。自分が心地よく、前向きに学習に取り組んだことを、客観的にとらえ記録に残しておくことは、学習者の自己学習力を高めていく貴重な糧となり得るはずである。この段階では、まだまだ自分の学習する姿を、明確にとらえられず、単に態度の反省的な記録に終わっている学習者も少なくなかったので、この機会に、こういう学習には今のこういう取り組みの態度が

必要であるというふうに評価し、指導する必要があったと感じた。

〈第二次〉

「そこまで　とべたら」を通読の後、時間の流れ方を視点として、四つの場面に分ける。ここでは、神話的時間の発表に向けて、時間の流れ方ということに少し目を向けさせておきたかった。

また、登場人物の心情や性格を多面的にとらえられるということも、神話的時間の発表を聞くときの姿勢として生かすことができればと考えた。

学習者は、部分読みを繰り返しながら、ワークシートに主な登場人物「じいちゃん」と「わたし」の行動（したこと・しなかったこと）を整理し、そのことを通して、二人の人物像をとらえていく。全員が、とらえたことを発表し、全体としてかなり多面的な人物像が浮かび上がったのではないかと考える。

最後に、全文を通して読み、学習者はそれぞれに、全体を通して最も印象に残った場面を書き写して味わい、個人の読みのまとめとした。

〈第三次〉

手引きにしたがって、各自の神話的時間について、五感をつかいながら、記述する。全員が、書き上げたところから、二人組、三人組の活動に移る。まず互いの「神話的時間」を交換して読み、思い浮かべたこと、互いの人柄について感想を述べ、発表の時に、みんなも聞きたがるだろう質問を予想して書く。ここで、もう一度、互いの感想を交換しあい、書かれている質問の答えを記入する。この段階では、二人（三人）は、音声言語では、対話をしていない。筆談の形を取ったことが、学習者の興味をそそり、互いの親密さを増すことができたように思う。

最後に、発表のための手引きにしたがって、対談（鼎談）の形で発表できるよう、打ち合わせをし、練習をする。

〈第四次〉

発表は、聞き手の集中度を考えて、一時間に二組ずつおこなう。対談（鼎談）のあとに、質疑応答をする。発表者に失敗やつまずきがあったときには、指導者が自然な形でフォローできるようにしたい。話し方、聞き方についても、機会をとらえて、その場で指導していくこととした。国語教室通信では、話し方・聞き方の識見を高めるような学習材をその都度提示していくよう心がけた。

また質疑の際に、発表者が傷つくような質問があったときには、厳しく指導したいと考える。しかし、全般に楽しく和やかな雰囲気の中で、全員の発表を終えることができた。聞き手は、感じたことなども交えてメモを取り、すべての発表が終わった時点で、学習のまとめをした。

7　学習者の反応

○話し方、聞き方について

・わたしは鼎談でしたが、少し小さな声で、うまく発表できなかったように思う。今度発表するときには、みんなに聞こえるくらいの声で、相手に伝わりやすいように発表したい。

・自分は、プリントをみながら話したため、スムーズにできなかった。声も少し、小さかったと思う。聞き方も、興味あるものは、集中して、静かに聞けたが、その他は、ところどころしゃべってしまった。

・自分が発表しているときは、案外意識してしゃべったつもりだったけれど、実際には声が小さかったみたい。やっぱり緊張していたんだな、と思った。友達の話を聞くときはけっこう集中して聞けたと思う。

・矢野君と片山君の発表は声が大きくてよく聞こえました。ファイルを持って発表するより、ファイルを置いて自然に発表するほうがよかった。その点でも、矢野君片山君はよかったと思う。

・残念でした。聞きやすいように言おうとは思っていたのですが、なかなか大きな声が出なかったからです。聞いているほうもわかりにくかったかもしれないので、それが残念です。でも、みんなちゃんと聞いてくれてうれしく、自分でもそんなふうに聞こうとあらためて思えました。

・声が少し小さい人もいたけれど、でも心のこもった話し方だったので、聞いていて楽しかった。聞き方も少しうるさい人もいたけど、かえってしーんとしているよりもよくて、いい雰囲気だった。私も、みんなが和やかな雰囲気で聞いてくれたので、比較的つまらずにいうことができ、少し自分の発表に自信を持つことができた。

・自分は、声はよく通っていたと思うが、間の取り方が不十分だったと思う。声が小さくても、間の取り方がばっちりだったら聞き取りやすいということを発見した。間の取り具合でいろいろかわるのがすごいと思った。

○　発見したこと

・一人一人が違う体験をして、一人一人の長所がたくさん見えてきた。いつもは短所をすぐ見つけてしまうけど、このように神話的時間を聞いているうちに、思いやりがある、好奇心おうせい、責任感が強い、などのいつもは見えないその人の違う一面がたくさん見えてきて、とてもたのしかった。

・「えっ、あの人が」と思うことが、幾度となくありました。知らなかったことが次々と見つかり、表面的なことばかりしか知らなかったということを思い知らされました。その人のことだけでなく、人というものを見れた気がします。

○　印象に残った発表

・幸田さんの発表が印象に残りました。妹が生まれる朝、「朝ごはんが、ちらしずしということだけはおぼえています。」と言ったところでした。それだけ母のことを心配したんだなあと感動しました。それと、岡久君の発表で、幼稚園の時に母が恋しくなって車にすがりついて泣いたという話です。みんな笑っていたけれど、私は、その気持ちがかなり分かりました。一時期私もそういう経験をしたからです。この二人の話は、感心しました。

○その他の感想

・友達の痛かった話を聞いて、自分まで痛くなりそうでした。
・友達の今まで気づかなかった、また、知らなかった一面が分かり、発見でき、みんなと一歩近づいたような気がする。
・「神話的時間」この言葉を、国語の学習で見つけ、どんなことをするのだろう、と期待でいっぱいで、いろいろ考えていました。実際にやってみて、想像とはだいぶ違いました。でも、やはりおもしろそうという直感はあたっていたようです。自分についても振り返ることができ、なつかしい感じになり、帰ってきてからアルバムを引っぱり出したほどです。忘れていたことを、より鮮明に思い出せ、ああんなこともあったと思いました。他の人の知らない面、驚くような面もあったりして、大変意義のあるものだったと思います。
・私自身、不思議な面をみんなに話せてよかったと思います。
・二人ずつ、前に立って会話しながら発表するので、とても楽しく発表することができた。
・非常に楽しい発表だったと思います。質問だってたくさんあったので、発表しがいがありました。発表するのも、けっこう楽しいなあーとつくづく感じました。またいつか違う発表で、ふざけすぎず楽しいものにしたいです。いろんな表現のしかたがあったことが印象的でした。
・みんなで学習したことの一つとして思い出になった。

8　評価について

次のような観点について、評価する。

①　国語学習の基本的な学習方法を身につけることができたか。（学習活動、学習記録を通して）
②　自己を表現することに楽しみを見いだしているか。（学習活動、学習記録を通して）
③　順序よく話し、質問の意図をよく聞き取って、互いの考えを伝え合い、対談・鼎談を楽しむことができたか。（対談・鼎談、学習記録を通して）

④　学習記録に、自己の学習する姿を客観的に書き残すことができたか。（学習記録を通して）

⑤　文学的文章を読み、登場人物の心情や性格を、多面的にとらえることができたか。（テスト、学習記録を通して）

三　おわりに

今日、保健室を「心の居場所」といわれ始めているが、本来的には、教室に「心の居場所」があるべきであろう。学校の中で、最も居心地のいい場所、それはやはり学級であり、学びの場である教室であるべきなのではと考える。国語教室では、ことばの交流を通して、じっくりと心を落ち着けて、考えたり、表現する居心地のいい場所でありたい。現代の中学生が、「心の居場所」を失っているとすればなおさらのことである。本音で、安心して語り合える場所が保健室だけでは、なんとも寂しい。国語教師として、国語教室に、本音で本気でじっくりと語り時間と空間を生み出さなければと考える。

昨年度の卒業生が、一年間の国語学習を振り返って次のように書いている。

一学期の最初のほうにした、ルロイ先生（井上ひさし「握手」、光村図書『国語3』）の授業。

春のあたたかい気候の中で、国語の授業を聞いて、気持ちいいと思った。気候も気持ちよかったのだろうが先生の授業も、確かに気持ちいいと感じた。今考えると、なぜだろうと全く不思議だ。そして、その授業が一番印象に残っている。というのもまた不思議なことである。たぶん、これまでの「国語の授業」とは違っていると感じたのだろう。何かが違っていた。自分でもいまいち分からないが、ああこれが国語かなあと感じたことを覚えている。どこをどう「国語」と感じたのかはよく分からない。でも、初めて国語という教科を学んでいると感じた授業だった。

この段階では、ことばがまだまだ個の情緒を独り言的に語るのみで、個の範囲に収束しているといえる。もう一歩進んで、ことばが本来の社会性や相対性を持つものとして機能したとき、学習者が真にことばを学ぶことの醍醐味を味わうことができたといえるのだろう。

何となく気持ちよく、楽しい状態から、さらに深まり、高まることのよろこびのある状態にしていくことが必要であると感じている。あいまいに自らの思いを語るのみに終わらせず、意思決定や、より積極的な表現欲求から生まれることばが、互いを高め合い、支え合う教室にしたい。

そのためには、中学校三年間で、つけるべきことばの力を系統的、段階的に見極め、一人一人の学習者の実態に応じた学習活動を展開していかなければならないと考える。より細やかな学習者把握につとめ、課題設定のポイントをおさえ、学習指導の流れが明確化された手引きを工夫するなどなすべき課題は多い。

また、今回の実践では、音声言語面の指導において、事前にもう少し指導しておくべき点があったことが、学習者の反応からもうかがえ、この点でも、反省と工夫を重ねていきたいと考える。

中学生は、本音で語りたがらない。しかし、誰かに聞いてもらいたいと考えている。心ないことばで語り合う国語学習から、心あることばで語り合う国語学習へと研鑽を積み重ねたい。

5　「国語教室」における現状と課題
――一九九八年度を振り返って――

一　現状と課題

1　二〇〇一年全日中国語徳島大会に向けて――人と人をことばでつなぐ国語科教育

教師と生徒、生徒と生徒が、ことばを通して温かい人間関係を築いていける国語教室でありたい。しかし昨年度の実状として、生徒の中にある優劣の意識は想像以上に根深いものがあり、そのことによって生徒自身の興味や意欲が阻害され、のびのびと支え合い高め合う国語教室となり得ない状況にあった。ことに三年生の場合、受験を前に、家庭でも塾でもさまざまなプレッシャーを受け、結果を求めるあまり、かえって根気強い取り組みをこばみ、学習することのよろこびから遠ざかっていく傾向にあった。こうした現実を前にして、鳴門教育大附属中の国語教室では、生徒一人一人の思いに応え、心を育て、優劣の彼方へと導いていく国語教育が何よりも求められていると考える。

2　「総合的な学習の時間」との関連を見る――聞く力をこそ

この三月に卒業した三年生は、本校「未来総合科」の担い手であった。しかしながら、その集大成である、領域総合学習の模擬県議会においても、残念ながら、話す、聞く力がともに不足していることを物語る現状があった。

確かに、「未来総合科」で確実に「総合的にとらえる力」を身につけ、伸ばしていくことのできた生徒もいるが、一方では、基礎的な話し、聞く、といった力が不足したまま、したがって、「総合的にとらえる力」をはぐくむまでにいたらなかった生徒がいることを忘れないようにしたい。ことに聞く力は、まず国語学力の根本であることを肝に銘じ、国語科の教師としては、一年時より系統的に聞く力を育てていくことを大切にしたい。

また、校内で「総合的な学習の時間」の指導を研究していく上で、国語の教師として発言すべき時に、適切な意見が述べられるよう、つけるべきことばの力を見据えた実践研究を怠りのないものにしたい。

3　実践力を育てる実地教育に――指導のポイントを明確に

昨年度は、指導教官自身が実地教育のすべてを把握しないままスタートし、実習の指導が不十分であった点が多くあった。昨年度の反省、経験を生かし、指導のポイントを見極め、実践力につながる指導を進めたい。また、学部の先生方のさらなるご指導を仰ぎたい。

二　三年生の学習指導を通して――単元学習の精神を生かして

1　一年間の学習指導の概略（三年生）

一学期

単元および学習材	指導のねらい	受験対策
1　単元「わたしを変えた一つの出会い」 シンポジウムをしよう	・学習のしかたを工夫させる。 ・進んで話し合いに参加しようとい	○随筆の読み方 ○小説の読み方

単元および学習材	指導のねらい	受験対策
・「山上の景観」 ・「握手」 ・「家族について考える」	う態度を身につけさせる。 ・話し合いを通して、支え合い高め合う人間関係を作る。	○話し合いのしかた 　発表のしかた
2　単元「人は言葉で生きている」 　わたしたちの学習発表会 ・「俳句への招き」 ・「君待つと」 ・「言葉と意味と経験と」	・俳句、和歌の鑑賞を通して表現の裏にある人々の暮らし、心にふれさせ、ことばと生活の関係に気づかせる。 ・自らの考えを述べることのよろこびを味わわせる。 ・さまざまな発表形態を体験させる。	○俳句・短歌の読み方 ○古典（和歌） ○課題作文の書き方・文体 ○文法（文の組み立て） ○説明文の読み方
備考　「国語教室通信」	・学習計画を知らせる。 ・語彙を増やし、ことばへの識見を高める。	○語句・語彙を増やす 　自己学習力

二学期

単元および学習材	指導のねらい	受験対策
1　言葉が立ち上がるとき 　朗読を味わう ・「高瀬舟」	・優れた朗読を、味わわせる。	○小説 　場面や登場人物の心情をとらえる。

2　単元「課題作文の達人になろう」 ・「猫の動物学的宇宙誌」 ・「マスメディアを通した現実世界」 ・「文法と表現…文の組み立て」	・文体の特徴に目を向けさせ文の長さ、文末表現、文章構成を考えながら、自らの意見を簡潔に表現できるようにさせる。	○作文の書き方 ○随筆の読み方 　文体の特徴をとらえる。 ○論説文の構成法 ○文の組み立て 　組み立ての整わない文とは
3　単元「日本と日本人を考える」 　意見文集を作ろう ・東下り「伊勢物語」 ・夏草「おくのほそ道」 ・学びて時にこれを習ふ「論語」 ・「故郷」 ・「ヒロシマ神話」 ・「お辞儀する人」 「文法と表現」助詞、助動詞、副詞の使い方、コミュニケーション 「敬語」 「日本語の諸相」 「日本語の特徴」	・自らのテーマを持ちながらさまざまな種類の文章（古典、漢文、現代文…小説、詩、随筆、説明文）を比較しながら読ませる。 ・読んだことを、自らの中で総合的にとらえ、発信する相手を選んで意見文を書かせる。 ・日本語の特徴に気づかせ、自らの言語生活を振り返らせるとともに、よりよい言語生活を営もうとする意欲を育てる。	○古文読解の基礎がため ○漢文読解の基礎がため ○時代背景を考えながら、小説を読む。 ○詩の鑑賞 　表現技法の工夫を通して作者の心情に迫る。 ○日本語の特質を知って作文する。
4　単元「新聞と仲良くなろう」 「金星大気の教えるもの」 「三十五億年の命」	・論理的に相手を説得する方法について考えさせる。	○論理的文章の構成方法を知り、筆者のものの見方、考え方をとらえる。

「国語教室通信」 気づきを書き留めておこう 「学習記録」 毎時間の記録を大切に、 学習力を身につけよう	・書くことをおっくうがらず日常の一こまや気づきを気軽に書く習慣を身につけさせる。 ・記録を残す方法を知り、記録を残すよろこびを味わわせる。	○論理的文章の書き方 ○難関受験も突破する語彙を増やす。 ○一生つかえる学力

三学期

単元および学習材	指導のねらい	受験対策
1　卒業～わが心のアンソロジー 「温かいスープ」 「言葉はどこからどこへ」 「わたしを束ねないで」 「三つのイメージ」	・心に残ることば、歳月がたっても心の中に生き続けることばについて考えさせ、アンソロジーづくりを体験させる。	○課題作文対策 ○古典対策

2　学習者の感想――一年間を振り返って

・特に印象に残ったのは、今まで自分が出会った人の中で自分の生き方に大きく影響した人について発表したことがあったと思うのですが、その時は、三年生になってすぐだったし、一番初めの発表だったこともあってかなり緊張してしまいました。にもかかわらず、ある子にかなりつっこまれた質問をされて……ほんとうに冷や汗が出ました。でも、先生がうまくいってくれたので、一応その場は逃れることができました。

授業では、自分の意見を発言したり、書いたり……ということが多かったので、「この子はこんなことを考えているんだ」と、日頃あまり話さない子の新たな一面なんかについても知ることができ、充実した1時間を過ごすことができました。あっという間に時間が過ぎていくという感じですごく楽しかったです。

・プリントに順を追って作業をし、ノートを用いずファイルにとじていったところ。これは小学5、6年の頃のやり方と同じで、正直「またこの面倒くさいやり方に戻るのか」と思った。しかし面倒くさい反面絵で表現したり、たくさん書き出したり、自分なりに課題を徹底してやれたとは思う。

中三で初めて教科書の文章全てを学習した。初めて「この教科書を修了《ママ》した」との実感を持つことができてうれしい。

テストの解説をもっと詳しくしてほしかった。

中学にはいって以来三年間、小学校の時より早くあっさり、一つの文章が終わってしまい、読みが浅かった。もっとじっくり深く考えたかった。

・一つの物語にしても、随筆にしても、説明文にしても、一文一文取り出してどれこれというのではなくて、全体をとらえて、それに対する意見、自分の考えを考える機会が多かったように思う。それにいろいろな人の意見や思っていることを聞くことも多かったと思う。

あと、読書感想文や作文を書くのが苦手な私だけど、さまざまなすばらしい文章にあって、すばらしい文章の秘訣を教えてもらったので、前に比べると、随分うまく書けるようになったと感じた。でもまだまだ、副詞の呼応もあやふやで、文も長いし、まとまりができません。けど、書き方がわかれば練習すればうまくなるかなと、思います。

一年間を通して、一番よく印象に残り考えたのは、日本人についてでした。世界からみた日本、今の日本人は過去の過ちをどう考えるべきかを、家でも、お風呂でもよく考えるようになりました。

・先生の授業は、「考えること」が中心だったように思います。「考えて、書く」という一見なんでもない簡単そうな作業、作文をよく書きました。考えすぎず、考えなさすぎず……という微妙なさじ加減が必要な、とても難しい作業でした。けれども、意見文や課題作文、毎日の記録などを積み重ねていくにつれて、「書く」ことに抵抗がなくなりはじめました。先生の授業は、とても生徒が理解しやすいように工夫されていて、今までなら通りすぎてしまった「なんでこうなるんだろう」という疑問をきちんと解明してくれました。

特に、古文の授業が、情景が目に浮かぶようでとても印象的でした。

強いて言えば、けい紙が足りなくなってしまうことが多かったです。これは、私の書き方にもかなり問題があると思うのですが……。少し余分を作ってくださるともっとやりやすいと思います。

・私は、週の初めに配られる国語教室通信にのっている、いろいろな話を読むことが好きでした。

特に物事の二面性についての『パールハーバーの授業』の所と、日本人船長の話の所をよく覚えています。私は、その授業を通して、異常な場面だけに限らず、日常生活の中でも、二面性がよくあることなのだと学びました。また二面性に限らず、よいこと、悪いことだけでなく黒と白の中間にグレーがあることも同時に考えました。いろいろな場合によく考えることのできた授業でした。

私は、教科書の最後の方にのっていた「温かいスープ」の話がとても好きだったけれど授業ではあまりやらなかったので悲しかったです。

・魯迅の「故郷」を読み終えたときの授業が心に残っています。それは、最後の「歩くところが道になる」というところに感銘を受けたからです。途中、「故郷」の重苦しい風景や人々の姿が現代と重なるようで、暗い気持ちになっていただけに、この言葉には救われるような、勇気づけられるような感じでした。

この言葉は、これから困難にぶつかったとき、また思い出すと思います。

・もうずいぶん前なので、記憶もうすくなっているのですが、俳句や短歌について教えてくださっていたとき、その単元の最後に、自分たちが俳句や短歌を作った有名な人の立場になりきって、インタビューをされるということになりました。谷木先生はインタビュー専用のプリントをくれ、それにそって考えることになったのですが、はっきり言ってこんな授業は初めてでした。よく自分たちで俳句や短歌を作ってみるというのはありますが、こんな形式は初めてで驚きました。しかし、いざやってみると、俳句や短歌を作るときは、有名な人とあまり関係なくなってくるのですが、インタビューされるとなると、松尾芭蕉など選んだ人について詳しく調べなければならなくなるということに気づかされました。

みんなの前で発表するので恥ずかしかったですが、俳句や短歌を作った人について深く知ることができて、とても勉強になりました。この授業は印象に残っています。

・一学期の初めのほうにしたルロイ先生の授業。春の暖かい気候の中で、国語の授業を聞いていて気持ちいいと感じた。気候も気持ちよかったのだろうが、先生の授業も気持ちよかった。今考えるとなぜだろうと全く不思議だ。今までとは何かが違っていた。ああこれが国語かなあと感じたことを覚えている。

以上のような実践、生徒の感想をふまえて、反省すべき点は次のようなことと考えた。

①　つけたい力のもっときめこまかな分析を……能力表の作成

②　優劣の彼方へ

　興味・関心・意欲を育てる

　日常に対話の機会を多くし、生徒の興味・関心のあり様を把握する

③　教育話法の研究

　指導者自身のスピーチをもっと多く（自らを語る）

　語尾を明確に

④　板書を明確に

⑤　単元構成の工夫

一つの単元が大きくなりすぎないように
「日本は」「日本人は」というような書かせ方の問題

6 「伝え合う力を高める」国語教室を求めて
——研究の内容と方法——

西尾実氏は、言語を抽象的な概念としてとらえるのではなく、生きて存在する実存のことばとしてとらえることにより、言語生活における社会的行為としての「通じあい」(Communication)に着目した。言語生活の向上と言語文化の創造を期した学習指導の方法を模索した、氏の考え方は、次のようである。

1 「伝う合う力を高める」国語教室の基本理念

わたしは、この(言語生活の学習や指導の)ゆがみを正し、言語生活の向上と言語文化の創造を可能ならしめるためには、われわれの言語生活が主体と主体の社会的行為であるということの認識から、出発しなおさなくてはならないと思う。これまでのように、主体の個人的、一方的な行為としての伝達ではなく、話す主体と聞く主体、もしくは、書く主体と読む主体との間に行われる、「通じあい」とよばれる相関的、社会的な行為であることが確認されなくてはならない。なるほど、伝達ということが、われわれの言語生活の主要な任務であるにはちがいない。が、その伝達がおこなわれるためには、その根底として、「通じあい」が成り立っていなくてはならない。したがって、聞き手や読み手は、単なる言語生活の展開する場面ではなく、聞き手は話し手とともに、読み手は書き手とともに、それぞれ、言語生活の主体であるとしなくてはならない。

国語学習指導においては、話し手・書き手の主体的行為の確立のみならず、聞き手・読み手の主体的行為の確立と、こうした主体の相関的、社会的言語行為としての「通じあい」が、今こそ必要とされている。

西尾実氏はまた、「すべての人が、進んで手をつなぎあって協力しない限り、われわれの近代文化を向上させる方法はないとの自覚から、『明るい通じ合い』が世界各国で強く要求され、至る所で研究され、実行されている」としている。

わたしたちは、「伝え合う力を高める」国語教室の基本理念として、これらの西尾実氏の「通じ合い」という言語行為の尊重を根底に据えたい。

2　「伝え合う力を高める」国語教室とは

・質問には必ずことばで答える学習習慣を培う
・ことばへの信頼感がある
・話し合える、温かでのびのびとした雰囲気を作る
・生きたことばを生きたまま取り扱う学習の場で、生きた機会をとらえたことばの指導がある

3　「伝え合う力を高める」ための方策

(1)　学習者の言語生活の実態を把握する
・日常の会話を通して
・学習記録を通して
・学習活動における指導者との対話、学習者相互の対話を通して

(2)　つけたい学力を明確にする

・学習者の言語生活実態に基づいて
・系統性を考慮して
・発達段階を考慮して
(3)　多様で、主体的な学習活動を展開する
・関心を持つべきものに関心を持たせる
・「実の場」(生きた材料を準備し、本気で話す場)を用意する
・目標の二重構造化を図る
・個に応じた選択の幅のある学習材を用意する
・指導者として絶えず手本となるような話し方を心がける
・言語活動力は、言語活動を通してのみ身につく
・話す、話し合う価値のある内容を持たせる
・多様な言語表現活動の場を設定する
・メモや記録を書く活動を習慣化する
・ことばに対する識見を高め、語彙を豊かにする
・ことばの響きに表された人の心を聞き取る細やかさを育てる
(4)　学習の記録を通して、自らの学ぶ姿をとらえる
・自己学習力に培う評価
・創造性に培う評価

7　「伝え合う力を高める」国語科学習指導の展開

一　「伝え合う力」をいかに育てるか

「生きる力」の育成のためには、人間理解の基本であり、人間関係をきずくために生きて働くコミュニケーション能力としての「伝え合う力」を身につけさせることが重要な課題となる。さらに、「伝え合う力」をいかに育てるかということを考えるとき、次の四つが重要であると考える。

1　ことばへの信頼感を取り戻し、言語活動への自信を確かなものにする
2　自らの考えを持って、自己を表現し、他者を理解する言語生活主体を確立すること
3　①「伝え合う力」の基礎は、対話力を確かなものにするところに見いだされる
②「伝え合う力」の支えるものとしての「合意形成力」の必要性に目覚めさせる
4　「伝え合う力」は、「伝え合う」必然性のある学習活動を通して確かなものになる

言語を抽象的な概念としてとらえるのではなく、生きて存在する実存のことばとしてとらえるとき、言語生活における社会的行為としての「コミュニケーション」の重要性に気づく。

われわれの言語生活は、主体と主体の社会的行為であり、主体の個人的、一方的な行為として伝達ではなく、話す主体と聞く主体、もしくは、書く主体と読む主体との間におこなわれる、「コミュニケーション」とよばれる相関的、社会的な行為であることが確認されなくてはならない。なるほど、伝達ということが、われわれの言語生活の主要な任務であるにはちがいない。が、その伝達がおこなわれるためには、その根底として、「コミュニケーション」が成り立っていなくてはならない。したがって、聞き手や読み手は、単なる言語生活の展開する場面ではなく、聞き手は話し手とともに、読み手は書き手とともに、それぞれ、言語生活の主体でなくてはならない。(1)

繰り返すが「コミュニケーション」は、単なる伝達ではない。伝達がおこなわれるための根底にある相関的、社会的行為である。われわれは、ここに今日、中学生の言語実態をふまえた上で必要とされる人と人とを結びつける力、「伝え合う力」の根本を見ることができるのではなかろうか。つまり、「コミュニケーション」は双方向の伝達であり、社会的行為であるところに、「伝え合う力」の必要性を見ることができる。

人類がその生活において、初めて、音声による談話が可能になってきたとき、その社会生活は急に緊密になり、その生活はいちじるしい発達を示したに違いない。さらに、文章による「コミュニケーション」の道が開けてきたとき、「コミュニケーション」の空間的、時間的範囲の拡大につれて、文化の進展にめざましいものがあったことは、いずれの民族の歴史にも示されている。(2)

人間が言語を獲得し、その働きを通して、「通じ合う」よろこびをわかちあい、言語生活を向上させ、言語文化を発展させてきたにもかかわらず、現代の中学生の言語実態においては、むしろ、「通じ合い（コミュニケーション）」が非常に成り立ちにくい状況にあることがわかる。まず、さまざまの要因によって日常の談話の成り立ちにくいこと、したがって、社会生活が緊密になるどころか、むしろ、疎遠になり、ことばを通して、「通じ合う」ことのよろこびを味わいにくい状況にあるように思える。

こうした状況にあって、「伝え合う力」を育てるためには、まず、ことばを通して「通じ合う」ことのよろこびを体験することが大切であるといえる。具体的なそれは、話せばわかる言語体験、読んでおもしろい体験、自己を表現して楽しかった体験であるかもしれない。こうした体験を通して、ことばで気持ちを伝えることができる、相手の気持ちを理解できるといった実感、すなわちことばへの信頼感を取り戻すことが第一であると考える。「伝え合う力」は、伝えるよろこび、伝えようとする心のあるところに育つといえる。

また、日常の言語生活においては、話し手・書き手の主体的行為の確立のみならず、聞き手・読み手の主体的行為の確立が肝要であり、こうした言語生活主体の確立があるところに、相関的、社会的言語行為としての「通じ合い」が成り立つといえる。

音声言語であれ、文字言語であれ、「言いたいことを、いつでも自由に言える」主体を育てたいと考える。さらに、聞くこと・読むことにおいても、自らの考えを持ち、自らの考えを作っていける主体の確立が望まれる。主体的に表現し、感性理性両面で理解する力が相関的に働くときに、「伝え合い」が成立する。

それでは、「コミュニケーション能力」は何によって培われるのか。

われわれのことばの基礎は、話しことばであり、それを文字で表記した書きことばは、その話しことばの発展形態であり、文学とか哲学とか科学とかいう文化は、さらに専門的文化性が発現することによって成立する完成形態である。そして、その話しことばは、一対一の対話・問答と、一対多数の会話・討議と、一対公衆の公話・討論に分類することができる。ことばの機能は、抽象的に考えると「伝達」であるが、そして、それは大事な機能であるには違いないが、具体的にとらえてみると、それは、個人心理的、一方通行的な機能ではなく、話し手と聞き手との間におこなわれる社会的機能でり、コミュニケーションと呼ばれる、双方の通じ合いによって成り立つ。

このように一対一の通じ合いである対話・問答が基礎になって、一対多数の通じ合いである会話・討議も成立し、さらに一対公衆の通じ合いである公話（パブリックスピーキング）・討論も展開される。しかしここで、一対一の対話・問答は、親しい立場のわかりあった仲間の、いわゆる水入らずの通じ合いであるだけでなく、いかに親しい立場のわかりあった仲間でも、本来、対立的な立場に立つものであることに注意したい。私たちが経験している対話では、この本来が対立的立場であることに気づかないで、それを気分的にそれぞれの立場が相互に理解され、むしろ一体になって話し合うことさえ可能だと思いこんでいる場合が少なくない。(3)

これらを総合して考えるとき、「伝え合う力」の基礎は、話す・聞く生活にあり、その話す・聞く生活の中核は、対話・問答にあることに思い至る。相手とのやりとりをとおして、対話が広く深く展開したときの楽しさは、他では経験できないよろこびでもある。立場の異なる相手であるからこそ話の内容は広がり、深いところへと展開する。

対話の展開力としては、①立場の違いを意識する、②話題からそれないように意識する、あるいは意識的に方向づける、③必要な補足をする、④意見表明は人格否定ではないこと、の四つが重要であり、「伝え合う力」の基礎としての「対話力」を育てていく上で留意したい事柄である。(4)

討議は、三人寄れば文殊の知恵といわれることわざで言いふるされているように、めいめいの知恵を出し合うと、ただの寄せ集めではない、それ以上の、文殊のような知恵が成り立つという意義のある協力体制であって、それは、めいめいの勝手や我執を克服して、真理のために協力するという生活によって成り立つものである。したがって、そこでは、話し合いのしかたが、すなわち話すことと聞くことが必然的にかみあい、協力的に吟味を重ねてゆかなくてはならない。その関係上、お互いのおしゃべりをしたがっていてはできることではない。発言をする場合にも、できるだけ小出しに、一度には一事をというようにおこなって、あらゆる人の知恵を引きださなくてはならないし、どのような意見にたいしても、黙っていては話し合いにならない。また、人が話し始めているとき、「しかし」だの、「だけど」だのということばをはさんで、その話の腰を折ってはならない。発言の調整は司会者一人の役目である。参加者それぞれが、人の話している場合は、それの終わるまでよく聞いていなくてはならない。会話なり、討議なり、話し合っては聞き、聞いては話し合うというような話し合い方がまだ十分身についていないところに、われわれの社会生活の行き詰まりやわれわれの文化の前進がはばまれているという事実には、しばしば当面していながら、それを改めようともしなければ、出直しが必要だとも考えていないところに欠陥が見いだされる。(5)

価値観の多様化する現代においては、相手の考えを受け止めていく寛容な心を育てること、より高い視点から物事を見る視座への転換、譲り合って議決する方法の模索などが求められている。(6)「伝え合う力」の支えるものとして、話し合いによる合意形成力の必要性が、現代社会には強く求められる。

文字通り、「伝え合う力」は、「伝え合う」必然性のある学習活動を通して育てられる。言語能力や言語生活実態において、さまざまな個性を持った学習者の個性をとらえ、言語生活の向上に導く学習指導過程が、周到に準備されなくてはならない。

実際の学習活動においては、学習者が言語生活における問題点を取り上げて学習を具体的に限定することが導入である。そこから、教科書の教材を言語生活として学習させ、最後にその学習を鏡として学習者めいめいの言語生活を反省させそれを改善する方向と方法を発見させるのが評価である。導入から学習へ、学習から評価へと展開させるのが、指導の任務である。(7)

学習者が、言語生活の実態を的確に把握することから、主体的な学習が始まり、さらには、学習者自身が、最後に自らの学習を振り返ることによって、自らの言語生活の向上を図る自己学習力を培う評価が必要とされる。

現代の中学生は、友との人間関係に驚くほど神経を使っている。また、傷つくことをおそれるあまり、現実での人間関係を嫌い、架空の世界でのつながりを求める傾向もうかがえる。

話し合える人を育てることには、二つの大切なことがある。話し合える人間性と、話し合える学力の二つである。

「伝う合う力」も、「伝え合いのできる」人間関係とともにある。

対話・問答にしても、会話・討議にしても、さらに公話・討論にしても、ことばの働きは、深浅をきわめた、最大を尽くして限りがない。が、その要は、話す人・聞く人の人間そのものであり、したがって、その人間のままである。ことばが人間の行為である以上、ことばの是非や適不適は、その人の生かし方によって成立する。ことばのエチケットはそういうことばの働きそのものであって、ことばの他にエチケットがあるのではない。ことばのエチケットは、あくまでことばそのもののエチケットなのである。(8)

国語教室の中に、いかに人と学力を育てるか。いずれの場合も、これが必要かつ重要な課題である。この点を実践化への課題としたい。

二 「伝え合う力を高める」国語教室とは

・質問には必ずことばで答える学習習慣を培う
・ことばへの信頼感がある
・話し合える、温かでのびのびとした雰囲気を作る
・生きたことばを生きたまま取り扱う学習の場で、生きた機会をとらえたことばの指導がある

三 「伝え合う力を高める」ための方策

(1) 学習者の言語生活の実態を把握する

・日常の会話を通して
・学習記録を通して
・学習活動における指導者との対話、学習者相互の対話を通して

(2)　つけたい学力を明確にする
・学習者の言語生活実態に基づいて
・系統性を考慮して
・発達段階を考慮して

(3)　多様で、主体的な学習活動を展開する
・関心を持つべきものに関心を持たせる
・「実の場」（生きた材料を準備し、本気で話す場）を用意する
・目標の二重構造化を図る
・個に応じた選択の幅のある学習材を用意する
・指導者として絶えず手本となるような話し方を心がける
・言語活動力は、言語活動を通してのみ身につく
・話す、話し合う価値のある内容を持たせる
・多様な言語表現活動の場を設定する
・メモや記録を書く活動を習慣化する
・ことばに対する識見を高め、語彙を豊かにする
・ことばの響きに表された人の心を聞き取る細やかさを育てる

(4) 学習の記録を通して、自らの学ぶ姿をとらえる
・自己学習力を培う評価
・創造性に培う評価

四 「伝え合う」よろこびに培う国語科学習指導の展開
――単元「○○○の神様について考える」(中学一年) の場合

1 対象 鳴門教育大学学校教育学部附属中学校 一年生 一五八名

2 単元設定の理由

一年生は、どのクラスの生徒も素直で明るく、何より前向きな態度で、学習に取り組めている。国語学習を苦手とするものもいるが、学習集団としては、朗読や発表などの音声表現活動にも臆することなく臨むことができる。中学校における国語学習の入門期であるこの時期に、こうした積極性を阻害することなく、音声言語表現においても、一人一人のよい面が自ずと発揮されるような学習活動を大切にしたいと考える。また、日常では、ごく一部の仲良しグループに偏りがちな会話を、自然な形で、すべての学習者を巻き込んだものに発展させ、より主体的に自分の考えを持ち、それを表現し、伝え合うことの楽しさを体験させたいと考える。また、そうした学習活動を通して、さらに自分自身の考えを深めていくことが大切であると考えた。

現在の若者が、「べつに……」と、自己を表現することをさけたり、「キレて」暴力に走ることの背景には、ことばを通じて互いのつながりを感じることのできる場が、圧倒的に不足しているからではないだろうか。ここでは、

皆で話し合うことの楽しさを通して、ことばへの信頼感を取り戻したいと考える。

「おいのり」は、情景描写や会話、時間をさかのぼる手法などか、テレビドラマのようで、学習者には、親しみやすく、すんなりと物語の世界に溶け込んでいくことができる作品である。また、擬態語や、擬声語の使い方のユニークさ、ユーモアとペーソスに満ちた登場人物や猫たちが、読むことの楽しさ、想像することの楽しさを体験させてくれる。

今回の学習では、こうした作品を主体的に読む楽しさ、しかも、皆で自由に自分の考えを述べ合いながら読む楽しさを十分に味わわせたいと考え、本単元を設定した。

3　単元目標

① 自己の考えを持ち、読むことの楽しさを味わわせる

② 朗読を通して作品世界を表現することの楽しさに気づかせる

③ 各自の読みの違いに気づき、皆で一つの作品を読み合うことを通して、伝え合う楽しさを体験させる

④ 主に次のような言語能力を育てる

ア　読む

・情景描写や会話表現を通して、多面的に人物像を浮かび上がらせることができる

・作品を読むさまざまな視点に気づくことができる

・場面をとらえ、効果的な題をつけることができる

イ　書く

・自分の考え・友の考えの違いを整理し、記録に残すことができる

ウ　聞く

・自分の考えと比較しながら聞くことができる

・他の人の発表を聞きながら、新しいものを取り入れることができる

エ　話す

・考えの根拠となる部分を効果的に朗読し、発表できる

4　教材

①　教科書教材　　三木　卓「おいのり」

②　学習の手引き　二種類

5　学習指導計画（七時間）

〈第一次〉　登場人物と場面分けを考えながら読む。……………………………………………一時間

〈第二次〉　場面ごとのタイトルを考えながら読む。……………………………………………二時間

〈第三次〉　人物像について自己の考えを持ち、朗読を交えて互いの考えを伝え合う。…………三時間（本時）

〈第四次〉　「〇〇〇の神様」について考えを述べ合い、学習のまとめをする。……………………一時間

6　学習指導の展開

◎　本時の目標

・各自の読みの違いに気づき、皆で一つの作品を読み合うことを通して、伝え合う楽しさを体験させる

・他の人の発表を聞きながら、新しいものを取り入れることができる
・自分の考え・友の考えの違いを整理し、記録に残すことができる

時間	準備物	学習活動	指導および支援
5	漢字テスト	1　既習漢字の復習をする。	○間違えた漢字は、覚えるまで反復練習させ、提出させる。
15	発表メモ 聞き取りメモ	2　「わたしの　のはら時間」の発表をする。	○発表と発表を比べることをさけ、一時間には二組ずつとする。 ○発表者が発表しやすいような聞き手の雰囲気作りを大切にさせる。 ○発表者の対話の展開に留意し、必要な指導事項は、質問の形で、支援・指導する。 ○聞き手には、気づきや感想をメモさせる。
20	ワークシート	3　人物像をとらえる。	○ワークシートの使い方を説明し、本文からの読み取りも、想像したことも、根拠をはっきりと述べさせたり、朗読させたりする。 ○本文の朗読も、楽しく、学習意欲がわくよう、配慮する。 ○間違っている人物像のとらえ方には留意し、適当な時機を見て、間違いに気づくよう指導

			する。 ○友達の発表と自分の考えを比べて整理しながらメモさせる。
5	学習記録	4　次時の予告を聞き、本時の学習を記録する。	○楽しい雰囲気と、学習意欲を次時につなぐよう配慮する。

7　評価について

次のような観点について、評価する。

①　自分の考えを持ちながら主体的に読むことが楽しめたか。（学習活動、学習記録を通して）
②　友と考え述べ合うことに楽しみを見いだしているか。（学習活動、学習記録を通して）
③　考えの根拠となる部分を効果的に朗読できたか。（学習活動を通して）
④　学習記録に、自分の考えと友の考えを整理して、書き残すことができたか。（学習記録を通して）
⑤　文学的文章を読みさまざまな視点に気づくとともに、登場人物の人物像を多面的にとらえることができたか。（テスト、学習記録を通して）

五　「総合的な学習の時間」と教科学習との関連

「総合的な学習の時間」とは、各教科で身につけた資質や能力を学習者の中で総合化する時間であり、それぞれの教科で身につけ得た基礎・基本を使って、学習者なりの学習を展開する時間である。したがって、「総合的な学習の時間」が成功するか否かは、各教科で、すべての学習者に生きて働く学力としての基礎・基本が身についているかどうかにかかっているといっても過言ではない。

国語科でも、「総合的な学習の時間」の実践上の課題をふまえて、すべての学習者の身に培うべき基礎・基本とは何かを明らかにし、「総合的な学習の時間」のみならず、あらゆる「実の場」において生きて働くことばの力の育成をめざしたいと考えた。具体的な国語科の展開上の課題として、一つには興味・関心・意欲をいかに育てるか、二つには、一人一人の学習者の実態をとらえ、個に応じた指導の徹底をいかに図るか、三つ目は、多様な言語活動を展開する国語学習の単元をどう構成するかの三点であると考えた。以下、この三つの点について具体的に考えたい。

1　興味・関心・意欲をいかに育てるか

刹那的、短絡的、快楽主義的な時代の雰囲気は、学習者自身の日常生活にも、暗い影を落としており、多くの人々の指摘どおり、学校は、まさに危機的な状況にあるように思える。日常の学校生活においても、生徒が、結果を考えずに一時的な感情のままに行動してしまい、トラブルを招くことがしばしばある。それは、学習面でも同様であって、一部の学習者は、結果を求めることにあまりにも性急で、思うような結果が得られないとなると感情の赴くままに、学習への取り組みを放棄してしまうことがある。そこで、まず第一に、興味・関心・意欲を育てること、持続させること、そこに指導の要があると考える。

学ぶことによって、新しい視野が開け、充実感と、手応えを実感するとすれば、そうした学習こそが「生きる力」を育てる学習と呼ぶにふさわしいといえるのではないだろうか。その過程においては、辛く苦しい作業の連続に思えても、自らの興味や関心、意欲に支えられ、次の段階へと導かれる、そうした体験を積み重ねていける「国語教室」でありたい。そのためには、学習者にあらかじめ学習内容を知らせ、学習目標や学習計画を明確に提示し、興味を持つべきものに興味を抱くように指導したい。また、ワークシートや学習の手引き、補助学習資料などによって学習を支援し、それらをすべてファイルすることによって、自らの学習の足跡をつぶさに振り返れるようにしたいと考えた。また、毎時間の学習の記録を残すことによって、自己を観察し、学習を積み重ねていくよろこびを実感できるようにしたい。

2　個に応じた指導の徹底をいかに図るか

「総合的な学習の時間」が「絵に描いた餅」にならないためにも、基礎・基本の指導に徹底を図りたい。国語科で、一人一人の学習者の生きて働くことばの力として徹底したい基礎・基本として、思考力・情報活用能力・表現力（コミュニケーション能力）などを挙げることができる。個に応じて、これらの力をはぐくむ指導徹底の鍵は、学習者把握と選択性の導入にあると考える。

その意味において、学習記録は、指導者にとって、一人一人の学習者の学習実態を把握する貴重な資料となり、そこから次に一人一人の学習者の身に培っていくべき力をとらえたいと考える。また、学習の展開に表現活動や指導者と学習者が対話する場を取り入れることも重要である。表現活動や対話には、しばしば本人が意図しない学習者の本音の部分が現れることがある。指導者としては、こうした表現活動や対話も、学習者一人一人をとらえる大切な契機とし、手がかりにしたいと考える。

また、学習活動のさまざまな機会に学習者自身が、学習のめあてや学習方法、学習材を選ぶことによって、学習者の多様なニーズに応え、主体的な学習を促すことによって指導の徹底を図りたい。

3　多様な言語活動をいかに展開するか

「総合的な学習の時間」の導入に伴って、国語科の授業時数の削減が見込まれているが、それによって、国語科が「総合的な学習の時間」のためのスキルを養う前座的な扱いとならないように気をつけたい。細切れの知識・技能を基礎・基本ととらえ、国語科本来の豊かな肉付けを失うことを懸念するゆえである。

環境問題の悪化や国際化の進む現在、今日的な社会問題の多くは、個人や国の枠を越えて知恵を出し合い、話し合うことなしには解決しえないものになってきている。まさに国際協力と共生の時代である。しかし、現実には、今ほど人々が孤立している時代も他に類を見ないのではないだろうか。学習者一人一人の日常においても、孤立をひどくおそれる一方で、事実上、誰とも真のつながりの持てない状況に追い込まれているように思われる。また、つながりを求めるならば、相手の立場に立って行動することが必要になってくるが、根気強く人間関係を作り上げていくには、あまりにも幼なすぎる言動がしばしば見られる。自立した一人の人間として、ことばで、望ましい人間関係を築いていける力こそ、学習者にとって必要な、これからの時代を「生きる力」なのではないだろうか。

人はことばによって育てられる。国語教室においては、調べたり、まとめたり、報告したり、そして、それらが有効に機能して、誰かに受け止められる安心感、伝達のよろこびを見いだす、そういう多様な活動を経験させたい。目的や意図を持って産み出されたことばが、しっかりと相手に受け止められたとき、ことばは「生きる力」そのものとして、発信者にも意識されるであろう。さらに、そこで確かめられたことばによる交流が、教室の中の人間関係を深め、その外へと広がっていくとすれば、それは社会の中で「生きる力」として働くであろう。国語科の学習が、多様で豊かな言語活動を含む、まさに総合的な単元となったとき、これらの目標が達成されるといえる。

4　総合的な学習で育つ自己学習力と思考力

総合的な学習で育つ自己学習力とは①学習意欲、②課題発見力、③学習計画力、④情報活用力（収集、選択、産出）、⑤表現力（対話・討論・まとめ）、⑥自己評価力、⑦協同する力、である。それは、全教科で育てる基本の学力でもある。思考力は、これらの自己学習力が、機能するプロセスにおいて働く。

たとえば、「わが町の藍産業」を取り上げる場合、①化学染料と比べて色合いが深く美しいと感じたことが探究の意欲を刺激する、②身のまわりの化学染料を集め、その使用法・特徴を調べ藍染めと比べる、③だいたいの見当をつけて人を選びインタビューにいく、④藍染め・藍製造の歴史を調べる、⑤生産と販売についての情報を集め今後の発展について推測する。⑥情報を関連づけ再構成し、まとめて表現する。これらの過程に働く感受、分類、比較、見当づけ、関係づけ、推量、構造化、などが思考力である。体験することや調べることは情報収集の活動である。しかし、集められた情報は、断片的であり、部分的である。思考作用を経てそれらが言語化され関係づけられて情報は構造化され、生きる力を支える力となる。総合的な学習の実践においては、その全過程において自己学習力が身につき、思考力が伸びていくことに留意しておきたい。

思考と言語は、思考が言語を生み、言語が思考を深化・進展させる、という相互関係にある。国語科教育ではことばが生まれ、ことばと出会う場を設定して言語活動力と自己学習力を育て言語生活を豊かにする。総合的な学習では、もろもろの事象を探究させたりして自己学習力と思考力とを育て生活認識を豊かにする。

国語科で育てる言語化能力と言語活動力が総合的な学習を展開する中核となる。総合的な学習で育つ自己学習力と思考力は、学習者を主体的にし、各教科の学習への意欲と積極性を喚起する。総合的な学習の試みは、これまでの一斉指導に傾いていた各教科の授業を生徒が主体となって学ぶ場へと変化させていくだろう。

総合的な学習は言語活動力を生きて働く力とする場である。言語活動力は、総合的な学習を充実させ確かなものとする。

注

（1）〜（3）西尾　実著『西尾実国語教育全集　第六巻』による。

（4）山元悦子稿「対話とは何か」（『教育科学国語教育』一九九七年一二月、明治図書刊、三五頁）による。

（5）前掲『西尾実国語教育全集　第六巻』による。

（6）浜本純逸稿「国語科教育の課題」（『月刊国語教育』一九九九年四月号、東京法令出版刊）による。

（7）・（8）注（5）に同じ。

参考文献

浜本純逸稿「総合的学習を展開する中核」（『教育科学国語教育』二〇〇〇年六月号、明治図書刊、五〜六頁所出）

8 「未来総合科」から「総合的な学習の時間」へ
——新教育課程開発の意図するもの——

一 本校（鳴門教育大学学校教育学部附属中学校）の教育課程

(1) 二〇〇二年度「新学習指導要領」の完全実施を構想した移行期における教育課程の編成

・教科時数の縮減と学習内容の厳選に伴う教科教育法の工夫・改善

(2) 「総合的な学習の時間」の教育課程への調和的位置づけ

週時程の中に総合的学習を位置づけているがその原則は次の通りである。

・各学年が同じ曜日に重ならないようにする

（活動場所、使用するメディア、指導組織、人材の活用などを考慮のため）

・平日、午後に位置づける

（校外における体験・調査活動、利用する施設、生徒の学習意欲などを考慮のため）

・二時間続きとするが、弾力的な運用ができるようにする

（学習活動の特性に応じて一時間の場合や六時間の場合も想定される）

二　「総合的学習」のカリキュラム評価と新教育課程の開発

1　未来総合科と総合的学習

「新しい時代に生きる力を育成する教育課程には『総合的な学習』が必要である」という理念の下で、本校は四年間研究を進めてきた。そして「総合的な学習」の一つのモデルとして、「未来総合科」を開発した。「総合的な学習」を未来志向型の必修教科として構想したのである。

平成十年末の新学習指導要領では、「総合的な学習」は教科や領域ではなく時間として位置づけられた。したがって「未来総合科」がそのまま「総合的な学習」に移行されるわけではなく、二〇〇二年へ向けて、教科・道徳・特別活動との関連を図りながら、それらを総合化したカリキュラムづくりが必要となってくる。

しかし、「生きる力の育成」という理念は「未来総合科」も「総合的な学習の時間」も大差はないと考える。むしろ、「総合的な学習」を必修教科として位置づけ、目標や内容を明示し、生徒の主体的な学習を系統的に支援する「未来総合科」は、「生きる力の育成」には非常に有効な方策を提示しているものと考えられる。

そこで、本校では、「総合的な学習の時間」を「生きる力の育成」には欠かすことのできない学習として位置づけ、これまでの「未来総合科」のカリキュラムを基盤とした教育課程の開発に取り組んだ。

学習指導要領に「総合的な学習の時間」のねらいとして次の二点が挙げられている。

① 自ら課題を見つけ、自ら学び、自ら考え、主体的に判断し、よりよく問題を解決する能力や資質を育てること。

② 学び方やものの考え方を身に付け、問題の解決や探究活動に主体的、創造的に取り組む態度を育て、自己の生き方

を考えることができるようにすること。

これらのねらいを達成するためには、生徒の主体的、かつ創造的な学習活動が、単発的にではなく、ある程度意図的に繰り返され、積み上げられていくことが必要である。したがって、それぞれの学校が創意工夫をこらして、その学校独自の三年間の「総合的な学習の時間」のカリキュラムを作り上げる必要がある。そこで、本校の「総合的学習」では、「未来総合科」のカリキュラムを生かしつつ、中学校三年間を見通した計画的なカリキュラムを、と考えた。

2　教科から領域そして時間へ

総合的な学習における評価については、次の二点が重要である。すなわち「学習活動改善のための評価」と「カリキュラム改善のための評価」である。

前者は学習活動の状況や学習成果の評価であり、これまでの教科の中でも重視し、実施してきた。しかし、後者のカリキュラム改善のための評価、すなわちカリキュラム評価は、授業や単元レベルではなく、教育課程全体や学校レベルで評価する姿勢が教師に要求される。

総合的な学習は各学校が創意工夫して実施することになる。各学校で地域や生徒の実態に応じた特色あるカリキュラムの開発が望まれる。総合的な学習を計画し、実践し、評価するというプロセスにおいては、評価が重要な役割を持つ。カリキュラム評価は、各学校の特色ある総合的な学習を開発・改善するために、欠くことができない作業となる。

新学習指導要領が告示される平成十年末までは、「未来総合科」の内容をふまえながら領域としての「総合的な学習」のカリキュラム開発をおこない、新学習指導要領が告示されてからは、「総合的な学習の時間の在り方」の研究をおこなってきた。未来総合科では三年間を見通した、系統的な学習を提言したが、現行の指導要領の下ではそれを実施することは、不可能であった。したがって、カリキュラム評価に基づく新たな学習課程の改善・開発も難しいものがあった。

そこで、実践研究の時間確保のために、特別活動を上限でとり、内容や、スキル面で関連する教科や道徳の時間も運用しながら集中的に実践研究をおこなったのである。その研究の視点は次の三点である。

○　小学校との連携を図った総合的学習の単元開発 ○　学習期間を弾力的に運用した総合的学習の単元開発 ○　学校行事との関連を図った総合的学習の単元開発

(1)　小学校との連携を図った総合的学習の単元開発

「未来総合科」においては、中学校に入学して、初めて経験する総合的な学習の単元開発をおこなった。そこでは、次のような五つの目標・性格付けが挙げられている。

ア　生徒の学習観を変えることができる
イ　未来総合科の教科イメージを持たせることができる
ウ　全員が同じスタートラインに立って出発できる
エ　共同性・協調性を育てることができる
オ　表現やコミュニケーションへの興味を育てることができる

「未来総合科」では、第一学年の最初の学習を重視した。教科学習のような習熟度にとらわれず、全員が同じスタートラインに立って出発できるものを扱う。さらに、生徒自らが学習する意義を感じる授業を展開することによって、学習観を変える。生徒各自が自分の特性に応じた課題を自己の手で調査・追究し、表現するのである。自分で考え、行動し、経験していくことによろこびを感じ、未来総合科のイメージを持たせる。また、入学当初の時期であるため、学級づくりの一環として、学級の中に支持的風土や肯定的態度を育成することもめざした。友達の意見を認め、尊重しあい、その中からさらに良いものを創り出そうと共同・協調する姿勢を養うのである。また、表現活動を重視することにより、基礎的な表現スキル（生徒自らの考えや、意思を多様な表現方法を通して表現していく力）を育成したいと考えた。

総合的な学習が小学校でも導入されても、この目標や性格付けは重要であると考えた。しかし、先のア、イ、ウの項目については、すでに学習している生徒もいると考えられる。したがって、総合的な学習を未経験の生徒には、ア、イ、ウの項目を生かしつつ、エ、オの目標も十分に達成できるような単元開発をおこなうことが必要だと考え、新たな単元開発を試みた。それが、新単元『ジュマンジゲーム』である（実践については後掲資料に詳述）。この単元は、さらに入学してくる生徒の実態に応じて、内容やスキル面で改善を重ねながら、本年度（小学校で「総合的な学習の時間」を経験したもの七四％）実施の『ジュマンジ―ぼくらの不思議発見―』に至っている。将来的には、すべての生徒が小学校で「総合的な学習の時間」を経験して入学してくるので、基礎学習自体を見直す必要があるといえる。また、領域別学習（ケーススタディ）の内容も、小学校で履修したものとの重なりがないかを調査した上で、学習内容を決定しなければならないと考える。

本年度は、基礎学習のねらいを次のように改めた。

ア　総合的学習のイメージを持たせる

イ　全員を同じスタートラインに立たせる
ウ　共同性・協調性を育てる
エ　表現やコミュニケーション能力を伸ばす
オ　学習の記録と自己評価法を定着させる

(2) 学習期間を弾力的に運用した総合的学習の単元開発

本校の三年生は、一九九五年から前期のみ週二時間程度の「領域総合学習」を実践してきた。『私たちは阪神大震災から何を学ぶか―震災に強い街づくりを提案しよう―』(一九九五年)、『徳島の未来について考えよう―徳島独立計画―』(一九九六年)、『徳島の未来について考えよう―総合都市徳島の建設―』(一九九七年)、『徳島の未来について考えよう―徳島未来戦略―』(一九九八年)といったテーマのもと、一人一人が提案や政策を考え、グループや学級で話し合ったのち、最後に学年全体で討議する学習をおこなってきた。

こうした学習では、それまでに培ってきた各領域の見方や考え方をもとに、さまざまな視点から討議することで、より総合的な見方や考え方を身につけることができ、総合的学習のねらいを達成するにふさわしい学習であった。ただ、反省点や課題もいくつかある。

ア　約半年間(七ヶ月)の長期にわたる学習のため、学習内容に関心が深まり、意欲的に取り組む生徒にとっては良いが、逆に関心が持てない生徒にとっては学習意欲の継続が困難になってくる。
イ　近未来社会への提言を考えることで、社会へ目を向け、社会への参画を図っているが、扱っている課題が生徒たちの実生活からかけ離れたものであると、表層的な提言に終わったり、既存の提言の寄せ集めであったりして、説得力に欠ける。
ウ　一人一政策(提言)をもとに学習を展開したが、各委員会や政党といったグループでの学習になると、各自の政策を調整する必要からリーダーの意見に依存する者も現れ、個人の問題意識を最後まで貫徹できない場合がある。

また、一九九九年度の三年生は系統的な総合的学習を経験しておらず、従来の領域総合学習を実践するには、経験不足の感が否めない。

そこで、与えられたテーマのもとに近未来の徳島の諸問題を考えるのではなく、生徒自らが現実の社会へ飛び出し、自分の目で現実の社会をつかんでくる学習を計画した。生徒の興味や関心をもとにした体験的活動を取り入れることで、主体的に学習に取り組めるようにするとともに、自己の生き方を考えるようになるのではないかといったねらいがある。およそ一週間の授業をまるまる使用して終わってしまう短期集中型の学習である。「総合的な学習の時間」はこうした時間の使い方も可能であり、それによる学習の成果も期待できる。

(3)　学校行事との関連を図った総合的学習の単元開発

本校では二年生の秋に東京方面への修学旅行を実施している。一九九九年度の二年生も東京方面への修学旅行を実施したが、その中で、国際化領域の学習として、大使館訪問を計画実施した。国際化領域のねらいとして次の三点がある。

ア　異文化が共存していること、人々が相互に密接な関係を持って生活していることを理解し、互いの存在を認めようとする態度を養う

イ　国際社会において、自己の在り方を見つめ、自分の考えや意見を積極的かつ論理的に表現しようとする態度を養う

ウ　グローバルな視点に立ち、世界平和を希求し、基本的人権を尊重する地球市民として必要な知識、技能、態度を身につける

さまざまな情報は家にいても雑誌やインターネット等で入手できる。しかし、直接その国の人々と接してみなければわからないことや、感じられないこともある。限られた時間の中ではあるが、世界中の国や地域の大使館・公使館が集中する東京で実際に赴き、コミュニケーションを図るということは、貴重な体験である。一二四カ国の大使館に、修学旅行期間中の予定した日時に受け入れが可能かどうかの葉書を出し、二八カ国の大使館をグループ別に訪問したのである。事前に質問状を送付したり、交通手段を調べたりすることは修学旅行の事前学習の中でおこない、修学旅行報告会の中で大使館訪問報告会をおこなった。学校行事と組み合わせてのこうした体験的活動も可能である。

3　二〇〇〇年度「総合的学習」としての新たなスタート

(1)「総合的学習」の現状と課題

「総合的な学習の時間」の実施においてカリキュラム評価が非常に大切であることは、先にも述べたが、二〇〇〇(平成十二)年度、新学習指導要領の移行期に入り、生徒の実態とこれまでの「総合的学習」のカリキュラム評価に基づいて新たなスタートを切ることとした。

本校では、カリキュラム評価の基本的な観点に基づいて、目標、内容構成、学習内容、単元配列、学習活動、教師の役割、効果と課題などの点から、学習者の実態をふまえつつ、カリキュラム評価をおこなった。

その結果、目標の面から、知の偏りを招くことのないよう、豊かな人間性を育む必要性を、また、学習内容面からは、生命尊重の理念にたって「健康」という視点を新たに導入することとした。

一方で、楽しいけれども空疎な体験や活動とならないように留意したい。生徒の将来に生きて働く真の学力を育むために、「総合的学習」においては、「個人の学び」、生徒「自らの学び」を保障した学習活動や単元配列、教師の指導が必要であるというのが、本校の新教育課程開発においての主張である。本校のかつての実践においても、「華やかな活動」のかげで、主体的な学びを構築できない生徒のいたことも事実である。

「個人の学び」、生徒「自らの学び」を保障するためには、「総合的学習」の全体構想の中で、生徒「個人の振り返り」を大切にしていこうという観点から、ポートフォリオ評価を導入した。「総合的学習」の学習過程で、生まれたものをポートフォリオに残しておき、それを整理したり、順序づけたりすることでいつでも「自らの学び」を振り返れるようにしておくこととした。

以上が、本年度、「総合的学習」の新カリキュラムを編成するに当たっての現状と課題を見据えた上での見直しの視点である。

(2) 課題解決に向けて——見直しの三つの柱

次に挙げるのが、本年度に至る「総合的学習」の、カリキュラム見直しの三つの柱である。

ア　豊かな人間性の育成
イ　生徒「自らの学び」の重視（ポートフォリオ評価の導入）
ウ　「健康」という視点の導入

以下この三つのそれぞれについて詳しく述べたい。

ア　豊かな人間性の育成

総合的学習の目標は生きる力の育成である。これまでの未来総合科の実践や、生徒の実態から、心の豊かさという点や、豊かな人間性の育成という部分において、補充しなければならない部分があるということを、それぞれの教官が感じていた。そこで、「生きる力」を生徒の実態や教育目標などから、再度とらえなおしてみた。

本校の教育目標は「知・徳・体の調和的人格の完成をめざし、自主・自立の精神、創造的能力、豊かな人間性をそなえ、社会の発展に寄与することのできる心身ともに健全な中学生を育成する」である。そして、めざす生徒像として次の三点を掲げている。

めざす生徒像

・目標を持ち、自主的、創造的に学ぶ生徒
・強じんな意思と体を持ち、たくましく生き抜く生徒
・やさしく、思いやりの心を持ち、人につくす生徒

この教育目標と「めざす生徒像」、生徒の実態、これまでの未来総合科の実践等から総合的に判断をして、本校では従来からの「生きる力」の三つの要素のほかに、新たに四つめとして「豊かな人間性」を加えた。

・総合的にとらえる力
・意思決定力
・生涯学習の基礎となる力
・豊かな人間性

「総合的にとらえる力」とは、現実を総合的にとらえ、課題を発見し解決する力や、ものごとに対する総合的見方・考え方である。他人を尊重し共感的に理解しようとする態度が、総合的認識につながっていく。

「意思決定力」とは、自らの考えを明確に表現し、自己の意思を実行していこうとする力である。自己の進路や社会との関わりから、課題を解決する中で、自己の意思を決定する力である。

「生涯学習の基礎となる力」とは、社会で生きて働く自己学習力であり、生涯にわたって学ぼうとする意欲である。学習を通して獲得した知識・スキルを活用していく力が生涯学習の基礎となるのである。

「豊かな人間性」とは、さまざまな人やものとの関わりの中で、共感したり感動したりすることができることである。自分や相手、そして自分たちを取り巻くものを大切にしていこうとすることが、豊かな人間性につながるのである。

こうした「生きる力」を育成するために総合的学習を設置するねらいも次の四つとなった。

① 生活および社会に関わる問題を総合的に見る能力の育成を図る。
② 未来を構想する中で、自己に関わる問題を解決し、自らの意思を決定していく能力の育成を図る。
③ 体験や調査活動を通して、自ら学習していく能力や態度の育成を図る。
④ 他者や集団・社会との関わりを通して、自己を見つめ、優しく思いやりのある豊かな人間性の育成を図る。

さらに、この設置のねらいに基づき、総合的学習の目標を次のように設定した。

体験や調査的な活動を通して、現代及び未来社会において解決の迫られている諸問題を総合的にとらえ、未来を構想する中で、自己の意思を決定する能力の育成を図り、その過程において、自ら学習していく能力や態度を養うとともに、人間性豊かな生徒を育てる。

従来の総合的学習の目標に「豊かな人間性」を加えさらに、総合的学習の学習効果を有効にするための方策として、次の三つを考え学習活動に組み入れることにした。

①　多くの人とふれあうことができる場を設定する

総合的学習では、さまざまな場面で調査活動をおこなう。そこで、いろいろな立場の人と出会うことにより、その生き様や、考え方にふれ、共感したり感動したりする。このような機会を多く持つことによって、豊かな人間性が養われると考える。本校では、フィールドワークや職場体験、大使館訪問、また、学校へ外部講師を招聘するなどで多様な人とふれあう場を設定している。

②　心に響く体験の場を設定する

日頃の学校の学習活動では、限られた知識の学習に終わることが多い。そこで、実際に車椅子の介助体験をしたり、アイマスクをつけて町を歩いてみたりするなどの、直接体験を取り入れることが大切であると考える。さらには、本物の芸術や、自然の営みなどにもふれることを通して、感動できる場、心に響く体験を数多く持つことが「豊かな人間性」の育成につながると考える。

③　学習の終わりに、個人の取り組みを振り返る場を設定する

これまでの学習の中で、自分ではできなかった見方や考え方を知り、他者の考えを受け入れることは、それだけ自分を豊かにする。そこで、もう一度自分の学習を振り返り、新たな視点でとらえなおしてみることで見方が広がり、人間が豊かになる。自分はどうあるべきかという生き方にもつなげるためにも、今の自分を知る必要がある。

イ　生徒「自らの学び」の重視

本校では、総合的学習のねらいを達成するために、生徒の発達段階や学習内容・学習スキルの系統性から、学習の体系化を図り、総合的な学習を次の三つに区分した。すなわち、基礎学習（グランドワーク）、領域別学習（ケーススタディ）、領域総合学習（アドバンストスタディ）である。これらの学習を左の図のように位置づけ、それぞれの特性を生かしながら三年間で積み重ねていく方式をとった。

【第1学年】	基礎学習（G_1）	領域別学習（C_1）
【第2学年】	領域別学習（C_2・C_3）	
【第3学年】	領域総合学習（A_1・A_2・A_3・A_4）	

① **基礎学習（Groundwork：グランドワーク、Gと略する）**

総合的学習のイメージをつかみ、学習スキルを習得する学習である。一学年の最初に位置づけられた基礎学習は、学級づくりの段階で支持的風土や共感的な態度を育成する上で重要な位置づけとなる。

② **領域別学習（Cace study：ケーススタディ、Cと略する）**

国際化・情報化・環境・社会福祉の四つの領域の学習である。どの領域も現代社会の重要な課題であり、総合的な学習のテーマからは切り離せない。領域別に目標を設定し、領域固有の視点や考え方を身につけさせ、学習スキルの習得を図る。

③　**領域総合学習（Advanced study　：アドバンストスタディ、Aと略する）**

国際化・情報化・環境・社会福祉の四つの領域にとらわれることなく、総合的な見方・考え方ができる課題を設定し、学習を進めていく。各教科や基礎学習・領域別学習で習得した知識やスキルを生かし、より総合的学習の目標にせまる学習である。

このような三年間を見通した、系統的な学習が、継続的な生徒「自らの学び」として構築されたとき初めて、ほんとうの意味での「生きて働く学力」が、生徒一人一人の身に培われることになるといえる。さまざまな学習活動を通して、学び手である生徒と、現代社会における今日的課題が結びつき、よりよい関係へと発展していくことこそが、総合的学習における「自らの学び」なのだといえる。また、教師自身に個々の生徒の「学び」を的確に把握し、導いていけるような、学習者論的発想に立った指導が要求される。

「未来総合科」においても、当然そのようなことを意識して、カリキュラム開発をおこなってきたが、何分にも、0《ゼロ》スタートであったために、一つ一つの単元開発に追われ、単元ごとの生徒の自己評価や指導上の反省はあったものの、三年間を通して個々の生徒がどのような「学び」を構築できたかという点において、不十分な点があったことは否めない。

そうした反省にたって、本年度よりポートフォリオ評価の導入を図ることとした。生徒は、活動を通して収集した資料や、作り上げた作品、メモや気づき、毎時間の記録などをすべて自らの学びの履歴として、ファイルする（ポートフォリオの作成）。こうして生徒は、学習の最後に、ポートフォリオを整理しながら、自らの学びを振り返ることが容易となる。また、学習のまとめとしてだけでなく、その過程で、ポートフォリオを公開することによって生徒相互、教師と生徒が、意見を交換しあうことができる。さらに、日常的には、もっと手軽に、ポートフォリオを通して、生徒相互、教師と生徒の対話の機会が生まれることとなる。こうした学びの交流の中で、生徒は、発見や誤りの反省を繰り返しながら、積極的に疑問の対象と自らを関係づけ、自らの意味づけをし直すことによって、「自らの学び」をより確かなものとして構築していくことができるはずである。

ポートフォリオはまた、教師にとっては、もっとも的確な学習者把握の対象となる。ポートフォリオを通して、学習状況や興味・関心・意欲のあり様をとらえ、次の学習を計画するときの判断材料とすることができる。このように三年間継続して、ポートフォリオの作成を続けることによって初めて、個に応じた指導、評価が可能になると考える。教師にとっても、生徒自身にとっても、ポートフォリオは、次の学習の方向を示してくれる羅針盤のようなものであり、そこから、真の創造性に培う新しい評価観が生まれるといえる。

ウ　「健康」という視点の導入

学習指導要領では「総合的な学習の時間」に取り扱う課題として国際理解、情報、環境、福祉・健康などが例示されている。本校の総合的学習でも、国際化、情報化、環境、社会福祉の四領域を設定している。具体的な内容選択の方針は次の通りである。

・国際化、情報化、環境、福祉・健康の視点から自分たちの生活を総合的にとらえるのに役立つ内容とする。
・国際化・情報化・環境・社会福祉の四領域を設定するが、それらの四領域をさらに関連させた内容も取り扱う。
・自分たちの生活を改善し、未来社会において提言できる内容とする。報告書や提案書を作成し、未来社会において中学生なりに提言できるような内容を取り扱う。
・未来社会において自己の在り方・生き方を追究できる内容とする。

本校では、三年間で生きる力を系統的に育成する意味から、四領域の学習をすべての生徒が履修するようにしている。健康の取り扱いについては、数多くの論議を長期間にわたって繰り返してきた。健康は現代的な課題というよりも人類永遠の課題である。また、精神的な面からも肉体的な面からも非常に重要な課題である。「健康」の問題は、福祉問題のみならず、環境問題にも深く関わっている。

したがって、独立した領域として取り扱うよりも、国際化、情報化、環境、社会福祉の各領域をとらえる視点として位置づけた方がより効果的だと考えた。

三　今後の課題――教科教育との連携

「総合的な学習の時間」とは、各教科で身につけた資質や能力を学習者の中で総合化する時間であり、それぞれの教科で身につけ得た基礎・基本を使って、学習者なりの学習を展開する時間である。したがって、「総合的な学習の時間」が成功するか否かは、各教科で、すべての学習者に生きて働く学力としての基礎・基本が身についているかどうかにかかっているといっても過言ではない。

国語科でも、「総合的な学習の時間」の実践上の課題をふまえて、すべての学習者の身に培うべき基礎・基本とは何かを明らかにし、「総合的な学習の時間」のみならず、あらゆる「実の場」において生きて働くことばの力の育成をめざしたいと考えた。具体的な国語科の展開上の課題として、一つには興味・関心・意欲をいかに育てるか、二つには、一人一人の学習者の実態をとらえ、個に応じた指導の徹底をいかに図るか、三つ目は、多様な言語活動を展開する国語学習の単元をどう構成するかの三点であると考えた。今後、この三つの点について具体的に考えたい。

〈資料1〉実践例「ジュマンジ——ぼくらの不思議発見——」

1　基礎学習のねらい

基礎学習のねらいは次の五つである。

ア　総合的学習のイメージを持たせる

小学校で経験した総合的な学習と本校でおこなっている総合的学習は、直接結びつかない場合があるかもしれない。小学校による差も考えられるが、あくまで、本校の総合的学習のイメージができればよい。

イ　全員を同じスタートラインに立たせる

総合的学習の最初の段階では、教科学習のような基礎・基本をもとにした学習展開をおこなわない。特に移行期の現在は、出身小学校の違いによる習熟度の差をうめ、次の領域別学習で同じスタートラインに立たせるようにする。

ウ　共同性・協調性を育てる

基礎学習は、学級づくりの時間と重なる。学級担任が指導する基礎学習で、支持的風土や肯定的態度を育成し、共同性・協調性を育てるとともに、多くの人とふれあう中で、豊かな人間性をはぐくむ下地づくりをする。

エ　表現やコミュニケーション能力を伸ばす

基礎学習は調査活動とともに表現活動を重視する。多様な表現活動を取り入れ、表現活動のスキルを育成し、生徒が自らの考えや思考を表現していく力を育成する。

オ　学習の記録と自己評価法を定着させる

学習成果を個人に返すことが、これからの総合的学習のポイントとなる。そのためには、生徒自らが、個人の学習を振り返って評価することが必要であり、その手段として、すべての学習の記録を残しておくことが重要となる。

2　めざす生徒の学び

本年度の一年生の七四パーセントは、小学校で既に「総合的な学習の時間」を経験している。したがって、「総合的な学習の時間」を経験している者と、経験していない者では、課題発見力・課題設定力、情報活用力、表現力などにおいて、かなり力の差があることが予想される。

そうした個人差を考慮した上で、すべての生徒が、その力の差を意識することなく、興味と関心と意欲を持って、主体的に取り組むことのできる単元構成が要求される。多様な学習履歴を持った生徒に、これから三年間の総合的学習に向けて同じスタートラインに立たせる、いわば、「ならし」と「ほぐし」の働きを果たすのがこの単元である。

単元名の「ジュマンジ」とは、同名の映画に登場する双六ゲームの一種であり、偶然引き当てたキーワードの中身が、現実の世界で実体化する。力を合わせて解決しないと、町中がパニックになってしまう。そのゲームが持つ楽しいイメージを生かして、これから始まる学習への興味と関心と意欲を喚起したい。

従来、本校で実施してきた「ジュマンジ」では、生徒の学習目標が、発表会のための発表であって、生徒の意識上では実社会での生活と結びつきにくく、模擬的、シミュレーション的な学習活動という感が否めなかった。そのため、すべての生徒に興味・関心・意欲を持たせることが難しかった。そこで、身近な生活環境（学校周辺）の中から課題（不思議）を発見し、力を合わせて困難点を克服しながら課題を追究し、友だちに伝えるための発表をすることによって、一人一人の学びを充実したものにしたいと考え、本単元を設定した。

本校生徒は、県下各地から通学しており、地元に住む生徒はごくわずかしかいない。入学してまだ日の浅い生徒にとって、中吉野校区は未知の場所である。そこで、この単元では、フィールドワークを通じ、多くの人や物とふれあう中で、学校周辺地域に親しみを持つこともねらいとしている。

また、与えられた「キーワード」の持つ制約を克服しながら課題研究をすすめていく過程で、情報収集・情報活用、表現の基礎的なスキルを、楽しみながら体験的に身につけることも意図している。一つのことばは、発音やアクセントの違いだけでなく、さまざまに異なった意味・内容をあわせ持っており、いろいろなとらえ方ができる。生徒は、「キーワード」を多角的にとらえ、独自の角度から、ことばのイメージをふくらませ、発見物を紹介するためのユニークな視点にして、課題を追究する。発表会で、友だちに「うーん、やるな。」といわせるようなプレゼンテーションを作り上げることも、大切な条件の一つである。

さらに、学習活動の支援材料として、『学習ガイドブック』を活用できることも、単元設定理由の大切な要素となっている。生徒一人一人の「学び」を重視し、グループで考える前に、まず個で考える作業を取り入れることとした。また、生徒にファイルを持たせ、ワークシートに限らず、学習の過程で生まれたさまざまな作品をすべて残し、生徒相互、あるいは生徒と教師の意見交換や対話の材料としたいと考えた。学習の最後には、これらを分類、整理し、一冊の本として目次やあとがきをつけさせ、個人の学習を振り返ることもねらいとしている。

3　単元目標

ア　自分で考え、行動し、体験するよろこびを味わい、学習観を変える
イ　さまざまな条件を考慮して課題を設定し、総合的に課題を追究することができる

ウ　課題追究の過程で、情報収集・情報活用、表現の基礎的なスキルを身につける
（課題追究、発表に際して『学習ガイドブック』を活用することができる）
エ　学習の記録を整理し、自らの学びを振り返ることができる
オ　協力して学ぶ楽しさを知り、学校周辺の地域に親しみを持つことができる

総合的学習指導案（基礎学習）

第一学年　一五八名
授業設計者　谷木　由利　野々村拓也
松谷　良彦　野口　正樹
桑野　義弘　井原　和美

1　単元名　ジュマンジ――ぼくらの不思議発見――

2　単元設定の理由

「ジュマンジ」とは、双六ゲームの一種であり、偶然引き当てたキーワードの中身が、現実の世界で実体化する。力を合わせて解決しないと、町中がパニックになってしまう。

この単元では、学校周辺の身近な環境の中で見つけてきた「不思議」を、他の友だちに知らせるために、協力して調査・研究し、発表する。与えられた「キーワード」の持つ制約を克服しながら課題研究をすすめていく過程で、情報収集・情報活用の基礎的なスキルを、体験的に身につけることを意図した。

従来、本校で実施してきた「ジュマンジ」では、生徒の学習目標が、発表会のための発表であって、模擬的、シミュレーション的な学習目標であるために、すべての生徒に興味・関心・意欲を持たせることが難しかった。そこで、身近な生活環

境（学校周辺）の中から課題（不思議）を発見し、力を合わせて困難点を克服しながら課題を追究し、友だちに伝えるための発表をすることによって、一人一人の学びを充実したものにしたいと考え、本単元を設定した。

3　この学習の特色について

【キーワード】

一つのことばは、発音やアクセントの違いだけでなく、さまざまに異なった意味・内容をあわせ持っている。そして、いろいろなとらえ方ができる。自分たち独自の角度から、ことばのイメージをふくらませ、発見物を紹介するためのユニークな視点（入り口）にして、課題を追究する。

「クモ……。」と聞いたとき、頭に何がうかぶだろう。「空の雲」「八本足のクモ」と、発音だけでも二種類出てくる。一つのことばは、発音やアクセントの違いだけでなく、さまざまに異なった意味・内容をあわせ持っている。そして、いろいろなとらえ方ができる。自分たち独自の角度から、ことばのイメージをふくらませ、発見物を紹介するためのユニークな視点（入り口）にして、課題をとことん追究してみよう。発表会で、友だちに「うーん、やるな。」と言わせるようなプレゼンテーション（表現物）を作り上げよう。

【ルール】

① グループで協力する
② 運命はカードのみが知る（担当地域・キーワード）
③ 手にしたカードは変えられない
④ 知恵を絞って発表を作ろう
⑤ 「やるな」と言わせりゃ大成功

4　学習指導計画（十五時間）

日	時数	学習の流れ	学習活動	学習形態	活動場所
5／2	1・2	・オリエンテーション ・単元把握 ・グルーピング	○総合的学習について知り、今回の単元の概要をつかむ。 ○グループ分けをおこなう。 ○くじで担当地区を決め、フィールドワークのしかたを考える。	一斉 （学年） （学級）	各学級
5／6	3・4	・フィールドワーク ・予備調査	○友だちに伝えたい「発見」を探し、カメラで記録してくる。	グループ	学校周辺
5／16	5・6	・課題発見	○くじでキーワードを選び、与えられたキーワードと「発見物」の関連を考慮して、個人で課題追究のための企画書を作る。	個人	各学級
5／23	7・8	・課題決定 ・企画会議 ・課題研究1	○個人の企画を持ち寄り、グループとしての調査、発表の企画を練る。 ○発表形態は『学習ガイドブック』から課題にふさわしいものを選ぶ。	グループ	各学級
5／30	9・10	・課題研究2 ・調査活動 （フィールドワークも含む）	○課題解決に必要な資料の収集と整理、分析をする。 ○これまでの調査経験を生かすととも	グループ	各学級 図書室 情報処理室

			に新しい手段や正しい手順に気をつける。		学校周辺
5／	11・12	・プレゼンテーションの準備	○収集した資料をもとに、各グループの発表形態に応じた方法でプレゼンテーションの資料を作る。	グループ	各学級 図書室 情報処理室 体育館 講義室 第2メディア 第3多目的
6／	13	・発表練習	○発表会に向けて、練習をおこなう。	グループ	各学級 図書室 情報処理室 体育館 講義室 第2メディア 第3多目的
6／9	14・15	・発表会 ・記録の整理 ・ファイル完成	○各グループの発表を見ながら、簡単な相互評価をする。 ○発表会の後、学習ファイルを整理し、自らの学びを振り返り、感想をまとめる。	一斉 （学年） 個人 （学級）	第2多目的 第3多目的 各教室 （プロジェクタ　二台）

5　キーワード例

・色　・インパクト　・風　・水　・空気　・こころ
・におい　・あまい　・からい　・よろこび　・かなしみ　・ワォ
・気　・道　・旅　・時　・音　・人　・命　・会　・別　・生
・海　・波　・土　・香

第一時　五月二日（火）学習指導計画

1　本時の目標

①　総合的学習（基礎学習）「ジュマンジ―ぼくらの不思議発見―」の目的を知る
②　フィールドワークの計画を立てる

2　準　備　ファイル　学習ガイドブック　ワークシート　地域割地図、くじ

3　活動場所　第3多目的ホール　各教室

4　学習指導の展開

時間	生徒の活動	教師の指導および支援
	1　総合的学習の主旨を確認し、「ジュマンジ」の学習目標と、学習計画を把握する。	○物事をとらえるとき、さまざまな見方・考え方ができることや、その伝達の方法にもいろいろな方法のあることを知らせる。

105分	2　「ジュマンジ」のルールを理解する。 3　学習ガイドブックの活用方法を知る。 4　フィールドワークの目的を把握し、活動計画を立てる。	○「不思議」の発見、キーワード、発表形態でいろいろな課題追究の方法が可能であることをしらせる。 ○目次によって、ガイドブックの使い方を考えさせる。 ○ガイドブックと指導者の話をもとに、グループで活動計画を立てる。

六月九日　発表会当日の学習指導計画

Ⅰ　ジュマンジ――ぼくらの不思議発見――　発表会

1　本時の目標

①　豊かな発想でキーワードを生かしながら、「発見物」をわかりやすく表現し伝えることができる

②　グループで協力して、楽しみながら発表会に参加できる

③　友の発表に聞きひたることができる

2　学習指導の展開

時間	生徒の活動	教師の指導および支援
	1　発表会の主旨を確認する。	○発表する上で、発表を聞く上での留意点や目標を確認

時間	生徒の活動	教師の指導および支援
	2　各グループごとの発表をおこなう。 ・評価の観点に沿って、簡単な相互評価をおこなう。 3　発表会における自己の姿を振り返り、記録しておく。 4　発表会のまとめをする。	させる。 ○同じような発表が並び、羅列的にならないよう、単純な優劣の比較にならないように配慮する。 ○相互評価もするが、聞きひたる態度を大切にする。 ○自己の学習活動を振り返らせ、いろいろな観点から自己評価ができるようアドバイスをする。

Ⅱ　ジュマンジ——ぼくらの不思議発見——　自己評価活動

1　学習目標

学習の記録（ポートフォリオ）をまとめることによって、自己の学習を振り返ることができる

2　学習指導の展開

時間	生　徒　の　活　動	教師の指導および支援
	1　グループで、相互評価カードを読みあう。	○他のグループから寄せられた感想をもとに自由に話し合わせる。 ○評価カードの保存方法も考えさせる。

2　学習記録を整理し、ページ番号、目次をつけ、あとがきを自由に書く。	○作業の過程で、つまずきのある生徒には、具体的なやり方を指導し、自己の学習活動を振り返らせる。

3　学習を終えて【生徒の感想】

○初めての総合的学習で少し心配だったが、積極的に授業に取り組めて、最後は班で一致団結して発表会をいいものにすることができてよかった。

次のこの学習を通して僕は、班で大きなことをやりとげる意味がわかったし、フィールドワークで、キリスト北教会に行ったとき牧師さんが「生きることについて考えなさい。」と言っていたことを考えることもできた。

今度この学習をするときには、反省点を評価カードなどをもとにさらに良いものへとしていくようにしたい。また自分の考えをしっかりと持ってその意見を今よりもっと言えるようにしたい。

○初めての総合的学習、ジュマンジは少し不安がありながらも、最後までよく学習ができたと思います。フィールドワークから始まり、どきどきした発表会までみんなで協力してがんばれました。

「ジュマンジ」をしながら思ったことは、意外と身の回りは不思議だらけだということです。発表会では何十個もの不思議が紹介され、どれも興味をひくものばかりでした。

このように、身近なもので学習できるし、班の人と協力しそのうえ自分でもがんばらないといけない学習でもあるけれど、これからの総合的学習でも、はじめにたてた注意点を守って、そして今回の反省点を生かしながらがんばっていきたいです。

○初めに思っていたもののように、とてもおもしろい授業でした。自分で考え、班でまとめ、班で協力して行った作業。電話帳を開き、電話をすればまちがって悪戦苦闘することも……。

しかし、六人が一生懸命協力してがんばったから、こんなにいい結果になったのだと思う。発表会でのアイディアも一人では考えつかなかったと思う。

私はこの授業が大きなプラスになったと思う。今度からもこの体験を生かしてがんばりたいと思う。

○今回はまあまあうまくいったと思う。自分でもけっこうがんばれたという感じだ。でも班なんだから協力して分担などもしていくと、効率よくいけたと思う。最後の方はゆっくりで、これでいけるかなという感じでいた。でも、もっと新しいことは考えられないかと、もっと工夫をすればいいと思う。そして、もっと一人一人の考えや意見を発表してもいいと思う。
みんながみんな考えが同じわけではない。一人一人考えを持っている。それを言い合ったりすると、自分たちの問題となるところが見つかるのかもしれない。だからこそ班で協力をしていいものを作り上げていきたいと思う。

〈資料2〉総合的学習ファイルを整理しよう！

1　ワークシートを取り出し、とじる順序を考え並べ替える。
＊順序を考える上で
①　いつのことか。（日付順）
②　どのような活動をしたか。（活動ごとのまとまり）
例
・学習計画に関すること
・不思議を発見に関すること
・調査したこと
・インタビューのためのメモ　　　などなど……
③　毎時間の記録は、記録ばかりをまとめるのがいいのか、関係する活動といっしょにしておくのがよいのか。
2　ページ番号をつける。（下中央にわかりやすく）

3 目次を作る。

例

目次

4 「はじめに」を書く。

・初めての総合的学習に取り組む気持ち
・こんな学習にしたい、こんな学習になるだろうと予想したり考えたりしたこと
・学習を始めるにあたっての決意や意気込み

などを思い出して書こう！

5 「おわりに」を書く。

・この学習に取り組んだ自分の姿を振り返る
自分は、どんなことが得意で、どんなことが苦手なのか、
どんなことに興味をそそられたのか
・この学習を通して、感じたこと、考えたこと
・これからの課題や、やってみたいことなど

9　特別活動の指導を求めて
——第二学年の取り組み——

一　これまでの取り組み

平成五年四月、さまざまな個性を持った八十九名の生徒たちとの出会いから一年半、その間の歩みを、学級活動を中心に振り返ってみたい。

一年時においては、毎日の生活の場である「学級」が、何より「居心地の良い場所」となるように、各学期ごとに次のような点に指導の重点をおいた。

◎一年　学級活動　指導の重点

〈一学期〉　友だちのよさを見つめよう

四月は、新学期の出発であるとともに、中学校三年間の生活を開始する時期である。ここでは、一人一人の持っているよい点に気づかせながら、共通の目標に向かって、全員が努力し、助け合い、励まし合って、よりよい学級を作っていけるようにした。

〈二学期〉　かけがえのない自分、支えあう仲間

中学生活にも慣れ、生徒は自己をある程度客観的に見つめるゆとりを持ってきている。そこで、中学校生活の

大きな課題である進路選択と、三年間の自己理解の学習の出発点および自己を積極的に受けとめさせる拠点としたかった。

自己を肯定的に受けとめさせることで、これからの中学校生活に自信を持たせるとともに、集団の中で自分を成長させていくための具体的な努力事項をつかませていこうとした。

〈三学期〉　自分の成長を確かめよう

中学校一年生は、人生の中で心身とも大きく成長する中学校三年間の学校生活の基礎を作る大切な学年である。このような時期に、これまでの生活を振り返らせ、自己の成長のあとを確かめさせるとともに、自己の課題にも気づかせたかった。

同時に、生徒一人一人に、学級が集団としてどのように歩んできたかを振り返らせ、集団の一員としての自覚を深め、これからの中学生活につなげたいと考えた。

入学当初は、新しい人間関係をうまく成立させることができないがためのトラブルが、多々あった。ことに、いっしょに行動しない、同じ者に興味を示さない友に対しては、仲間から排除しようとする傾向が強いように思われた。しかし、クラスマッチなどの学校行事、宿泊訓練などの学年行事、同和問題学習、学年集会や学年通信などを通して、「ひとりひとり違っているのは当然、よさに気づき、認めあおう」という雰囲気が高まっていく中で、思いやりの心が徐々に育ってきたように思う。友の表面には出てこないすばらしい生き方に気づく視点が生まれ、このことが、二学期以降の、自己理解、自己受容、支えあう仲間づくりにも、有効に作用していったように思う。

二　今年度（一九九四年度）の実践

二学年に進級した平成六（一九九四）年四月、新しい学級担任とともに、生徒たちが考えた級訓は、21HR「自由と規律」、22HR「三十人三十色」、23HR「ふれあいの心」というように、互いの存在を認め合いながらともに伸びていこうという意識が強く感じられるものであった。こうして二年一学期は「ひとりひとり違うということを大切にしよう」を合いことばとして、スタートした。

また、二学年の特別活動の指導にあたっては、職業調べを核とした進路指導、国際理解教育の二つを、年間を通じた中心テーマとして掲げ、生徒自身の自主的、主体的な活動を通して、学年行事、学級活動等を活性化したいと考えた。また、国語科、社会科、英語科等の各教科の指導との関連を図り、より総合的な指導のなかで特別活動の指導目標が達成できるようにと考えている。

1　「働く人々」

中学二年生の抱く進路は、まだまだ非現実的なものであることが多い。夢を実現するためには、当然のことながら、困難を乗り越えていく根気強さや、障害を克服していく工夫が必要になってくる。一学期、遠足や体験学習、文献による職業調べなどを通して、さまざまな人々の職業選択までの道筋、職業に傾ける情熱に接することができた。これらの体験を通じて、生徒達は少しずつ、職業選択とは生き方の選択であり、自己を確立するための道程であることに気づき始めているようだ。

二学期は、職業調べのまとめをすることによって、望ましい職業観を確立できるよう、さらにそこから必要な学習観を生み出せるところまで持っていきたいと考えている。また、三学期には、職業観や学習観に基づいて新しい進路観を作り出せるようになり、三年生になるための自覚や課題と結びつくようにしたいと考えている。

2　「国際社会の一員として」

二十一世紀を担う生徒たちにとって、国際理解の視点は不可欠であり、かつ、重要であるといえる。

埼玉県教育研究グループBLUEは、「国際社会に生きる日本人の資質」を中学生段階でどこまで高めたらいいのかについて、次の八つの視点を挙げている。

1. 自分に自信がもてること
2. 人の話をしっかり聴き、自分の考えをはっきり言えること
3. 価値観は一つではないと知ること
4. 相手のよさを積極的に認めてあげられること
5. コミュニケーションを図る楽しさを知ること
6. あいさつをはじめとして基本的マナーを身につけること
7. 世界にはたくさんの国々があり、日本とは同じではないと理解すること
8. 日本のよさに気づき、誇りを持つこと

これらのなかでも1～6の視点は、学級の一員としても、中学生としても、社会生活を営む上で重要な資質といえ、これらを意識的に学級経営の中に生かしていくことが必要であると考えた。

三　関連する教科の学習：国際理解学習──国語科二年生の場合

情報を収集し、選択し、活用することは、新たなる伝達を目的とした情報の加工・再生産を伴うこともあると同時に、多様な価値観に気づき、自らの価値判断の基準を揺さぶられるときであるともいえる。そういう意味では、国際理解の学習も、さまざまな価値観に出会う学習ということができる。

単元「世界子どもフォーラム」は、フォーラム（討論会）形式で、それぞれが調べ得た情報を発表し交換し合うことを通して、情報活用の能力および話し合う力を育てようとした単元である。この学習に使用した図書は、『世界の子どもたち』（偕成社刊）全三十三巻で、内容は、各巻とも八～十三歳くらいの世界三十三カ国の子どもたちの生活を、カラー写真を交えながら紹介した本である。この単元の学習は、次に示すような過程ですすめた。

【学習指導過程】（七時間）

〈第一次〉　教科書教材「アジアの働く子どもたち」（松井やより稿）を読み、日本の子どもをとりまく状況とは全く異なる現実を知って、これからの学習への興味を持つ。……………………一時間

〈第二次〉　三十三カ国のうち、担当する国を決め、学習の計画をたてる。……………………一時間

〈第三次〉　担当した子どもの名前、家族、国の位置、国のあらまし、生活や習慣、学校などについて、日本と同じ点異なっている点について調べ、意見発表用の原稿にまとめる。……………………一時間

〈第四次〉　「世界子どもフォーラム」を開催し、担当した国の代表として発表し、互いの国についての情報や意見を交換し合う。……………………三時間

〈第五次〉　単元のまとめをする。……………………………………………………一時間

この単元では、情報整理の方法の一つとして、付箋の使い方をマスターさせたいと考えた。日本と比較して、文化・習慣の異なっている点には、赤色の付箋、同じ点には青色の付箋をつけるようにした。その後、表に整理して、発表できるようにした。

討論会「世界子どもフォーラム」ではまず、「世界の学校」をテーマに情報や意見を交換し合った。学習者は、学校制度に関して比較対照する知識を持っていなかったので、最初は質問や感想を述べる程度であったが、他者の発表を聞くうちに、目をひらかれ、次第に考えが深まっていたように思う。

ミャンマーを担当した学習者Cは、単元のまとめに次のように書いている。

ミャンマーの子供たちは、親の手伝いをよくして偉いと思いました。遊びといえば、自分たちで作ったものとかばかりで、日本の子供があまりもっていないようなものばかりでした。日本は発展している国だなあと思いました。ミャンマーでは僧になる儀式のようなものがあるのはすごいと思いました。他の国の発表を聞いて、いろいろ違うところがあるので驚きました。今まで日本の国の学校制度が普通だと思っていたけれどそうではないんだなあと思いました。国一つ一つ学校制度が違い、私たちにはめずらしいと思うことがたくさんありました。義務教育がない国があったのにはびっくりしました。そこの国はどうなっているのかなあと思いました。夏休みが、すごく長い国もあってうらやましい気がしました。

ミャンマーの子どもたちの優れている点に気づくと同時に、日本の子どもたちが失ってしまったものが日本の経済発展の結果であることに気づき始めている。他国のよさに気づくとともに、あたりまえとして見過ごしていた自

国のよい点も新たに発見している。まさに国際理解の第一歩がここから始まっているといえる。また次に挙げた学習者Dのように、これから考えていくべき自己の課題を発見したものもいる。

学校とは、いったい何のために行くのだろうか。どうして義務教育なのだろう。世界に学校のない国はひとつもない。国のために学校に行くのだろうか。国のためなど意味のないことであるのだろうか。まだ自分の学校への答えは見つからない。

フォーラムは、何かを決定するのが目的の話し合いではなく、違う意見をぶつけ合って討論する中から、自分の考えを深くしていくためのものだといえる。三十の国の子どもたちの生活や学校について考えることで、得たものは学習者一人一人違っているが、何かが一つ深くなっていったことは事実である。また、話し合いを深めていくためには、その準備としての情報の選択や収集を充実したものにしておくことが肝要であると、気づかされた。

「世界子どもフォーラム」の学習のあと、『アジアの人々を知る本』（大月書店刊）などを加えて、図書館に「国際理解コーナー」を設けた。ほかに、修学旅行コーナー、進路について知るコーナーなどを設けている。最近では、従来の何となく本を読みに来る生徒の他に、「ちょっと調べたいんやけど、先生こんな本ない？」という生徒も増えた。学校図書館を生徒のための情報センターとして、ますます充実したものにしていかなければと考えるこのごろである。

参考文献

高橋哲夫編『学級活動の指導課程』（一九九一年一〇月、明治図書刊）
埼玉県教育研究グループＢＬＵＥ編『国際理解教育』（『中学教育』七月号増刊、小学館刊）

10　個を生かし、意欲的に学習に参加させるために

一　はじめに

生徒一人一人が、個を生かし意欲的に学習に取り組むようにするための条件として、「自発性・課題意識・成就感」の三つを挙げたい。

二十一世紀のマルチメディアの時代においては、主体的に情報収集し活用などのできる能力やものの見方がますます大切になってくる。

情報選択・収集・活用の能力を体験的に練り鍛える場として、生徒が図書を利用しながら、自らの課題にそって自由に調べ読む過程に、生徒の「自発性・課題意識・成就感」が十分に作用するよう、次のような学習指導を試みた。

二　学習指導および評価の実際——単元「吉中の環境を考える」（中学一年）の場合

地球環境の悪化とともに、環境教育への取り組みは必然性を増し、国語教科書にも環境問題に関する説明的文章が多く取り上げられている。この説明的文章の学習を単なる読解中心の学習に終わらせることなく、他の環境問題に関する資料とともに、情報を選択・収集し、新たに伝達を目的とした資料作成のために活用していく能力に培う

場としたいと考えた。

本校図書館に環境問題学習コーナーを設置したのは、平成三年のことである。『よごされる海・川・湖』(西岡秀三著、学習研究社刊)、『世界の森とくらし』(片桐一正著、農文協刊)をはじめとして、大気汚染、酸性雨、エネルギー問題、オゾン層破壊、森林破壊、砂漠化、土壌汚染、食物汚染、有機農業などに関する小中学生向けの図書や、成人読者を対象とした読み物など四十冊あまりの図書を用意した。そして、平成五年度は、UTAN編著、『今、「水」が危ない!』環境白書シリーズなど、新たに二十冊あまりの図書を加えて、一年生で単元「吉中の環境を考える」を展開した。

1 学習指導過程(十一時間)

〈第一次〉身近な環境問題に目を向け、自ら取り組むテーマを決め学習計画を立てる。……………一時間
〈第二次〉教科書教材「自然の小さな診断役」「本当に必要なものは」で、文集づくりに向けての文章構成、書きだし・結びの工夫について学習する。……………………………………四時間
〈第三次〉自分の選んだテーマにふさわしい本を知り、その本のどこに何が書いてあるかを大まかに把握する。……二時間
〈第四次〉担当した本の中から、必要な情報を選択し、カードに整理する。…………………………一時間
〈第五次〉作成したカードをもとに、文章を組み立て、文集の原稿を書く。…………………………二時間
〈第六次〉できあがった文集を読み合い、学習のまとめをする。………………………………………一時間

学習者は、身近な環境の問題点を見つけ、その原因や、同類の現象、その対策や、自分にもできる解決法などを、

自発的に本の中から見つけだし、再び、学校の仲間に向けて、環境の改善を呼びかける文章を生み出していくことを課題とした。この体験の中で、情報の選択、活用の能力を少しずつ身につけていっているように思う。目次やまえがき、あとがき、索引などの役割を知ることも重要であった。また、カードメソッドによる情報の整理・活用は学習者にとって、結構骨が折れ、時間のかかる作業ではあったが、この時期にぜひカードによる情報活用の方法を身につけさせておきたいと考えた。また、全員の文章が載せられた文集を手にしたときのよろこびは大きかったのではないだろうか。

学習者一人一人が調べ読み、文集を作る過程で得ることのできる力は想像以上に大きい。このことは言い換えると、自ら興味を持ったテーマにそって、資料を選び、課題を追究するという個に応じた学習の場が、調べ読みや文集作成の過程に保障されていることによると考える。

2　評価について

この学習では、文集を作るという目的を達成するために、自発的に調べ読む行動を意図したが、「自発性」を支える工夫として、読めば次にどうすればよいのかがわかる学習の「手引き」を用意した。たとえば文章構成のための手引きには、文章構成の手順のほか、文章構成上の努力目標も織り込んで「課題意識」を持たせるように工夫した。このことは、評価の段階でできあがった互いの文章を読み合う時に、自己の文章の長所に気づき、さらに克服していくべき課題をそれぞれの能力に応じてとらえることができ、次の学習への意欲づけともなった。

学習者Aは、自らの文章について次のように書いている。

自分の意見文を読んで、最初の方はわりとまとまっていて、文章と文章のつなぎ方もよくできていると思いました。

後半のところをもっと、わかりやすくまとめて文章にしていればよかったかなと思います。

Aは、自己の意見文のよい点として、前半の文章と文章のつなぎ方を挙げており、これらは言い換えると情報の関連づけの成功ということもできる。カードメソッドによって、ひとまとまりの文章が一つの情報としてとらえられ、また、情報と情報の関連づけが意図的におこなわれかつ成功している状態といえる。また、今後の課題として単なる引用ではなく、要点をとらえて述べようとしていることがうかがえる。さらにAは、学習者Bの文章のよい点を次のように述べている。

Bさんの意見文を読んで、文章と文章のつなぎ方がとてもよくできていて文章の構成もよくできていると思いました。今度このような文章を書くときには、私も、読む人がすいよせられるように最後まで読んでしまうような文章の構成と文章のつなぎ方をまねたいと思います。

AがBの文章から学んだことは、全体の文章構成のうまさである。「読む人がすいよせられるように最後まで読んでしまう」という表現から、はっきりと読み手を意識した文章構成を今後の課題としていることがわかる。学習の手引きによって課題意識を持たせることが、できあがった文集を読むという相互評価の段階で、次の学習への意欲につながる創造的な評価になりうると感じた。

〈資料1〉国語科年間指導計画（書写）

吉野中学校

	1　学　期	
一年	正しい姿勢と筆の持ち方 現代詩を書く ていねいに書く 楷書の学習 　基本の点画 　正しい筆順 　点画の変化 行書の学習 　点画の変化と筆脈 　点画の連続 　点画の省略 （計13時間）	原稿用紙に書く 横けい紙に書く ひらがなの練習
二年	詩を書く 生活目標を書く 　原稿用紙に書く 目的に合わせて書く 　記録やメモを書く 　詩を書く 行書の学習 　点画の連続と省略 （計5時間）	漢字と仮名の調和の学習 　行書に調和する仮名 　漢字と仮名の調和
三年	生活目標を書く 　毛筆で書く 目的に合わせて書く 　記録やメモを書く 行書の練習 （計5時間）	漢字と仮名の調和 配置・配列の練習

2 学期	3 学期
ひらがなの筆遣い ひらがなの筆遣いと字形 いろは歌を書く 配置・配列の練習 書き初めを書く 年賀状を書く （計15時間）	漢字と仮名の調和の学習㈠㈡ 封筒と手紙を書く （計7時間）
全体の配置 目的に合わせて書く 短歌を書く 情報カードを書く 書き初めを書く （計7時間）	目的に合わせて書く 古典を視写する （計3時間）
俳句を書く 用途に合わせて書く 表書きを書く 封筒に書く 便箋に書く 寄せ書きを書く （計7時間）	目的に合わせて書く 詩を書く 卒業記念の言葉を書く 卒業記念文集に書く （計3時間）

〈資料2〉三年　選択授業指導計画

1　目的

中学校段階では、小学校と比べて、個性の多様化が一層進むことをふまえ、学習者一人一人の特

性に応じ、個性を生かす学習を実現する

2　ねらい
学習者自らが、それぞれの興味・関心にそったコースを自主的に選択し学習することにより、さらに意欲的に発展した学習に取り組むことをねらいとする

3　実施日　毎週金曜　六時限　一四時二五分~一五時一五分

4　選択教科　国語　数学　社会　美術　四教科八コース

5　国語科の場合

コース名		学習内容
国語	A	漢字に強くなろう。
	B	卒業論文を書こう。 ――興味のあるテーマを選んで、調べたことをまとめる――

6　研究テーマと指導計画

◎国語Bの場合

(1)　研究テーマ　興味関心のあるテーマについて調べ一冊の本にまとめる

テーマ例　ドラえもん大研究
　　　　豊臣秀吉に学ぶ出世の道
　　　　高校野球徹底研究
　　　　お菓子づくりの実践的研究

(2)　指導計画（前期一七時間）

四月　テーマの決定
五月　論文構想の発表と先行文献の調査
六月　資料集めと論文の執筆
七月　中間発表
九月　執筆とまとめ
十月　論文の製本と発表会

Ⅱ　国語科授業の創成を求めて

1　一つの単元をめぐって

――「世界子どもフォーラム」（中学二年）の場合――

一　はじめに

中学校の国語教師として、中学国語教育のプロフェッショナルとしての私がなすべきことは何か。それは、一人の言語生活者として、学習者の言語生活を支援していくこと、将来にわたって生きて働くことばの力を、その身に培っていくことだといえる。

佐伯胖氏は、教師の果たすべき役割について次のように述べている。

そこで考えられるのは、教師もまた「学び手」になるということである。つまり、真正の文化に対して、教師は、子どもと「ともに学ぶ」存在になり、子どもとともに世界の意味の広がりと深まりを味わい、感動し、好奇心をかきたてるのである。

ただ、子どもよりは多少とも「先輩」であるから、おもしろさがわかるだけでなく、陥りやすいつまずきや、誤解の可能性を警戒する用心深さを備えている点が、子どもとは違うのである。

専門家はとかく「わからない人の気持ちがわからない」のに対し、教師は「わからない人の気持ちがわかり」、「つまずいて先に進めない人の気持ちがわかる」のである。そのうえで、世界の意味の広がりを子どもとともに学び、学び直し、わかり直すことに喜びを見出せる人なのである。

教師がつねに真正の文化、ホンモノの世界について絶えざる興味・関心・意欲をもっていなければならないということが、これからの時代にますます要求されるであろう。

（佐伯胖稿「コンピュータ教育の広がりで、教師の役割も変わっていく」、一九九四年一一月一日、福武書店刊）

指導の出発点は、学習者の「わからない」点の発見であり、「先に進めない」という思いにそった形で、適切な支援をしていくということだといえる。また、「ともに学ぶ」とは、「ともに困難を乗り越え」、その向こうにある広がりと深まりのある世界にともに足を踏みいれるよろこびを味わうということでもある。

二　単元「世界子どもフォーラム」

1　単元設定の理由

学習者は、家庭と学校を往復する日常の中で、進学や進級という新しい出会いの場をのぞけば、その地域のごく限られた人間関係の閉塞した社会の中で生活している。学習者が、その日常の中で、新しい世界に出会い、目をひらかれ、新たな価値観に目覚める場があるとすれば、それはなんといっても学習の場であるだろう。

この単元では、学習者が調べ読む活動を通して、あるいは、他の学習者の発表を聞く活動を通して、新しい世界や価値観に出会う場にしたいと考えた。読んでいくうちに、今まで知らなかった世界に気づき、さらに知りたいという気持ちにつられ、知らず知らずのうちに引き込まれるように読んでしまう一時を経験すること。友だちの発表を聞きながら、ここはどうなっているのだろう、この点はどうなんだろうというように、次々と聞きたくなる気持ちを経験するような時間にしたいと考えた。

話し合いのための準備として調べ読む活動の中で、学習者は情報を収集し、選択し、活用することになる。また、調べたことを発表することは、新たなる伝達を目的とした情報の加工・再生産につながっていく。学習者はその両方の過程で、多様な価値観に気づき、自らの価値判断の基準を揺さぶられるなかで、自分自身の世界が広がり、深まっていくよろこびを味わうことができよう。

2 単元目標

単元「世界子どもフォーラム」は、フォーラム（討論会）形式で、それぞれが調べ得た情報を発表し交換し合うことを通して、情報活用の能力および話し合う力を育てようとした単元である。

（◎印は、この単元で特に身につけさせたい中心的な目標）

ア 読む
・知りたい情報が、本のどこにあるか、見当をつけながら、探すことができる
・付箋を使って、情報を整理しながら読むことができる
◎読みながら、さらに知りたい点、調べなくてはならない課題を見つけることができる

イ 書く
・知り得た情報を、発表形式に合わせて、短いことばにまとめて書くことができる

ウ 話す
・聞き手を意識し、声の大きさや速さに気をつけて話すことができる

エ 聞く
・フォーラム形式での、発表や質問のしかたを知る

◎聞きながら、質問したい点、さらに調べてみたい点を見つけることができる

3 教　材

①『世界の子どもたち』（偕成社刊）全三十三巻…各巻とも八～十三歳の世界三十三カ国の子どもたちの生活を、カラー写真を交えながら紹介した本である。

②「アジアの働く子どもたち」（松井やより稿、『国語2』、光村図書）

③学習の手引き　三種類

4 学習指導計画（七時間）

〈第一次〉　教科書教材「アジアの働く子どもたち」を読み、日本の子どもをとりまく状況とは全く異なる現実を知って、これからの学習への興味を持つ。……………………………一時間

〈第二次〉　三十三カ国のうち、担当する国を決め、学習の計画をたてる。……………………一時間

〈第三次〉　担当した子どもの名前、家族、国の位置、国のあらまし、生活や習慣、学校などについて、日本と同じ点異なっている点について調べ、意見発表用の原稿にまとめる。……………………一時間

〈第四次〉　「世界子どもフォーラム」を開催し、担当した国の代表として発表し、互いの国についての情報や意見を交換し合う。………………………………………………………………三時間

〈第五次〉　単元のまとめをする。……………………………………………………………………一時間

5　学習指導の展開

この単元では、情報整理の方法の一つとして、付箋の使い方をマスターさせたいと考えた。日本と比較して、文化・習慣の異なっている点には、赤色の付箋、同じ点には青色の付箋をつけるようにした。その後、表に整理して、発表できるようにした。この調べ読みの段階での、指導者の適切な支援が、あとの話し合いでの意見発表を成功させるために必要不可欠なものであると痛感した。

討論会「世界子どもフォーラム」ではまず、「世界の学校」をテーマに情報や意見を交換し合った。学習者は、学校制度に関して比較対照する知識を持っていなかったので、最初は質問や感想を述べる程度であったが、他者の発表を聞くうちに、目をひらかれ、次第に考えが深まっていたように思う。

ミャンマーを担当した学習者Cは、単元のまとめに次のように書いている。

ミャンマーの子供たちは、親の手伝いをよくして偉いと思いました。遊びといえば、自分たちで作ったものとかばかりで、日本の子供があまりもっていないようなものばかりでした。日本は発展している国だなあと思いました。ミャンマーでは僧になる儀式のようなものがあるのはすごいと思いました。他の国の発表を聞いて、いろいろ違うところがあるので驚きました。今まで日本の国の学校制度が普通だと思っていたけれどそうではないんだなあと思いました。国一つ一つ学校制度が違い、私たちにはめずらしいと思うことがたくさんありました。義務教育がない国があったのにはびっくりしました。そこの国はどうなっているのかなあと思いました。夏休みが、すごく長い国もあってうらやましい気がしました。

ミャンマーの子どもたちの優れている点に気づくと同時に、日本の子どもたちが失ってしまったものが日本の経済発展の結果であることに気づき始めている。他国のよさに気づくとともに、あたりまえとして見過ごしていた自

国のよい点も新たに発見している。まさに国際理解の第一歩がここから始まっているといえる。また次に挙げた学習者Dのように、これから考えていくべき自己の課題を発見したものもいる。

学校とは、いったい何のために行くのだろうか。どうして義務教育なのだろう。世界に学校のない国はひとつもない。国のために学校に行くのだろうか。国のためなど意味のないことであるのだろうか。まだ自分の学校への答えは見つからない。

フォーラムは、何かを決定するのが目的の話し合いではなく、違う意見をぶつけ合って討論する中で、自分の考えを広げ、深くしていくためのものだといえる。三十の国の子どもたちの生活や学校について考えることで、ある特定の国の文化、習慣に対する興味や関心が深まったもの、学校とは何かを問い返そうとするもの、日本という国の特色に気づき始めたものなど、一人一人の学習者が、得たものは異なっているが、それぞれの考えが、聞くことによって広がり、深まっていったといえる。

6　評価について

ア　意欲的に、また、積極的に、調べ読みを進めることができたか。
イ　他の学習者の発表を、問題意識を持って集中して聞くことができたか。
ウ　学習後の読書生活に、付箋の使い方が生かされ、培われた問題意識が反映されているか。

三　おわりに

「世界子どもフォーラム」の学習のあと、『アジアの人々を知る本』（大月書店刊）などを加えて、図書館に「国際理解コーナー」を設けた。最近では、従来の何となく本を読みに来る生徒の他に、「ちょっと調べたいんやけど、先生こんな本ない？」という生徒も増えた。

また、今回の学習を通して、私自身、「世界の学校」について目をひらかされることが多く、生徒の発表を聞き、あいづちをうちつつ、考え込んでしまうような場面が数多くあり、もっと聞きたい、もっと知りたいという気持ちが、絶えず働いていた。さらに、学習者が、はじめに調べてみたいと希望した国は、ヨーロッパを中心とした先進工業国が圧倒的に多かったものの、話し合いを通して、次第にアジアやアフリカの国々にも興味・関心を寄せ始めたこと、日本という国、自分の立場などを省みるきっかけとなっていくようすが見られたことも、大きな収穫であった。

しかし、話し合い自体の深まりについては、まだまだといった点も多くあり、学習者が、話し合いのその場で考えたことを、自由に話せるようなことばの力を育んでいくことが、今後の課題でもある。

2　話し合う楽しさを教室に
――中学校三年間における話し合いの学習指導を中心に――

一　はじめに

二年生の二学期、修学旅行で長崎を訪れたあと、平和学習で話を聞いた語り部さんへの手紙の中で学習者Ａは、次のように書いている。

一回の原爆で今まで幸せに暮らしていた家族がばらばらになって、苦しみながら死んでいく戦争。「どうして戦争をする必要があったのか。話し合いではだめだったのか。だれが戦争をやろうといったんだろうか。」というようなことが頭をよぎりました。誰かが戦争をやろうと言ったばかりに、関係のない人や罪のない人たち、何千万もの人たちを死に追いやった戦争。戦争の被害にあった人たちは憎むでしょうか。(傍線引用者)

長崎の語り部から聞いた悲惨な事実に対して、Ａの心に真っ先にわき上がってきた疑問は、国と国との間に生じた問題をなぜ話し合いという形で解決せずに、何千万という尊い人命を奪う戦いの形を選んだのかということだった。この手紙はまた、話し合いの大切さを心から訴えているようにも思えた。「戦いによる解決」と「話し合いによる解決」を対比的にとらえたところに、私自身教えられた気がした。この前月に、単元「世界子どもフォーラム」

で話し合ったことによるのだろうかという思いもよぎった。

中学生という時期は、ともすれば自己を閉ざしてしまいがちな時期ではあるが、一年生の段階のまだまだエネルギーが外に向かって発散されている時期をとらえて、話し合うことの大切さを体験させ、中学校三年間を通して話し合う力を系統的に育てていきたいと考えたのが、二年四か月前のことである。

二　話し合いの学習指導を進める力

話し合いの学習指導を進めていく力、原動力とは何であるかと考えるとき、それはなんといっても話し合う楽しさ、よろこびを体験することだといえる。またその反対に、話し合いの学習指導を阻むもの、阻害する要因は何かと考えるとき、話す内容がなくて困ったこと、話し方がわからなかった、発表したが笑われ傷ついた場面などを思い浮かべることができる。

大村はま氏は、話し合いの学習への準備として、

A　話し合うことのねうちを体験させる。

B　自分をも、人をも、大切にするということを身につける。

の、二点を挙げている。(注)また、話し合いの学習において気をつけたいことを次のように述べている。

話し合いというのは失敗してはいけない。そうしないと頭のいい子どもの中に、一人で考えたほうがずっとよく考え

られる、話し合うなんて面倒くさい、時間つぶしだなどと、考える子どもが出てくるかもしれません。ほんとうにくだらない話し合いは時間つぶし、なんにもなりませんからこの子の言うとおりです。自分で考えたほうがよっぽど早い、こういうことになります。作文などは失敗しても、みんなに知られずにすみますが、話すこと声に出すことは失敗したら、もうあとには戻りません。長く心の傷になって、なかなか消えません。

（大村はま著『日本の教師に伝えたいこと』、一九九五年三月二〇日、筑摩書房刊、八六頁）

学習者の一人一人が、話し合いに参加して、おもしろかったな、よかったな、と思えるような体験をさせることが、話し合うことのねうち、大切さにつながっていくといえる。一人一人の考えが違っていること、またそれを聞くことによって自らの考えが深まっていく体験こそが、話し合う楽しさそのものである。民主主義の社会において話し合うことが何よりも基本となる理由も体験として学ばせたい。

そのためには、学習者の所属する学級や国語教室に、「自分をも、人をも、大切にする」人間関係が必要になってくる。学級でも、グループでも、思いや考え感じとったことなどを自由に気がねなく、発言し発表していく雰囲気を作り、自由に発言できる学級や集団を作っていくことが大切であろう。

話し合う楽しさを学習者一人一人のものとし、準備段階での指導も含めて話し合う力を育てていくために、1　心から聞き合う人間関係を育てる、2　話す内容を持たせる、3　話し合う中で、話し合いのしかたを身につけさせる、の三つに留意しながら、話し合いの学習指導を進めていきたいと考えた。

三　三年間の学習指導の概略

一九九三（平成五）年度　一年（『国語1』、光村図書）

◎は話し合いの学習指導に関するもの

	学習活動	学習のための資料・教材	学習目標（指導事項を含む）
4月	オリエンテーション —自己紹介カードを作ろう—	自己紹介の手引き 情報カード	・聞くこと、記録をすることの意味を考える。 （記録には必ず日付をいれる。）
	「のはらうた」の朗読発表会をしよう〈七時間〉	「野原はうたう」　工藤　直子 「朗読」 学習の手引き 「のはらうた」プリント 話し合いの手引き 朗読発表会の手引き	・大きな声で読もうとする。 ・好きな歌を選ぶことができる。 ・何回も練習することができる。 ・進んで読もうとする。 ・野原の生き物になって読むことができる。 ・野原の生き物になって詩を作ることができる。 ◎読み手の工夫に気づいて聞くことができる。 ・間のとり方を工夫して読むことができる。 ・学習中の自分の姿を記録することができる。 ◎話し合いでの基本的な発言のしかたを知る。
	スカイハイツのなぞにせまる！	「スカイハイツ・オーケストラ」 岡田　淳	◎進んで考えたことを発言しようとする。 ◎メモを用意し、進んで話し合いに参加しようとする。

月	単元	教材	目標
5　月	—作品を読んで感じたこと考えたことを発表しあおう— 〈五時間〉	「発言と話し合い」 発言メモ	◎発言の内容によって、切り出し方を工夫することができる。 ・読みながら、あるいはメモしながら情景や心情を思い描くことができる。 ◎自分の考えと、他の人の考えの共通点や相違点をとらえながら聞くことができる。 ◎友だちの考えをメモすることができる。 ・学習のまとまりによって記録を整理できる。 ・ことばの持つ細かな意味の違いを感じとれる。
	三分間スピーチを成功させよう 〈五時間〉	【表現1】どうぞよろしく 学習の手引き 材料メモ カード　二種類	・身近な話題をとらえ、進んで書いたり話したりする。 ◎聞き手に伝わる表現を心がける。 ・進んで自分に関する材料を集めることができる。 ・具体的な事実を入れて内容の構成を考えることができる。 ◎カードを見て話をする経験を持つ。 ・辞書の幅広い使い方に目を向ける。
	タイトルと挿し絵から内容を想像しよう 〈五時間〉	「ちょっと立ち止まって」 桑原　茂夫 ワークシート	・タイトルの字句から内容を想像できる。 ・挿し絵から、内容についてのイメージを広げることができる。 ・想像したことを検証していく形で、楽しみながら読み進めることができる。

月	単元	教材	目標
6月			・たくさんの本の中から、読みたい本、さがしている本、読まなくてはならない本を見つけだす方法について知る。
	ことばの単位〈三時間〉	【文法1】 文法を学ぶ ワークシート	・文法について興味を持つ。 ・文・文章・文節・単語など、ことばの単位を理解することができる。 ・学習記録の小見出しの付け方を知る。
	「おいのり」を声で表現しよう〈八時間〉	「おいのり」三木　卓 学習の手引き	・朗読、紙芝居、劇、人形劇、いろいろな声での表現形式を知り、表現への意欲を持つ。 ・何回も工夫して読む練習をする。 ・工夫したいところを台本の形で表現できる。 ◎発表に向けての細々とした決定事項を自然な形で話し合うことができる。 ・発表の準備の中で、作中人物をとらえる楽しさを知る。 ◎発表者の思い、工夫した点に注意しながら聞くことができる。 ・作品全体の構成をとらえながら、部分の発表を聞くことができる。 ・自然なイントネーションになるよう工夫する。
	あいさつの言葉について考えよう〈八時間〉	「心のメッセージ」甲斐　睦朗	・ことばの豊かさに関心を持ち、進んで調べようとする。 ・あいさつことばにこめられているいろいろの情報を

7　月	9　月	
	単元「どう思う 〈すっぴん徳島〉」 —自分の考えを伝えよう— 〈八時間〉	語のいろいろについて知る 〈一時間〉
学習の手引き 意見文を書くための手引き	「『すっぴん』考」　板羽　淳 （一九九三・八・一七、徳島新聞） 「読者の手紙」　十種類 （一九九三・八・二二〜九・四、徳島新聞） 学習の手引き —二人の考えをまとめる— 「声を届ける」 「話すように読む」 「わたしはニュースキャスター」　久和ひとみ	〔言葉の窓〕 語のいろいろ
カードに整理することができる。 ・自分たちの身近なあいさつことばも、カードに分類整理できる。 ・とったカードを、別の観点で分類してみる。 ・とったカードをもとに、事例を挙げて簡単な意見文を書いてみる。 ・一学期の学習記録の整理とまとめをする。	・伝達手段としてのことばに興味を持つ。 ・一つのことばに対するさまざまな人々の反応について知る。 ・自分の考えをカードにメモできる。 ◎自分の声や話し方に興味を持つ。 ・四、五メートル先の相手に声を届ける。 ◎文意にあわせた息の使い方ができる。 ◎自然な共通語のイントネーションで音読できる。 ◎自分の考えと他者の考えを比較し、その共通点、相違点をとらえることができる。 ◎二人の考えをまとめて、発表できる。	・「語のいろいろ」に関心を持つ。 ・漢語と和語の区別を理解することができる。

10　月

		・カタカナで書き表す外来語の表記の多様性に注意することができる。 ・漢語・和語・外来語の性質や特徴について理解することができる。
単元「時間の流れの中で…」〈八時間〉	「流星の夜」　E・L・カニグズバーグ 学習の手引き〈朗読台本〉 「モモ」　ミヒャエル・エンデ 単元のまとめ	・作品を読んで文学の楽しみを味わうことができる。 ◎朗読によって、作品を読み味わうことができる。 ・朗読を聞き、よい点をメモすることができる。 ・登場人物の心情を表す部分を書き抜くことができる。 ・間に注意して聞くことができる。 ・間のとり方に注意して朗読することができる。 ・テーマに添い記録をまとめることができる。
慣用句さがし〈三時間〉	『学習慣用句辞典』大村　はま 学習の手引き	・さまざまな慣用句のあることに気づき、意味や用法を知って、実際に使うことができる。
一つの命 ―視写して味わおう―〈九時間〉	『写真と作文でつづる昭和の子どもたち』（一九八六、学習研究社刊） ・靴の配給 ・父の出征 ・原しばくだん 「大人になれなかった弟たち	・ことばや文章を大切にする態度を身につける。 ◎文章の内容や、特徴にあわせて、自然な朗読ができる。 ・優れた表現を視写することによって味わい自分のものにすることができる。 ◎自分の考えや気持ちを整理し、話すことができる。 ◎友の考えを聞くことによって自分の考えを豊かにすることができる。

		に…」 米倉斉加年 「木琴」 金井 直 「命ということ」 中澤 晶子	
11 月	文の成分とはなんだろう〈三時間〉	【文法2】 文の成分	・文の成分を通して、国語の特質に関心を持つ。 ・文の成分について理解することができる。
	単元「地球を救う三〇の方法―吉中の環境を考える」〈十二時間〉	『ゴミとリサイクル』（一九九一、偕成社刊） 『ゴミが地球をうめつくす』（一九九一、ポプラ社刊） 他、参考図書 三十四冊 ・新聞記事 ・文集作成のための手引き ・情報収集メモ（カード） 【表現に学ぶ】 書き出しと結び	・説明・論説文を読んで、自分の考えをまとめるのに生かそうという意欲を持つ。 ・課題の解決に必要な部分を抜き出しメモすることができる。 ◎資料や調べたことに基づいて、三人で話し合うことができる。 ・事実と意見を区別して書くことができる。 ・自ら書いたものの影響力に興味を持つ。 ・書き出しと結びを工夫して、文章を書くことができる。 ・読む立場にたって丁寧に書くことができる。
月	単元「古典に親しむ」―昔話の主人公―〈十時間〉	古典テキスト〈おとぎ草子〉 一寸法師 鉢かづき 物ぐさ太郎	・古典に関心を持つ。 ・古文を何度も音読しようとする。 ・古文の持つことばの響きに親しむ。 ・昔話で親しんできた主人公を通して、古典そのものに親しむことができる。

月	単元	教材	目標
12		古典テキスト 〈むかしむかし、うらしまは〉 〈蓬莱の玉の枝〉 「故事から生まれた言葉」 学習の手引き	・〈古典テキスト〉を通して現代文と古文の仮名遣いやことば遣いの違いに気づくことができる。 ・漢文特有な言い回しに注意して朗読できる。 ・故事成語に興味を持ち、その由来や意味を調べることができる。
1・2月	単元「自分たちの新聞をつくろう」 —一年の成長記録を新聞に残そう— 〈十四時間〉	「わたしの○大ニュース」 「新聞の読み方」 「悪天の友」　外山滋比古 「言葉の特性を生かして」 「足どり」　竹中　郁 「少年の日の思い出」 ヘルマン・ヘッセ 「わたしの周りには、いつもあなたがいる」　河合　隼雄 「わたし」をこえて 「新聞記者」になるための手引き	・新聞の紙面や記事の特徴をとらえる。 ・新聞をつくることに興味を持つ。 ◎三人で話し合い、記事の分担と割付をきめることができる。 ◎記事の一部を自然な朗読で伝えることができる。 ・字数やできあがりの体裁を考えて、書くことができる。 ・伝えようとする相手と、目的を考慮にいれて文章を書くことができる。
	【文法3】　〈三時間〉	接続する語句と指示する語句	・接続する語句と指示する語句の種類や働きを知る。
3月	一年の学習記録をまとめよう 〈三時間〉	学習の手引き	・記録することの意味を経験で理解する。 ・自らの記録に愛着を持つ。 ・目次、見出し、前書き、後書きの書き方を知る。

一九九四（平成六）年度　二年（『国語2』、光村図書）

月	学習活動	学習のための資料・教材	学習目標（指導事項を含む）
4月	単元「考え方の違いを大切にする」〈九時間〉	「春の郊外電車」　佐々木瑞枝 〔話し方の工夫〕 「六月の蝿取り紙」　ねじめ正一 学習記録の手引き メモを取るための手引き 新聞記事A 「船長を殺し食べる相談」 （一九九四・三・二三、徳島新聞） 新聞記事B 「天声人語」 （一九九四・三・二三、朝日新聞）	◎事前の準備をして、話し合いに参加しようとする。 ◎聞き取りやすい話し方の工夫をして、発表することができる。 ◎メモを生かし感想を発表することができる。 ◎話している人の立場や考えを的確に理解することができる。 ・ものの見方考え方を正確に理解することができる。 ・人物の特徴が表れている描写に注意し、作品の理解を深めることができる。 ◎話を聞きながらメモを取ることができる。
	漢字の組み立てにくわしくなろう	〔漢字の学習1〕	・部首と漢字の組み立て、読み方の関係を知ることができる。
	想像して読もう ―冒頭・結末・挿し絵から内容を想像す	「物事の正解は一つだけではない」 ロジャー・フォン・イーク	・文脈に沿いながら要旨をとらえ、要約し主題を考えることができる。 ・冒頭・結末・挿し絵から筆者の主張を想像しととらえる

月	単元	教材・資料	目標
5月	る―　〈四時間〉	ワークシート	ことができる。 ・抽象的概念を示す語句について理解することができる。
5月	単元「わたしの仕事」〈八時間〉	『わたしの仕事』　今井美沙子 ①～⑩巻 （一九九二・一二、理論社刊） コピー資料「わたしの仕事」 No.1～No.30 学習の手引き 発表の手引き 情報カード	・文章を読んで自己を豊かにしようとする。 ・働く人々の生き方や考え方を理解し、自分の見方や考え方を広くすることができる。 ◎自分の考えをまとめて的確に話すことができる。 ◎二人で助け合いながら、工夫して発表することができる。（鼎談、インタビューなど） ◎相手の状況に応じ、適切なことば遣いで話すことができる。 ◎話の方向にそって要点をメモすることができる。
6月	教室単語図鑑を作ろう〈四時間〉	【文法1】 単語のいろいろ ワークシート	・単語の文法的性質を理解することができる。 ・十一の品詞について理解することができる。 ・二つの修飾語について理解することができる。
6月	単元「十四歳の歌集を作ろう」〈六時間〉	「短歌・その心」　武川　忠一 学習の手引き 俵万智歌集 俵万智『サラダ記念日』	・短歌にすすんで親しみ、興味を持つ。 ・歌のリズムに注意し、それぞれの歌の心が表れるように朗読することができる。 ・短歌についての理解を深め、表現を読み味わうことが

		『かぜのてのひら』 『魔法の杖』より抜粋 ワークシート	できる。 ・自分の心を見つめ、短歌の形に表すことができる。
	漢字に強くなろう	〔漢字の学習2〕	・共通する部分を持つ漢字について理解することができる。
7月	コミュニケーションについて考える〈四時間〉	「『開いた社会』に向けて」 樺島　忠夫	・自分と社会の結びつきを考えて、自分たちの言語生活について書いたり話したりすることができる。 ・指示する語句や接続する語句について理解することができる。
7月	人間の生き方を考える〈四時間〉	「北の国から」 倉本　聰	・すすんで読書に親しみ自己を豊かにしようとする。 ・シナリオという表現形式を通して、登場人物の人間関係、描かれた情景を読み味わうことができる。
	想像をふくらませて物語を作ろう〈四時間〉	作る―想像をふくらませて	・漫画を下敷きにして物語を考えることができる。 ◎各自で考えた物語を紹介し、話し合うことができる。 ・文章を読み返し、よりおもしろい話になるように推敲することができる。 ・絵による表現と言語による表現の違いを考えることができる。
	単元「世界子どもフォーラム」〈七時間〉	「アジアの働く子供たち」 松井やより	・読書を通して視野を広め国際理解を深めようとする。 ・知りたい情報が本のどこにあるか、見当をつけながら

9月	10月	
	意味が同じということ似ているということ、違うということについて考える	語り部さんに手紙を書こう　〈九時間〉
『世界の子供たち』 （一九九三、偕成社刊、全三十三巻） 学習の手引き　三種類 カラー付箋　二色	〔言葉の窓〕 語の意味	「字のないハガキ」向田　邦子 「一塁手の生還」赤瀬川　隼 「なきがら」　オーウェン 〔手紙の書き方〕 学習の手引き
捜すことができる。 ・付箋を使って、情報の整理をしながら読むことができる。 ・読みながら、さらに知りたい点、調べなくてはならない課題を見つけることができる。 ◎知り得た情報を、発表形式に合わせて短いことばにまとめて書くことができる。 ◎聞き手を意識し、声の大きさや速さに気をつけて話すことができる。 ◎フォーラム形式での発表や質問のしかたを知る。 ◎聞きながら、質問したい点、さらに調べてみたい点を見つけることができる。	・類義語・対義語・多義語のそれぞれについて、共通する点と相違する点を理解し意味と使い方を身につけている。	・心情をとらえ、想像力を働かせて手紙を書く。 ・筆者の思いやものの見方・感じ方をとらえて自分のものの見方・感じ方を広め、深めることができる。 ・詩にこめられた作者の思いをとらえることができる。 ・語り手の人柄や心情を聞き取ることができる。

月	単元	教材	目標
		語り部さん（長崎平和協会）の話	
	体言・用言の違いを知ろう	【文法2】 単語の活用	・体言・用言を理解することができる。 ・動詞の活用の種類及び活用形を理解することができる。 ・形容詞・形容動詞の活用を理解することができる。
11　月	わかりやすさの条件について考える　〈六時間〉	「トレーニングの適量」　正木　健雄 「シンデレラの時計」角山　栄 学習の手引き ワークシート	・科学的な読み物に興味を持つ。 ・書き出しの工夫に気づくことができる。 ・事実と意見の関係や全体の構成の工夫に気づくことができる。 ・読み手によく伝わるような論の進め方の工夫に気づくことができる。 ・文末表現の微妙な意味あいについて理解することができる。
	漢字を使い分けよう	〔漢字の学習3〕	・多音・多訓の漢字の読み分け使い分けについて知る。
	単元「古典新聞を作ろう」　〈十四時間〉	一年時に作成した新聞　二十六種類 「扇の的」平家物語 「思いをつづる」枕草子・徒然草 「漢詩の風景」	・朗読によって古文独特の響きを味わうことができる。 ・作者のものの見方や感じ方に触れ、古典に親しむきっかけをつかむことができる。 ・古典作品やその時代に取材した新聞記事を書くことができる。 ◎新聞編集のための小グループの話し合いができる。

月	単元	教材	目標
12　月		新聞づくりの手引き	◎新聞編集のための小グループの話し合いの司会ができる。 ・作品独自の文体の特徴を聞き分けることができる。
	付属語の働きについて知ろう	【文法3】 助詞・助動詞	・助詞・助動詞の文法的性質を理解し用い方を身につける。
1・2月	構成や描写を工夫して書こう 〈五時間〉	「私の名画鑑賞」 世界の名画（学習研究社刊）三巻 学習の手引き ワークシート	・絵による描写をことばによる描写に置き換えることができる。 ・読み手を意識し、構成や描写を工夫して書くことができる。
	自分の考えを深め、人間の生き方について考える 〈十一時間〉	「夕焼け」　吉野　弘 「言葉の力」　大岡　信 「私をつくったもの」　ウェストール ワークシート	・自ら進んで表現を工夫したり読書したりすることによって、自己を豊かにしようとする。 ・優れた比喩表現について理解を深めることができる。 ・テーマにそって読書の幅を広げる。
3　月	学習記録をまとめよう	学習の手引き	・自分なりの工夫を盛り込んだ学習記録に仕上げることができる。 ・前書き、後書きを工夫することができる。 ・自分の記録に愛着を持つ。

一九九五（平成七）年度　三年（『国語3』、光村図書）

	学習活動	学習のための資料・教材	学習目標（指導事項を含む）
4 月	単元「『出会い』について考える」 —シンポジウム— 〈十四時間〉	出会い 〔話し合いの工夫〕 握手 話し合いの手引き シャーロックホームズの推理 〔発表と話し合い〕 出会いを生かす 情報カード 〔漢字の学習1〕	・学習のしかたを工夫したり、よりよい学習態度を示そうとしている。 ・主題を生かすための関連した材料を集め選んで書ける。 ◎根拠を明らかにして効果を確かめながら話すことができる。 ・場面展開や描写から登場人物の人物像をとらえることができる。 ・筆者の論の進め方を文脈に即してとらえることができる ◎話し手の言いたいことや根拠を的確にとらえることができる。
5 月	副詞の働きと種類について知る 〈四時間〉	【文法1】 副詞の働きと種類	・状態・程度・陳述の三種類に分けた副詞とそれぞれの働きと用法について知る。
6 月	読点の打ち方を理解する 〈二時間〉	〔言葉の窓〕 コンピュータに読点を打たせる	・読点の打ち方の規則性に気づき、文節相互の係り受けについて理解を深める。
	類義語辞典をつくる 〈七時間〉	なつかしいと恋しい 「類義語辞典」作成の手引き	・ことばの微妙な意味・用法の違いについて関心を持つ。 ・類義のことばを集め、その共通性や違いについて調

月	単元	教材	目標
		情報カード	べ、考えることができる。
7月	十七文字に感動をこめる　〈九時間〉	俳句への招き 鑑賞文を書くための手引き	・俳句に進んで親しみ、関心を持つ。 ・好きな俳句を選び鑑賞文を書くことができる。
	読書に親しむ　〈五時間〉	星が透けて見える大きな体 読書と人生 感想文の書くための手引き	・自ら進んで読書に親しみ自分の世界を広げようとする。 ＊一学期を通じ、読書への興味を育てる。
9月	単元「自分の考えを話す」 ―ディベートを楽しむ―　〈八時間〉	説得する 根拠を明らかにして 新聞の切り抜き 二十～三十種類	◎説明の文章を読んでディベートの意味やルールを理解することができる。 ◎ディベートで相手を説得するために必要な技術を理解することができる。 ◎積極的に聞くことができる。
	漢語の働きについて知る　〈二時間〉	漢語の働き	・漢語の特徴や働きについて理解することができる。
10月	単元「心の壁」について考える　〈九時間〉	故郷 ヒロシマ神話 パール・ハーバーの授業 学習の手引き 心の奥のイメージを描く 〔漢字の学習2〕	・登場人物の生き方をとらえ自分の考えを書くことができる。 ・社会や歴史の変動の中の人物像を読み取ることができる。 ・心の奥の象徴的なイメージの描き方を学び、自分の表現に生かすことができる。
	助詞・助動詞の働きにつ	【文法2】	・基本的な助詞・助動詞の働きについて理解することが

月	単元	教材	目標
	いて知る〈四時間〉		できる。
11月	リーフレット「地球の仲間たち」をつくる〈十時間〉	犬に名前のない社会 金星大気の教える物 説得力ある文章の書き方 リーフレットづくりの手引き 情報カード 三十五億年の命 〔漢字の学習3〕	・現代の社会や文化のあり方について、自分の考えをまとめ書くことができる。 ・まとまりごとの要点をおさえ、文章の論理的展開を正確にとらえることができる。 ・説得力のある文章を書くために必要な、材料の条件、事実の書き方、論旨と材料の関係などを理解することができる。
12月	単元「古人とともに旅をする」―古典に親しむ―〈十二時間〉	君待つと 東下り 古文の言葉遣い 夏草 学びて時にこれを習ふ 「旅マップ」づくりの手引き	・自ら進んで古典に親しもうとする。 ・文語の響きやリズムを生かして朗読することができる。 ・漢文特有の言い回しに注意して朗読することができる。 ・旅を手がかりに作者のものの見方、感じ方を読み取ることができる。
	フロスト先生に敬語を教える〈三時間〉	〔言葉の窓〕　敬語 日本語の将来 学習の手引き	・日常の言語生活に関心を持ち、問題点を見つけることができる。 ・三種の敬語について理解を深め、その使い方を身につけることができる。
	「わたしの詩集」を作る〈五時間〉	編む 薔薇	＊詩集を編むためのたくさんの作品を読み、集めることができる。

月	単元	教材	目標
1月		素朴な琴 道程 天景 二十億光年の孤独 わたしが一番きれいだったとき 詩集づくりの手引き	・詩集を読みあって、編んだ人の世界を知ることができる。
2月	日常生活に文法を生かす〈三時間〉	【文法3】 文法と日常生活	・組み立ての不適切な文を整った文に直すことができる。
3月	卒業文集「二十一世紀を考える」を作る〈八時間〉	未来に向かって 吾輩は猫である 二十一世紀を考える 情報カード 〔漢字の学習4〕	＊テーマにそって読書の幅を広げることができる。 ・風刺の効いた表現や諧謔的な文の流れなどを読み味わうことができる。 ・テーマを決めて、文章にまとめることができる。 ・文章の内容をとらえて、現代社会を振り返り、自分なりの未来像について考えを深めることができる。
	学習記録をまとめる〈三時間〉	学習の手引き	・記録を大切にできる。

四　話し合いの学習指導の進め方に関する省察

次に、二の話し合いの学習指導を進める力のところで述べた三つの観点、1　心から聞き合う人間関係を育てる、2　話す内容を持たせる、3　話し合う中で、話し合いのしかたを身につけさせる、のそれぞれについて、この二年四カ月あまりの学習指導を振り返りつつ述べていきたい。

1　心から聞き合う人間関係を育てる

中学校入学当初、八十九名の学習者の間には、環境の変化に伴ういさかいや感情の行き違いによるトラブルが日常茶飯事であった。自らの発することばが、相手の胸にどのように響くか、言いたいことが正確に伝わっているのかの意識が少ないためのトラブルであるように思えた。その一方で、友がどう思うだろうかと考えるあまり、言いたいことを言えずに毎日を過ごす生徒もいた。また、友のことばに過剰に反応して、寛容さを失い、暴力に訴えてしまうこともあった。その背景として、生徒たちの生活の中では、異質と思われる行為や言動が排除される傾向の強いことに気づいた。具体的に言うと、日常生活で興味を引くもの、好きなテレビ番組や音楽、スポーツなどは同じ傾向のものでなくては仲間から排除される。生活の行動パターンも同じでなくてはならないし、服装や、ものの考え方も少し違っているだけで仲間外れにされる傾向にあるといえる。異質なもの同士が、互いの良さに学び合って初めて集団で学習することに意義があるのであって、一人一人の違いや良さを心から聞き合う人間関係を育てるために、国語教室では、次の二点を、さまざまな学習過程の中に位置づけたいと考えた。

①　一人一人のよさや違いを聞き取る

②　発表と発表を比べない

まず最初に①の「一人一人のよさや違いを聞き取る」については、一年の最初の単元「のはらうた」の朗読発表会から、徹底して続けてきたことである。教科書に載っている、あるいはプリントの、あるいは自分たちが作った詩を発表する詩の朗読を聞くときに、決して他の班のあらさがしにならないよう、「よかったところ」を中心に感想を述べ合いメモしていく活動を取り入れた。他班の発表を聞く場合、短所はすぐ目につき、長所は二の次になりやすい。「よかったところ」を見つけるためには、いろいろの観点から、発表者の立場に立って真剣に聞かざるを得ない。そのことが、結果として、静かによく聞く態度となって現れ、発表者により発表しやすい雰囲気を作り出すことにもなったように思う。

また、こうした発表の際に、二つ以上のグループや、二人以上の発表者が続いてということになると、聞き手はどうしても、声の大きさや、わかりやすさ、内容などを比べる意識が働いてしまう。「よかったところ」に目をつけているつもりでも、ついついどちらがうまい、下手の意識が働いてしまう結果になる。そこで、②の「発表と発表を比べない」配慮が必要になる。「どちらが上手、どちらが下手」という意識から聞き手を解放し、「聞きほれる態度を」という大村はま氏の提唱を実践していきたいと考えていた。

話し合いの場がなごやかで、気後れや緊張感から解放されのびのびと自分の考えが述べられる場となるようにするためには、一年時においで特にこうした配慮が求められるといえる。したがって、話し合いの場だけではなく、友だちの発表を聞く場面（三分間スピーチ、「おいのり」の発表会など）では、この二点に特に注意を払ってきたつもりである。

二年生になったときには、友だちの発表を聞くときには、「よかったところ」に注目することが、ごく自然な習慣になっていたように思う。しかし、「よさ」を聞き取るだけでは、話し合いの楽しさやほんとうの意味での話し合うことのねうちに気づくまでにはいたらない。話し合いの醍醐味は、自分一人では思いもつかない考えやものの見方に出会えるというところにある。そこで、二年の最初の単元では、「一人一人の考え方の違い」に注目させ、「違い」を大切にする態度を育てたいと考えた。教科書教材「春の郊外電車」の感想を述べ合う中で、一人一人の感想の違いが浮き立つように、メモの取り方を練習した。この段階で、三十人全員の感想や着眼点が、それぞれ微妙に違っていること、話し合いによってそれを確かめ合うことの楽しさに少しずつ気づき始めてきたように思う。このあと、単元「わたしの仕事」の発表などを通し、九月には、初めての本格的な話し合いの単元「世界子どもフォーラム」を実施することができた。この単元では全員がそれぞれ調べてきた世界の国々の学校の様子について発表し合うという座談会の形としたので、一時間の話し合いで四～五人の発表が続くことがあったが、それぞれの国の学校制度の違いが、それぞれの発表者のゆるぎない存在価値となったので、聞くものは、「この国はどうだろう。」「この点はどうなっているのだろう。」という知りたい気持ちに促され、優劣を比較する気持ちがすっかり忘れ去られていたように思う。活発な意見交換というまでにはいたらなかったがゆったりと落ちついた話し合いの雰囲気になり、指導者にとっても、学習者にとっても話し合いに対する認識を新たにさせられた単元になったように思う。一人一人がかけがえのない位置を持って、その集団の中で機能するとき、自ずと互いのよさや違いを心から聞き合い、高め合う人間関係が生じるのだと痛感した。

2　話す内容を持たせる

学習者にとって、話し合いがつらく重苦しいものとなる原因は、なんといっても話す内容を持たない場合であろう。話し合いに積極的に参加し、意見を述べない場合があったとしても、乗り出すような気持ちで聞くことのできる話し合いにするためには、事前に学習者一人一人に話すべき内容を持たせる指導が必要になってくる。

一年生のごく初期の段階で言えば、「のはらうた」の朗読発表会のための話し合いのように、どの詩を取り上げるか、だれが読むのか、読み方の工夫は、発表会の役割分担は、というようにさしあたり決めておかなくてはいけないことがたくさんある場合には、自然に活発な話し合いがおこなわれることになる。一年三学期の「自分たちの新聞をつくろう」という単元のグループでの話し合いも、その延長線上にある話し合いで、新聞をつくるための取材や編集の細かな役割分担を決めるには、どうしても必要な話し合いである。一年時の最後に「最も印象に残った単元は」と尋ねたとき、この「新聞づくり」の単元を挙げたものが圧倒的に多数をしめた。理由は、「新聞をつくるために班でいろいろ相談し、話し合ったのがとても楽しかったから」というものが大半であった。

また、この他、話す内容を持たせるために、「読むこと」「調べること」と関連して話し合いの学習を進める場を設けた。一年二学期の段階で言えば、単元「どう思う〈すっぴん徳島〉―自分の考えを伝えよう―」のように、徳島新聞紙上で読者の論争を巻き起こした十一種類の記事を取り上げ、それぞれの気づきや意見をカードに書くことから始めた。最終的には、さまざまな読者の意見と友だちの意見を取り入れ、自分の考えをまとめて発表することにした。

二年生の単元「わたしの仕事」や「世界子どもフォーラム」は、自分の担当した職業や国について資料を読み、調べることによって話す内容を持たせようとした単元である。こうした単元では、一つの職業、一つの国を、一人の学習者が担当する形を取ったので、他の学習者が知らない情報を持っているという意味において、一人一人の発言や発表が重要な位置づけを得ることができ、発表する意欲や楽しさにつながっていったように思う。

その意味では、三年の最初の単元「『出会い』について考える―シンポジウム―」もまた、出会いという一人一人の体験が話し合いの核となるので、どの学習者にも、自分の体験と比較しながら話し合いに参加するという姿勢が確保できたように思う。

以上のような実践を通して、話し合いの学習指導において話す内容を持たせるための指導として、

① どうしても話し合って決めなくてはならない話題を持たせる

② 読むこと・調べることと関連させて学習者に独自の発表内容を持たせる

の二つの点から述べてきたが、この他にも、実践を重ね工夫を重ねて、学習者一人一人に話す内容を持たせる方法を模索していきたいと考えている。

3　話し合う中で、話し合いのしかたを身につけさせる

話し方がわからなくて、話し合いが楽しいはずはない。話したいことがあって、自由に自分の思いを述べることができて初めて話し合いは楽しくなる。話し合いの学習指導は、話しことばの特質を理解し、その機能を十分に生かしたものでなくてはならない。書きことばは、その時点で記録され残されていくが、話しことばは、その場の一回限りで消えていく運命にある。したがって、話しことばの指導は、書きことばの指導と違って、ことばの発せられるその場をとらえて指導されなくてはならず、時間をへたあとで再び指導を加えることは（特別な場合をのぞいて）不可能である。

そこで、話し合いの学習指導は、話し合いの中で、話し合いのしかたを基礎から系統的に段階的に身につけさせる以外に方法はない。一年最初の単元では、「のはらうた」の朗読発表会のための話し合いをおこなったが、ここではまず、話し合いでの司会者や班員の発言を劇の台本の形にした、〈話し合いの手引き〉を繰り返し繰り返し朗読することから始めた。「では始めます。よろしくお願いします。」から始まる台本を役をかわりあって何度も読むうちに、司会者の言うべきことや賛成、反対意見の述べ方やタイミングなどを学べるようにした。こうした「手引

き」の工夫は、話し合いの学習のいろいろな場面で必要だといえる。

さらに、話し合いの基礎訓練としては、まずとなりの生徒と話し合い、二人の意見の同じ点、違う点をとらえ、まとめた形で発表することだろう。一年生の「どう思う〈すっぴん徳島〉」の単元や、二年最初の「考え方の違いを大切にする」の単元で繰り返し練習した。基礎の訓練であるからには、やはり繰り返すことが必要で、一つの単元の一回限りの学習では、十分な成果は得られないように感じた。またここでも、二人の意見をまとめて述べるための「手引き」をつかって、二人の意見の共通・相違点を細かくとらえられるようにした。

その後の、一年「自分たちの新聞をつくろう」の単元、二年「古典新聞をつくろう」の単元では、三から四人で話し合い、まとめていく基礎訓練とした。学級単位の本格的な話し合いに取り組んだのは、単元「世界子どもフォーラム」が最初であった。この単元では、自分で調べ知り得た情報を発表しやすい形にまとめておく必要があるが、ここでも〈発表のための手引き〉を用いた。三年では最初の単元「『出会い』について考える」で、シンポジウムを経験し、二学期にはディベートに取り組みたいと考えている。

話し合いの学習指導においては、意見発表や質問など話すことの指導とともに聞くことの指導がたいへん重要になってくる。話し手の立場に立って聞く指導とともに、絶えず自分の考えと比較しながら聞くことが大切だといえる。そのためには、自分自身の気づきを交えて相手の言いたいことをメモできるようにしておかなければならない。二年最初の「考え方の違いを大切にする」の単元では、黒板に一緒にメモを取りながら、話し合いを進めた。その後の単元「世界子どもフォーラム」ではかなり上手にメモできるようになり、そのことが話し合いによって考えを深めていく楽しさに目覚めるきっかけになったようにも思う。またこのことから、指導者自身が、適切な場面をとらえて、その場で範を示していくことの大切さに気づかされた。機会をとらえて適切な指導をするためには、指導者自身の自己修練が必要になってくる。

「話し合う中で、話し合いのしかたを身につけさせる」ためには、①基礎訓練から段階を追って　②〈手引き〉の工夫を重ねつつ、③聞く側の指導も大切にしながら　④指導者自身が模範を示していきたい　と考えている。まだまだ指導のいたらない面を多く残した、二年四カ月ではあったが、学習者は少しずつ確実に話し合うことの楽しさに気づき始めたように思える。単元「『出会い』について考える」シンポジウムの学習のまとめのなかに、Bは次のように書いた。

　シンポジウムに参加してみてわたしは、話し合うって言う《ママ》ことは、本当にすばらしいことだと思った。最初は少し緊張してたけど、みんなが静かに聞いてくれて、自分で発言することの大事さをしった。だからこれからは、どんどん発言したいと思っています。

この意見に励まされつつも、一方でこの日、まったくシンポジウムに意欲を示さなかったCの表情もこころに刻んで、指導の工夫と私自身の自己修練を重ねていきたいと考えている。

五　単元「『出会い』について考える」（中学二年）の場合

1　単元名　単元「『出会い』について考える」――シンポジウム――

2　対　象　徳島県板野郡吉野町立吉野中学校　三年生　三クラス

3　実施期間　平成七（一九九五）年　四月〜五月

4　単元設定の理由

情報化、国際化、また価値観の多様化する社会の中にあって、一人一人の考えを大切にし、またその違いを認め合うことが大切になってくる。また、互いに考えを述べ合うことによって、さらに考えが深まっていく経験を持ち、話し合う楽しさを味わうことは、義務教育を終えようとする中学三年生にとってどうしても必要な学習体験であるといえる。

友や先生との新しい出会いがあるこの時期、「出会い」をテーマに書かれたさまざまな文章を読み、そこから得られた情報をもとに、自らのものの見方や考え方を広くすること、また、さらに自分自身の出会いの経験に基づきながら自己の考えを発表し合う場をつくりたいと考えた。だれもが経験する「出会い」であればこそ、一人一人の「出会い」は、その人固有のものであって、語り合うことによって「出会い」に関する考えが広がり深まっていくはずである。

シンポジウムという形態の話し合いは、テーマに関する考えやものの見方を広げ深めるのにふさわしい形態であると考えた。この機会にシンポジウムにおける話し合いのしかたも身につけさせたい。

5　単元目標

①　新学期が始まるに当たって、学習のしかたを工夫したり、よりよい学習態度を示そうとする意欲を育てる
②　話し合いに参加することは自己の世界が広がることとしてとらえ、そこによろこびが見いだせる態度を育てる
③　話し合いを通して、支え合い高め合う人間関係を育てる

④　おもに次のような言語能力を育成する

ア　読む

・場面展開や描写から登場人物の人物像をとらえることができる

イ　書く

・読んだ時の気づきをまじえながら、カードに整理して書くことができる

・主題を生かすための関連した材料を集め選んで書ける

・発表するために、考えを整理して書くことができる

ウ　話す

・シンポジウムにおいて提案発表ができる

・シンポジウムにおいて質問をし、意見を述べることができる

・根拠を明らかにして効果を確かめながら話すことができる

エ　聞く

・話し手の言いたいことや根拠を的確にとらえることができる

・自分の考えと比較しながら聞き、自らの考えを深めることができる

オ　言語事項

・ことばの持つテーマ性、象徴性に気づき、イメージを広げることができる

・提案発表にふさわしいことばのつかいかたを知る

6　教　材

①　教科書教材　「出会い」大林宣彦／「握手」井上ひさし／「発表と話し合い」／「出会いを生かす」（『国語3』、光村図書）

②　「話し合うっていうことは」／「こんな言葉を使ったら」／「パネルディスカッション」／「シンポジウム」（鶴田洋子著『話し合ってみようよ』、一九九二年四月、さ・え・ら書房刊より抜粋）

③　学習の手引き1・シンポジウム発表の手引き・話し合いメモ

7　学習指導計画（十時間）

〈第一次〉　今年度の学習目標を立てる。「出会い」についての指導者の話を聞き、学習計画を立てる。……一時間

〈第二次〉　教科書教材「出会い」を読んで、筆者の「出会い」に関する考えや見方を知る。
　教科書教材「握手」を読んで、気づきをカードに整理し、発表する。……………四時間

〈第三次〉　シンポジウムに参加するにあたって知っておかなくてはならないことの説明を聞く。
　教科書教材「出会いを生かす」を参考にしながらシンポジウム発表のための材料を集め、発表原稿を書く。…………………………………………………………………………三時間

〈第四次〉　シンポジウムを開く。……………………………………………………一時間

〈第五次〉　学習記録を整理し、学習のまとめをする。…………………………一時間

8　学習指導の実際――シンポジウムを中心に

「学習の積み重ねを大切にする」「ことばで人間関係をつくる」を目標に今年度の授業のスタートをきった。第

二次の「出会い」「握手」を読んでカードをとる作業、第三次の発表原稿を書く作業では、個別指導をおこなった。さていよいよ、シンポジウムという段階になったが、そこまでの作業を通して、不安に思うことが一つあった。話し合いのテーマは、もちろん「出会い」であるが、一個人の経験においても一つ一つの出会いがそれぞれ違った意味を持っており、「出会い」とは何か、と聞かれると答えに困ってしまう、たくさんの出会いがあるのはわかったが、それでどうなんだと聞かれると返答に困ってしまう要素があるのではということだった。

学習者の発表原稿を見ると、人や動物との出会い、本との出会い、スポーツとの出会いといったふうに実にさまざまな出会いが書かれており、したがって出会いの意味づけもまた実にさまざまだった。確かに考えやものの見方を広げるという意味では、成功するかもしれないが、深めるということはできないかもしれないという思いが強くなり、話し合いの原稿をつくるという作業まででこの単元を切り上げようとさえ考えた。

しかし、学習者はシンポジウムというまだ経験したことのない話し合いに対して期待と関心を寄せており、シンポジウムを実施した。さまざまな出会いを経験した七人を提案発表者に選び、指導者の司会で、シンポジウムをおこなった。発表者以外の学習者は、七人の発表を、落ちついた温かい雰囲気で聞くことができた。発表者の発表が終わって、質問や意見交換がおこなわれたが、この中で、フロア側からも小学校時代の先生との出会いによって、自分の性格が大きく変わったという発表があり、参加者全員が感銘を覚える話し合いになった。私自身も、この意見交換を通して、先の心配に反し、話し合いを実施してよかったという思いを強くした。

学習者は、話し合いに参加しての感想を次のように書いた。

・七人それぞれに大切な出会いがあり、それによって自分も変えられたというのは本当にすばらしいことだと思った。何にでも自分から心を開いて素直な心を持つことで、わたしもだれかをそんなふうに変えていければうれしいと思った。わたしも自分自身の出会いを大切にし、自分も変わっていけるようにしていきたいと思う。

・シンポジウムに参加して、七人の出会いを聞いてみると「ああ、あれも出会いだったんだなあ」といろいろな出会いが浮かんできた。こうして思い出してみると、わたしは知らない間にたくさんの出会いをしてきたのだと思った。この七人はとてもすばらしい出会いをしてきたのだ。そして、わたしも。出会いとは知らぬ間に過ごしていることが多い。そして、後から、「ああ、あれも出会いだ」と思うことが多いとわたしは思う。

それぞれがそれぞれの「出会い」の意味を確認できた一時間になったと思う。

9　評価について

・場面展開や描写から登場人物の人物像をとらえることができたか。（学習記録、作業を通して）
・主題を生かすための関連した材料を集め選んで書けたか。（学習記録、作業を通して）
・話し手の言いたいことや根拠を的確にとらえることができたか。（学習記録、話し合いを通して）
・授業の前後で話し合いに対する興味がどのように変化したか。（話し合い、日常生活を通して）
・学習のしかたを工夫したり、よりよい学習態度を示そうとしているか。（話し合い、日常生活を通して）
・話し合いによろこびを見いだし意欲的に参加しようとしているか。（話し合い、日常生活を通して）
・話し合いを通してよりよい人間関係を築こうとしているか。（話し合い、日常生活を通して）

六　おわりに

将来、学習者がどのような進路に進むとしても、話し合うという場面をさけては通れないだろう。そうした機会に、進んで準備し、意欲的に話し合いに参加できる人であってほしい。卒業まで、あと七カ月というわずかな期間ではあるが、心から「話し合うことは楽しい」といえる場面を数多く設けたいと考えている。

また、言うまでもないことではあるが、話し合いを指導するためには、私自身が話し合うことを心から楽しみ、同時に、話し合うことの技術を身につけるべく、いろいろな機会をとらえて、修練を積み重ねておかなくてはならない。私にとって「話し合うことが楽しい」と思えたのは、大学院でのゼミを通じてであった。ゼミのための下調べをし、どのような考えを述べても温かく受けとめてくださる先生方や仲間に恵まれたことがその要因であると思える。

現在、吉野中学校では、生徒会による話し合いが活発におこなわれている。これは、二年前に、頭髪自由化問題が起こったときに、生徒自身が徹底的に話し合うことにより、問題の解決を図ったことがきっかけになっている。今年の生徒会のテーマも、「なんでも話せる生徒会」である。この夏休みにも、各市町村から中学生の代表が集まっていじめ問題について話し合う「いじめサミット」がひらかれた。本校からも三年生数名が代表として参加したが、この代表者の中には真剣に話し方の指導をこうものが増えてきており、がんばってほしいという級友の支える声も強くなった。国語教師としてこうした生徒たちの、話し合いへの意欲・関心の高まりに答えるべく指導の工夫を重ねていきたい。

（注）野地潤家著『話しことば学習論』（昭和四九年一二月一五日、共文社刊）二二〇頁より引用。

3 「野原はうたう」朗読発表会

一 単元「『のはらうた』の朗読発表会をしよう」

1 単元の構成

詩教材「野原はうたう」とコラム教材「朗読」（ともに『国語1』、光村図書）を中心に、表現・理解・言語事項のすべての領域を学習するように総合的に構成しました。さらに、朗読発表会の準備段階や実際の朗読発表会を通じて、読解、朗読、聞く・話す、記録等の諸活動が組み合わされて、有機的に学習できるようにしたいと考えました。

2 教材の特質

(1) 教材の概観（価値）

「野原はうたう」の四編の詩は、工藤直子の詩集『のはらうた』より採られています。「のはらむら代理人」の工藤直子が、「のはらむら」の住人である動物や植物のつぶやきを聞き取り集めたという形になっており、一つずつの作品を読み味わうというよりはむしろ、「のはらむら」という空想世界を思い描き、そこに遊ぶ楽しさを味わわせたい教材です。

漢字を用いず、平易で親しみやすいこの教材は、小学校の国語学習との接点ともなり、中学校入門期の国語学習を、何より楽しいものにするのに有効であるといえます。

(2) 教材の可能性（扱い方）

この教材に採られた詩は、ひとりでに声に出して読みたくなるような、また声に出して読むことで一層読む楽しさが増してくるような、朗読に適した作品です。したがって、まずのびのびと声に出して読み合い、体を使って、作品を味わうという経験をさせることによって、そうした学習の習慣づけが可能になります。

二　学習者の実態――新鮮な気持ちで

1　学習者と教材

中学生としてのスタート時において、国語は小学校から既に学習してきた教科であるだけに、得意だったり、苦手だったり、好きだったり、嫌いだったり、学習者の胸の中では、さまざまな思いが渦巻いています。指導者としては、学習者たちが新しいスタートラインについた今、何よりも新鮮な気持ちで、自分の可能性を信じて、だれ一人として挫折感を味わうことなく、ことばの学習に取り組ませたいという思いを強くします。

学習者の十数年間の人生の中で、中学校入学は、意識して迎える初めての大きな転機であり、この機会に、「今までとは違う成長した私」を求めるのは当然のことでしょう。この思いこそこれからの学習を進めていくもととなる力であるといえます。入門期の学習指導としては、何よりもまず、学習者のこうした思いに答えるものでなければと考えました。

2　学習活動の可能性

学習者の中に、長い時間をかけて知らず知らずの間に芽生えてきた優劣の意識は、想像以上に根強いものがあります。それは、まず第一に、学習への興味・関心を大きくそがれることにつながっていきます。「どうせ、僕なんか一生懸命やってもだめだ。」という思いを払拭するためには、かなりの時間と努力を要します。そういう思いだけは、どんなことをしても抱かせないようにしたいというのが、入門期の単元の指導で最も留意したい点です。その面からも、この「野原はうたう」という教材の平明さと、楽しさは有効であると考えます。

「この教室で、私は決して疎外されることはない」という安心感と、「先生の助言に従えば今までできなかったことができるようになった」という信頼感を、教室の中に創り上げることが、入門期の指導においては、ことに大切であるといえます。

三　学習指導目標――学習力の育成をめざして

入門期の国語学習指導において、学習者の基礎訓練は、欠くことのできない重要な課題の一つです。言い換えれば、中学校三年間で多様な学習活動を展開させていくためには、その出発の時点から、学力の基礎となる言語能力を、無理なく必然的に高める必要があります。「学習のしかたを学ぶ」ことも、大事な目標になります。

①　確実に聞き取る力を身につけさせること
②　グループで話し合い、討議する力を養っておくこと
③　各自学習記録をまとめる力を鍛えておくこと

言語能力の基盤としての聞き取る力、コミュニケーションの基礎としての話し合いの力、また、書くことをおっ

くうがらない、学習主体の確立のためにも、学習記録をまとめる力が、不可欠のものとなってきます。さらには、これらの能力が、教材に即したいろいろの学習活動の中で、「こういうしかたが国語の勉強としていいのだ」という気づき（発見）とともに、育まれることが大切になってきます。

入門期の国語科学習指導において、1　学習者に優劣を感じさせないよう、2　適切な形で学習者の学習活動を支援できるよう、3　学習の基礎訓練としての学習力の育成をはかるよう、「野原はうたう」朗読発表会の学習指導では、次のような学習指導の目標を立てました。

【学習指導目標】

①　自らの力のことは忘れて、空想の世界に遊び、朗読によって読み味わう楽しさを知る
②　のびのびと声を出し合い、心から聞き合う人間関係を育てる
③　各言語活動を通して、主に次のような言語能力を身につける

ア　読む
・大きな声で読むことができる
・間のとり方を工夫して読むことができる

イ　書く
・他のもの（他者・他の事物）になりきって詩を作ることができる
・学習中の自分の気持ちや作業を記録することができる
・発表会のためのプログラムを作ることができる
・発表や朗読の良い点に気づきメモすることができる

ウ　聞く
・読み手の工夫に気づいて聞くことができる

エ　話す
・話し合いでの基本的な発言のしかたを知る

四　学習指導計画（九時間）

時	主たる学習内容と活動	配時	形態	学習指導上の支援・評価
第一次	「のはらうた」を繰り返し読む。	2	一斉および個人	・進んで読もうとする。 ・大きな声で読もうとする。 ・何回も練習することができる。 ・野原の生き物になって読むことができる。 ・好きな歌を選ぶことができる。
第二次	野原の生き物になって、「のはらうた」を作る。	1	一斉および個人	・野原の生き物になって詩を作ることができる。 ・学習中の自分の気持ちや作業を記録することができる。
第三次	「のはらうた」の朗読発表会のための話し合いをし、発表会の準備をする。	3	グループおよび個人	話し合いのための台本〈話し合いはこんなふうに〉を用いて、話し合いのしかたを知る。 ・話し合いでの基本的な発言のしかたを知る。 ・発表会のためのプログラムを作ることができ

				る。 ・進んで発表会のための練習ができる。
第四次	「のはらうた」の朗読発表会をする。	2	グループおよび一斉	〈朗読発表会のための手引き〉 ・間のとり方を工夫して読むことができる。 ・読み手の工夫に気づいて読むこができる。 ・発表や朗読の良い点に気づきメモすることができる。
第五次	単元のまとめをする。	1	個人	・単元の学習を振り返り、学習記録をまとめることができる。

五　導入時・指導の実際

朗読発表の事前の準備段階においては、次の二点に留意しました。

(1) 話し合いの手引き（台本）を利用する

「のはらうた」の朗読発表会を成功に導くためには、事前の学習準備を十分なものにしておく必要があります。そこで、「のはらうた」の朗読発表会のための話し合いでは、台本形式の手引きを用いて、五人グループで全員が、司会、賛成、反対、提案のしかたなどを一通り経験したあと、実際の話し合いに入りました。そのため全員が話し合いに参加することができました。また、話し合いによって決定したことが、朗読分担など、今決定しておかなければならないことばかりでしたので、熱心に意見を述べ、決まったことを記録していました。話し合いのしかたを身につけるという点では、充実した話し合いの雰囲気をつかんだ程度にすぎないかもしれませんが、話し合いの始め方、問題提起のしかた、賛成意見の述べ方は、かなり習得できたように思います。また、学習者はこの話し合いを通して、朗読の工夫の必要性にも気づき、その後のプログラム製作や、朗読の練習にスムーズに取り組むことができました。以下に、その台本を掲げます。

話し合いの手引き（例）――話し合いはこんなふうに――

1A　では始めます。よろしくお願いします。
2BCDE　よろしくお願いします。
3A　きょう、相談してきめなければならないことは、まず第一に、みんなで読む「のはらうた」の決定と読み方のくふう。それから、発表者の分担のしかた。これをきめなければなりません。それからプログラムはぜひ。プログラムのプリントを書く人。それから朗読発表会の司会者。そして、開会のことばの担当者と閉会のことばの担当者。こんなにあります。いま話したこの順序で話し合うことにしていいですか。
4C　しぜんな順序でいいと思いますが、二ばんめになっている、「のはらうた」の読み方のくふうは、時間がかかるでしょう。いくらでも時間があるだけ、かけたいでしょう。ですから、これはあとまわしにして、話し合いのあとにつづいている練習の初めに、話し合ったらいいのではないかと思います。
5E　賛成です。それがいいと思います。
6B　自分たちが作った「のはらうた」の朗読の分担も、あとにまわしますか。
7C　さあ、……それは……。
8B　種類の違う「のはらうた」の朗読ですから、あとまわしにしたほうがいいのではありませんか。
9D　分担は、やっぱり早くきめたほうがいいと思います。あと続いて話し合うことが、みんな、何かの分担なのですから。
10 E　でも、朗読の前に言う紹介の言葉と、だれが言うのか、それがきまってないでしょう。
11 D　それは、そんなに関係がないと思います。
（……しばらく、みんな、だまる。）
12 A　どうでしょうか、いちばんの朗読の発表は、その前の紹介のしかた、紹介する人をきめてからでないときめられないでしょうか。それとも、そう関係はないでしょうか。
13 B　それは、関係あると思います。関係ある、というより、関係させて考えたほうがいいと思うのです。
14 C　それもそうですね。
15 D　そんなに関係はないと思いますが、関係させて考えたほうがほんとうかなという気がしてきました。
16 A　では、「のはらうた」を読むときのくふうと、自分たちで作った「のはらうた」を読むときの朗読のくふうの二つは、まとめてあとにまわしますか。
17 B　はい。
18 CE　それでいいです。
19 A　では、あとにまわします。
20 A　それでは発表する「のはらうた」を決めましょう。
21 D　めいめい、意見を出してみたら？
22 BC　賛成。
23 A　意見をまず出して、たくさんあれば、そこで話し合うことにしますか。
24 BCDE　はい。そう。それでいい。
25 B　あの……すまないけれど、まだ、そのみんなの選んだ「のはらうた」を全部読んでいないので、少し、時間、ください。

26 A　ああ、そうでした。どうぞ、読んで考えてください。
（……）
27 A　きまりましたか。
28 BCDE　はい。
29 A　ではBさんから。
30 B　ぼくは、Aさんの選んだ「たんぽぽはるかの詩」がいいと思います。
31 C　わたしは、「かまきりりゅうじの詩」がよいと思いました。
32 D　わたしも、「かまきりりゅうじ」もいいけれど、「のぎくみちこの詩」も個性的で好きです。
33 A　そうすると、「かまきりりゅうじの詩」は決定ですね。教科書以外の「のはらうた」の方は、「かぜみつるの詩」でいいですか。
34 BCDE　いいです。それでいいです。
35 A　自分たちで作った「のはらうた」はだれのにしますか。
36 D　Eさんのがとてもおもしろくて感じがでていると思いますが。
37 B　同じ意見です。名前の付け方もそれらしくてとてもいいと思います。
38 C　賛成です。
39 A　Eさんいいですね。ではこれで決まり。
40 A　では、今度は、プログラム。あんまり、いろんな種類はないように思いますが。案、出してください。
41 D　まず、A案は、みんなではじめに工藤直子の「のはらうた」を読んで、それから、自分たちの作った「のはらうた」を読む。
B案は、A案の反対、まず自分たちの「のはらうた」を読んで、それから工藤直子の「のはらうた」を読む。

C案は、工藤直子の「のはらうた」を読むのを半分に分けて、まん中に自分たちの「のはらうた」を読むの

42　C　をいれる。
　　　　そのくらいだと思います。あとは、その読むのを男子と女子に分けるとか、そうでなく……。
43　B　男子とか、女子とかでなく、一人で読むか、二人で読むか、三人で読むかではないでしょうか。
44　C　それはそうですね。（あと略）

(2)　学習のすべてを記録する

学習記録は、学習した内容とともに、学習の途中で考えたこと、ひらめいたこと、新しく覚えたことばや漢字、他の学習者や指導者の話なども記録するようにしました。また、学習主体の確立をめざして、自己の学習する姿を振り返って自分でとらえることができるように配慮しました。

学習者は、「野原はうたう」において自分の学習する姿を、次のように記しています。

・今日私は、野原はうたうの中で、詩を選ぶ勉強をしました。いろいろなおもしろい詩などいろいろな詩が読めて楽しかったです。
・今日は、集中できたけど、少し友達と相談してしまいました。
・私は、図書室で、朗読のしかたについて勉強しました。私の知らなかったことが、いっぱいわかって良かったです。
・今日、のはらうたの勉強をしました。詩の中にこめられていることが強く感じられました。「詩っていいなあ。」と思いました。
・今日の時間は、自分の詩を書くことになりました。自分が思っている気持ちをそのまま書くのは、むずかしいと思いました。
・今日の時間は、朗読発表会の練習をしました。自分の分担を決めて五人でしました。楽しかったです。自分の態度はきちんとできました。
・今日私は教科書から好きな「し」を書き写しました。好きな「し」を書くと何度も「いいなあ」と思いました。
・今日私は、先生がくばってくれた資料から好きな「し」を書きうつしました。いいなあと思った「し」を書くと気持ちがすごくそのことのようになりました。
・今日は、図書室で話し合いの手引きを読むのをしました。私は友達とよく話をしたのが反省点です。

六　「のはらうた」朗読発表会――学習の実際（本時）

1　本時のねらい

① 態度的価値　心から聞き合う人間関係を育てる
② 能力的価値　(1) 読み手の工夫に気づいて聞くことができる
(2) 発表や朗読の良い点に気づきメモすることができる
(3) 間のとり方を工夫して朗読することができる
③ 内容的価値　空想の世界に遊び、朗読する楽しさを知る

2　学習指導の展開

発表会を開くにあたっては次のような手引きを用いました。

朗読発表会発表会手引き（注）

一、司会
○これから第一グループの国語学習発表会をいたします。
○はじめに　開会のことば－－－さんです。
○まず、みんなで朗読します。
まず、「　　」の朗読で、全員でいたします。
それでは、「　　」の朗読を始めます。みんなで読みます。
○つぎは
今度は
最後に
○発表は　これで終わります。閉会のことば－－－さんです。
これで　発表を終わります。－－－さんの閉会のことばがあります。

二、開会のことば
1、いきいきと話す。これから発表しようとするグループの仲間の気持ちも、いきいきとしてくるように。聞き手も期待をもって、さあ聞こう、どんなふうに読むだろうというような気持ちになるように。
雰囲気を盛りあげるように。
2、必ず話す。読まないように。
3、内　容
①「けさは……」「きょうは……」天気、空のようす、日の光、目にはいったもの、など。
②気分、気持ち、感想。
③いよいよ、朗読を始めますが、……のところ、うまく読みあらわせるように、と思います。

○言いにくくて、何度も練習したところ、きょうは、うまく言えればいいがと思っています。
④　では、始めることにいたします。
　では、はじめます。

三、閉会のことば
1、今、終わった発表を、ひとりひとり、心に思い起こし、味わい返す、――そういう気分をつくるように、しっとりと話す。
2、内　容
①　「読み始めたら、あっというまに終わってしまいました。」などと始めて、感想を述べる。具体的に、実際の例を挙げて。
×　だいたい、よくいったと思います。
×　皆さん、いかがでしたか。
②　次の機会には、こうしたいと思うところ。
　あまりたくさんは言わない。せいぜい三つまで。一つでよい。

（注）大村はま先生作成の国語学習発表会手引き（『大村はま国語教室』第二巻所収）に拠った。

このような手引きによって、練習した成果をプログラムにそって発表します。発表にあたっては、次の二点に気をつけたいと考えました。

(1)　優劣を意識させない

「のはらうた」の朗読の発表会は、次の学習に移った段階の五十分授業のはじめの五～十分を取って、一グループずつおこないました。これは、第一に発表を比べあうことにつながらないようにと考えての結果です。発表にともなって、そこに自然に「のはらむら」が開けてきます。聞き手は、楽しく興がのってくると、「ほかのグループの発表も聞きたい」とせがむことがありましたが、原則はまげませんでした。比べることは、なんといっても優劣の意識に結びつき易いからです。発表の終わったあとには、いろいろな視点から、その発表のよかった点を必ず一つは挙げて、学習者と指導者が感想を述べ合うようにしました。

Ｔ君は、小学校六年で転校してきたこともあり、級友からも受け入れられにくく、また、自らもすべてに自信がなく朗読する声も大変小さい生徒です。しかし、朗読発表会では、けやきだいさくの「いのち」を朗々と読み上げ、級友の拍手を浴びました。まさにこの詩の内容が、Ｔ君の朗読に「いのち」を与えたかと思われるような立派な朗読でした。

当然のことではありますが、学習者が自らの力を意識することなく、学習に取り組めている場合は、その学習態度に如実に現れます。聞きひたり、読みひたり、作業に集中する態度がそれだといえます。一学期は、「野原はうたう」の好きな詩を選んで理由を書く活動など、個別の学習活動を多くしました。他の学習者に相談するのではなく、指導者が適切なサポートをするよう心がけ、学習に集中できるように配慮します。困ったときには、手引きを読むこと、指導者の助力を得ることで、必ず次の学習に進んでいけるという成功感を持たせ、優劣の壁を打ち破りたかったからです。

テストも、百点満点の総合点による評価を避け、観点や、ジャンル別の部分点による評点としました。学習者は、どうしても百分のいくらという形で、自分の学習結果をとらえようとしがちですが、細かな部分に分けて自分の学力をとらえることで、優劣の意識から解放されて自分の力の足りない点、優れている点をつかめるようしたいと考えました。

(2) 聞き合う人間関係を育てる

先に、発表は一グループずつ、比べあうことを避けてと述べましたが、発表の聞き方としては、それぞれの発表のよい点を聞きながらメモするようにしました。学習記録にはさまざまの観点から、よい点をとらえようとする努力のあとがうかがえ、他の学習者の朗読や発表を聞く態度も日増しに温かい雰囲気のものになってきました。また失敗を笑うような場面もほとんど見られません。入学当初は、「いじめ」の問題も抱えていましたが、「よさを聞きあう」学習によって、教室の雰囲気も温かくなったように思えます。

3　本時の評価

本時の評価は、まず第一に、発表の態度、発表を聞く態度に読みひたり、聞きひたる姿勢が見られるかという点です。朗読発表会の間はもとより、発表前の発表者の緊張した様子、聞き手の期待感からすでに読みひたり聞きひたる姿勢が見受けられました。次に学習後、学習記録に必要な事項が記録されているかについて評価をおこないました。今年の学習目標の記述に始まり、単元のまとめにいたるまで、一人一人の学習記録の記述内容は、個性に富んでいますが、それぞれが中学校での国語学習への取り組みの意欲が感じられるものでした。最後に学習後の読書生活に、詩や朗読に対する興味や関心が見られるかという点も、引き続き評価していきましたが、何より朗読に対する興味・関心・意欲そして自信が育ちつつあると思われます。また図書室での読書傾向なども、継続して見守っていきたいと考えます。

七　学習指導の評価と考察

1　指導を終えて

学習後の、学習者の反応では、「国語の時間が楽しい」というものがありました。この朗読発表会では、学習者が自らの力のことも忘れて読みひたり、聞きひたれる時間を持ちたいと考えていましたが、この詩教材が持っているのびのびとした明るさ、平明さ、親しみやすさに助けられ、また学習者自身の素直さに助けられて、所期の目標をある程度、達成できたように思います。

2　今後の課題

今後の課題としては、学習者の持っている一人一人の違いをどうとらえ、それぞれの力をどのように伸ばしていくかということを考えないわけにはいきません。入門期においては、教科書教材を中心にして、学習活動を展開してきましたが、一人一人のことばの力を伸ばしていくためには、もっとさまざまな学習材を用意する必要がありますし、学習の手引き等も、もっときめ細かなものにしていかなくてはならないと考えます。

指導者としての自己修練とともに、「子どもを知る」というところから絶えず考え、工夫を重ねていきたいと思います。

参考文献

『大村はま国語教室』第二巻（一九八三年三月三〇日、筑摩書房刊）

4　「総合的な学習の時間」に生きる国語科の展開

一　はじめに

「総合的な学習の時間」とは、各教科で身につけた資質や能力を学習者の中で総合化する時間であり、それぞれの教科で身につけ得た基礎・基本を使って、学習者なりの学習を展開する時間である。したがって、「総合的な学習の時間」が成功するか否かは、各教科で、すべての学習者に生きて働く学力としての基礎・基本が身についているかどうかにかかっているといっても過言ではない。

本校では、「新しい時代に生きる力を育成する新教科の創造」をめざして、平成六年度より「総合的な学習の時間」のカリキュラム開発に取り組んできた。さらに「生きる力」を、「総合的にとらえる力」「意思決定力」「生涯学習の基礎となる力」の三つとしてとらえ実践を積み重ねている。

国語科でも、「総合的な学習の時間」の実践上の課題をふまえて、すべての学習者の身に培うべき基礎・基本とは何かを明らかにし、「総合的な学習の時間」のみならずあらゆる「実の場」において生きて働くことばの力の育成をめざしたいと考えた。具体的な国語科の展開上の課題として、一つには興味・関心・意欲をいかに育てるか、二つには、一人一人の学習者の実態をとらえ、個に応じた指導の徹底をいかに図るか、三つ目は、多様な言語活動を展開する国語学習の単元をどう構成するかの三点であると考えた。以下、この三つの点について具体的に考えたい。

二　「総合的な学習の時間」に生きる国語科の展開

1　興味・関心・意欲をいかに育てるか

利那的、短絡的、快楽主義的な時代の雰囲気は、学習者自身の日常生活にも、暗い影を落としており、多くの人々の指摘どおり、学校は、まさに危機的な状況にあるように思える。日常の学校生活においても、生徒が、結果を考えずに一時的な感情のままに行動してしまい、トラブルを招くことがしばしばある。それは、学習面でも同様で、一部の学習者は、結果を求めることにあまりにも性急であって、思うような結果が得られないとなると感情の赴くままに、学習への取り組みを放棄してしまうことがある。そこで、まず第一に、興味・関心・意欲を育てること、持続させること、そこに指導の要があると考える。

学ぶことによって、新しい視野が開け、自己の内面が充実し、手応えが湧いてくるとすれば、そうした学習こそが「生きる力」を育てる学習と称するにふさわしいといえるのではないだろうか。たとえその瞬間瞬間は辛く苦しい作業の連続に思えても、それが自分自身を支え、次の段階へと導いてくれる、そうした体験を積み重ねていける「国語教室」でありたい。

そのためには、学習者にあらかじめ学習内容を予告し、学習目標や学習計画を明確に提示するとともに、ワークシートや学習の手引き、補助学習資料などによって学習を支援し、それらをすべてファイルすることによって、自らの学習の足跡をつぶさに振り返れるようにしたいと考えた。また、毎時間の学習の記録を残すことによって、自己を観察し、学習を積み重ねていくよろこびを実感できるようにしたい。

2　個に応じた指導の徹底をいかに図るか

「総合的な学習の時間」が「絵に描いた餅」にならないためにも、基礎・基本の指導に徹底を図りたい。国語科で、一人一人の学習者の生きて働くことばの力として徹底したい基礎・基本として、情報活用能力・思考力・判断力・表現力・コミュニケーション能力などを挙げることができる。個に応じて、これらの力をはぐくむ指導徹底の鍵は、学習者把握と選択性の導入にあると考える。

その意味において学習記録はまた、指導者にとっては、一人一人の学習者の学習実態を把握する貴重な資料となり、そこから次に一人一人の学習者の身に培っていくべき力をとらえたいと考える。また、学習の展開に表現活動や指導者と学習者が対話する場を取り入れることも重要である。表現活動や対話には、しばしば本人が意図しない学習者の本音の部分が現れることがある。指導者としては、こうした表現活動や対話も、学習者一人一人をとらえる大切な基盤としたいと考える。

また、学習活動のさまざまな機会に学習者自身が、学習のめあてや学習方法、学習材を選ぶことによって、学習者の多様なニーズに応え、主体的な学習を促すことによって指導の徹底を図りたい。

3　多様な言語活動をいかに展開するか

「総合的な学習の時間」の導入に伴って、国語科の授業時数の削減が見込まれているが、それによって、国語科が「総合的な学習の時間」のためのスキルを養う前座的な扱いとならないように気をつけたい。細切れの知識・技能を基礎・基本ととらえ、国語科本来の豊かな肉付けを失うことを懸念するゆえである。

環境問題の悪化や国際化の進む現在、今日的な社会問題の多くは、個人や国の枠を越えて知恵を出し合い、話し合うことなしには解決しえないものになってきている。まさに国際協力と共生の時代である。しかし、現実には、今ほど人々が孤立している時代も他に類を見ないのではないだろうか。学習者一人一人の日常においても、孤立をひどくおそれる一方で、事実上、誰とも真のつながりの持てない状況に追い込まれているように思われる。また、つながりを求めるならば、相手の立場に立って行動することが必要になってくるが、根気強く人間関係を作り上げていくには、あまりにも幼なすぎる言動がしばしばである。自立した一人の人間として、ことばで、望ましい人間関係を築いていける力こそ、学習者にとって必要な、これからの時代を「生きる力」なのではないだろうか。

人はことばによって育てられる。ことばによるコミュニケーションの中で安心感を感じ、伝達のよろこびを知り、そして他者に出会う。私たちは、ことばによって外界の出来事を対象化し、意識化して自らの内側に取り込み、さらにそれを主体的に変形し、言語表現として表出する。そうした一連の過程そのものが、人の成長と深く関わっている。

国語教室においても、調べたり、まとめたり、報告したり、そして、それらが有効に機能して誰かに受け止められる、そういう多様な活動を経験させたい。目的や意図を持って産み出されたことばが、しっかりと相手に受け止められたとき、ことばは「生きる力」そのものとして発信者自身にも意識されるであろう。

さらにそこで確かめられたことばによる交流が、教室の中の人間関係を深め、その外へと広がっていくとすれば、それは社会の中で「生きる力」として働くであろう。国語科の学習が、多様で豊かな言語活動を含む、まさに総合的な単元となったとき、これらの目標が達成されるといえる。

三　単元「人は言葉で生きている」（中学三年）の場合

1　単元名　人は言葉で生きている——わたしたちの学習発表会——

2　単元設定の理由

四月の出会いから、三か月あまり「ことばで人間関係を作る」を第一の目標として国語の学習を進めてきた。しかし、国語教室においても、教室以外においても、ことばのやりとりを通してよりよい人間関係を作り、高めあっていける状況にあるとは言い難い状況にある。そうした、高めあい、育て合う学習環境を作っていく上での障害となっているのは、学習者の心の中にある優劣の意識である。間違えること、笑われることなど、他の学習者の反応をおそれて、自分の考えや思いをのびのびと語れない状況が、そこにはある。本単元では、個人発表、朗読発表、インタビュー、対談、鼎談など各自の個性や研究内容に応じてさまざまな形の発表形態を選び、発表することによって、優劣の意識をこえてのびのびと、しかも高めあっていける学習環境を実現させたいと考える。

発表会に向けての各自の研究テーマは、「言葉と暮らし」である。俳句、短歌、和歌など、日本人に親しまれてきた短詩系の文学や説明文の読み取りを通して、人が自分の思いをことばに表すことの意味、あるいは、ことばに支えられている私たちの暮らしについて、もう一度深く考えさせたい。日本文学の一つの形態として、知識獲得中心の俳句・和歌の学習にならないよう、学習者の興味や関心を、表現の裏にある人の心や暮らしに向けさせたい。

3　単元の学習指導目標

① 俳句・和歌の鑑賞を通して、表現の裏にある人々の暮らし、心にふれさせ、進んで読もうとする態度を育てる

② 進んで学習発表会に参加し、自らの考えを述べることのよろこびを味わわせる

③ 主に次のような言語能力を育てる

ア　読む

・作者の体験と表現の関係に気づき、読み味わうことができる

イ　書く
・調べたことを、発表形式にあわせて、順序よくまとめることができる
ウ　話す
・他の発表者と協力して発表することができる
・聞き手の反応を意識して発表することができる
エ　聞く
・発表形態の特色をとらえながら聞くことができる

4　学習指導計画（十四時間）

〈第一次〉　教科書教材「俳句への招き」「言葉と意味と経験と」「君待つと」を読み、俳句や和歌の基礎的な知識を身につけるとともに、経験とことばをつなぐ意味の重要性について考える。……九時間

〈第二次〉　俳句・和歌・ことばと暮らしなどに関する自ら選んだテーマについて、参考文献などを用いて、研究を進め、発表形態を選んで発表原稿を作る。……三時間

〈第三次〉　学習発表会を開き、発表をする。……二時間

5　学習指導の展開

学習目標
ア　進んで学習発表会に参加し、自分の考えを述べることができる

イ　聞き手の反応を意識して、（協力して）発表することができる
ウ　発表形態の特色をとらえながら、聞くことができる

一篇の詩は、わかる生徒にはパッとわかるだろうが、多くの学習者にとって、それは寝そべったままの死んだ活字にしか見えないのではないか。指導者は、寝た子を起こし、溌剌と遊ばせてやる役割、楽譜を起こす演奏家、台詞を立たせる演出家であると考える。

その意味において、学習者の実態に即した無数の演出の方法が、指導者自身の手にゆだねられている。いきいきと楽しみながら、ことばそのものを意識させるところに、韻文指導の意義があると考える。

そこで問題になるのは、知識伝達ではなく詩や短歌・俳句の世界の鋭さ、深さ、豊かさに、どのように自主的に個性的にふれさせ会得させるかということである。

そのためには、学習者の学習目標を朗読発表会や研究発表会での発表におき、朗読練習や研究の過程で、学習者自身が自然な形で作者の表現の裏にある心や暮らしに迫れるような学習指導をと考えた。

三年生の教科書教材（光村図書）の俳句・和歌に関する教材文を、鑑賞を中心に重ねて学習していく間に、学習者に研究してみたいテーマについて考えさせておく。その後、七十数冊の参考文献や辞書・事典などを用いて、研究したことを、学習発表会の場で発表させる。発表は、個人で、あるいはグループで、形態も朗読、研究発表、インタビュー、対談、鼎談などさまざまな形の中から自由に選択させるようにした。学習者の選んだ発表内容・形式は、鼎談「夏の季語を語る」、個人発表「季語　今むかし」、対談「仮名文字のできるまで」、インタビュー「尾崎放哉」、自作朗読「W杯を詠む」など一クラスで十七と、実にさまざまであった。

学習者にとって、研究や友達の発表を聞く中で、俳句や和歌に興味を持ち、新たに拓かれていく面が多かったこ

とが、学習後の感想にうかがえた。音声言語面の訓練という点では、まだまだ多くの課題を残した発表会ではあったが、指導者として得るところも、また多かった。

〈資料1〉私の好きな一首（新古今和歌集）

＊　さあ、いよいよ研究に取り組もう！

研究テーマは、大まかにいうと、次のようなジャンルにわけられる。

1　歴史研究

・俳句の始まり　・和歌の始まり　・俳句が最も栄えた時代　・詩の歴史　・昔の俳句と今の俳句
・最古の俳句　・俳句を愛し広めた人は　・俳句のルーツ　・俳句の歴史　・俳句、和歌の変化
・昔の人はどんな暮らしのなかで和歌や俳句を生み出したのか　・俳句の由来　・和歌のルーツ

2　作品（集）、作者研究
・一つの和歌を取り上げて　・一つの俳句を取り上げて　・一人の俳人、歌人について
・ジャンル別研究　（自由律俳句の研究　東歌の研究　防人歌の研究……）
・作品と時代背景

3　表現技法研究
・季語　・切れ字　・字余り　・擬態語、擬音語　・仮名遣い　・方言

4　比較研究
・俳句今昔　・擬態語今昔　・季語今昔　・天皇の歌と庶民の歌
・言葉と時代背景　・言葉と暮らし

5　その他
・自作俳句　・俳句ランキング　・語彙、言葉研究　・テーマ別

○研究テーマ

○研究方法

〈資料2〉わたしたちの学習発表会

発表の方法は次のなかから選ぶ。

1　個人発表の場合

○プレゼンテーション方式

○朗読方式

2　二人組で発表する場合

○インタビュー方式

二人のうちどちらかが、インタビュアーになって、協力して調べたことを発表しやすいようにインタビューしていく。

○対談方式

二人が、互いに調べ合ったことを聞き合い、最後に互いの発表から学び合ったことをまとめて発表する。

3　三人組で発表する場合

○鼎談方式

三人が、互いに調べ合ったことを聞き合い、最後に互いの発表から学び合ったことをまとめて発表する。

○発表方法　（個人・二人・三人）で（　　　　）方式

パートナー　（　　　・　　　）

○参考文献　一覧表

	書名	著者	出版社	メモ
1	NHK俳壇7月号		日本放送協会	
2	NHK歌壇7月号		〃	
3	NHK人間大学　万葉の女流歌人たち	杉本　苑子	〃	
4	俳句の作り方	鈴木　貞雄	日本文芸社	
5	俳句とともに	星野　椿	〃	
6	17文字の孤独	大高　翔	角川書店	
7	初めて短歌を作る	生方たつゑ	主婦の友社	
8	旅の詩　詩の旅	佐佐木幸綱	時事通信社	
9	俳句の作り方	辻　桃子	成美堂出版	
	方言なんでも事典	三井はるみ	金の星社	

書名	著者	出版社	メモ
古文の読みかた	藤井　貞和	岩波書店	
清川妙の萬葉集	清川　妙	集英社	
万葉の百人一首	犬養　孝	偕成社	
古今・新古今の秀歌１００選	田中　登	〃	
万葉風土記	猪股　静弥	〃	

〈資料3〉一人で発表する場合　わたしたちの学習発表会　発表の手引き①

1　わたしが、俳句や和歌を通して、人間のことばと暮らしについて考えていく中で、一番興味を持った問題は、（　　　　）についてです。

2　わたしは、このテーマについて（　　　　）という角度から調べてみました。

3　そしてわかったことを、おおまかに説明しますと、

4　そして、特に注目したいところは、ここです。

〈その部分を提示し、説明する。〉

5　このテーマを通して、私が考えたことは、

〈資料4〉二人で発表する場合　発表の手引き②　インタビュー方式

Q1　（　　　　）さんが調べたことを教えてください。

A1　わたしが、俳句や和歌を通して、人間のことばと暮らしについて考えていく中で、一番興味を持った問題は、（　　　　）についてです。

Q2　その問題について、もう少し詳しく説明してください。

A2　わたしは、このテーマについて（　　　　）という角度から調べてみました。

Q3　研究の結果わかったことについて話してください。

Ａ３　わかったことを、おおまかに説明しますと、

Ｑ４　今回の研究をとおして、特に強く感じられたことはどんなことですか。

Ａ４　わたしが、特に注目したいところは、ここなんです。

〈その部分を提示し、説明する。〉

そして、このテーマを通して、私が考えたことは、

Ｑ５　（　　　　）というところがわかりにくかったので、説明してください。

Ａ５

Q6　わかりました。（　　　　）のところは（　　　　）というふうに考えたらいいのですね。
A6　はいそうです。
Q7　きょうはどうもありがとうございました。
A7　ありがとうございました。

〈資料5〉二人で発表する場合　発表の手引き③　対談はこんなふうに

A　Bさんの研究したことについて話してください。
B　わたしは、（　　　　）について、調べてみました。
その結果わかったことがあります。

A　今の話を聞いて、Bさんに、いくつかお尋ねしたいことがありますが、いいですか。
A　〈用意していた質問をする〉
B　〈質問に答える〉
・・・・・

B　では次に、Aさんの研究したことについて話してください。

A　わたしは、（　　　　　　）について調べてみましたが、
　　その結果、わかったことについて話します。

B　今の話を聞いて、Aさんにいくつかお尋ねしたいことがありますが、いいですか。

B　〈用意していた質問をする〉

A　〈質問に答える〉

・・・

A　わたしたち二人が調べてきたことを、総合して考えると、結局

ということがわかりますね。今日はどうも貴重なお話をありがとうございました。

B　ありがとうございました。

〈資料6〉三人で発表する場合　発表の手引き④　鼎談はこんなふうに

A　Bさんの研究したことについて話してください。

B　わたしは、（　　　　）について、調べてみました。
その結果わかったことがあります。

A　今の話を聞いて、Bさんに、いくつかお尋ねしたいことがありますが、いいですか。

A　〈用意していた質問をする〉

B　〈質問に答える〉

・・・・

C　〈ABの応答を聞きながら、浮かんできた質問をする〉

B　〈Cの質問に答える〉

A　では次に、Cさんの研究したことについて話してください。

C　わたしは、（　　　　　　）について調べてみましたが、
その結果、わかったことについて話します。

B　今の話を聞いて、Cさんにいくつかお尋ねしたいことがありますが、いいですか。

B　〈用意していた質問をする〉

C　〈質問に答える〉

・・・

A　わたしも、（　　　　　　）について調べてみましたが、

だと思いました。

A　わたしたち三人が調べてきたことを、総合して考えると、結局

ということがわかりますね。今日はどうも貴重なお話をありがとうございました。

B・C　ありがとうございました。

5　学習者の主体性に培う説明的文章の学習指導

――単元「異文化交流を考える」（中学三年）の場合――

一　はじめに

とどまることを知らない情報化の波が、学習者のことばの生活にも押し寄せている。学習者の日常にはさまざまな情報があふれているが、実は、ごく偏った種類の情報を一方的に受け取る場合が多く、自らが、主体的に情報と関わり、取捨選択し、思考し、また新たな情報として送り出すというよろこびからは、遠いところにいるように思われる。テレビからも、ファミリーコンピュータからも、情報誌からも、情報は簡単に手に入り、そして、少しだけ感情や思考を刺激したあと、通り過ぎていく。そうしたことの連続が圧倒的に多いのではないだろうか。自ら求めなくとも、与えられる状況がそこにはあるといえる。

しかし、自ら情報を求め、調べ読んでいく活動の中に、このうえないよろこびを発見している学習者もいる。

わたしを変えた一つの「出会い」それは、わたしを科学の世界へ引き込んだ『ニュートン』という雑誌です。わたしはこの『ニュートン』を小学校の四年生の時に読みはじめました。最初は、ただ星に興味があって書いている内容の三分の一くらいしか理解できていなかったけれど、のっている写真がきれいだったのでずっと読み続けていました。それからだんだん、書かれていることでわからない言葉などがあれば、辞書、辞典で調べていくようになりました。そして、星について書かれている本をどんどん読んで、吸収していきました。

そうしているうちに、わたしの興味、関心の対象はだんだん「星」から「生き物」へと移っていきました。このときも『ニュートン』は、わたしの知識の源になってくれました。また、最初から新しい分野、わからないことだらけ、でもわたしはそのことが楽しかったのを覚えています。自分の知らなかったことが、知っていることに変わるうれしさがわかりました。いろいろな本を読み調べて、知らなかったことを、知っている、わかっていることに変えていく。そして、吸収した知識をもとに「わたし」も変わっていく、それが楽しい。

最近は生物についてわかっていくと同時に、新しい興味のタネにも出会いました。これも一つの出会いです。病気や遺伝についてです。今度もまた、『ニュートン』やいろいろな本の助けをかりて知識をふやしていきたいと思っています。そして、その知識を生かして今起こっている地球上のたくさんの問題についても考えられる人になろうと思っています。（傍線引用者）

ふとしたことで読み始めた雑誌がきっかけとなって、読書生活への扉が開かれ、わからないことを調べ読むうちに、知りたいことがどんどん生まれ、いっそう読書への興味・関心・意欲が高まっていくようすがよくわかる。また、学習者自身が、そのことに限りないよろこびを感じていることがうかがえる。文字どおり読むべき対象といきいきと対話しているような感がある。この学習者の場合は、家庭での読書がきっかけとなって、読むことのよろこびを感じとっているが、国語教室にあっても、当然、このような機会が計画されるべきなのではないだろうか。

学習者の将来にわたって「生きて働く学力」を考えるとき、国語教室をまず与えられる世界から、自ら行動的に求めていく世界へと転換していくことが必要であると考えた。野地潤家先生は、その著書『教育話法入門』（一九九六年七月、明治図書刊）において、今日の子どもたちの言語能力の貧困化について、次のように述べておられる。

総じて言えば、子どもたちの言語能力（↓対話能力・討議能力）の貧困化は、家庭・学校における本格的な指導の不在に負うている。ほんものの話し聞くことの教育の復活・新生こそ急務である。
しかし、家庭生活や学校教育の場から後退してしまった話し聞くことの教育を本格的に復活させ活気あらしめるのは容易なことではない。対話を成立させ、機能させるには、話し手としての子どもたち一人ひとりの自己確立（発達段階に応じての）を要する。このことはまた、現代の学校教育が子どもたち一人ひとりの主体性を真に育てているかにかかってくる。つまりは、現代の教育のありかたまでが問われてくるのである。応急的対策で、明るい見通しが得られるような問題ではなく、ますます困難さを増してくる問題である。

（野地潤家著『教育話法入門』、一九九六年六月、明治図書刊、二〇八〜二〇九頁、傍線引用者）

ここで野地先生は、主として話し聞くことの教育に関して、学習者一人一人の自己確立と真に主体性を育てていくことの必要性を説いておられるが、このことはまた、読むこと、書くことの教育についても同様であるといえる。テクストと対話し、そこから、自らの課題を見つけだし、苦労しながらも自分の力で課題の解決に取り組むこと、またその活動の中で、自分なりの考えを持ち、表現できること。そのような学習者の主体性に培う国語教室でありたいと考える。

ことに、説明的文章の学習指導では、「探す・調べる・集める・取捨選択する・分類整理する・関係づける」といった多様な活動を通して、自立的な学習者を育てたいと考えた。そのためにはまず、教材を複数化することが必要になってくる。複数の教材を読み、自分にとって必要な部分を探し、そこから得られた情報の関連性を見つけだしながら、分類整理していく活動は、読みの主体性へとつながっていくと考える。

また、最終的な学習目標を「新たな情報を発信する」ことにおき、読み取ったことをまとめていくという活動の中で、関係づけるという活動を重視することによって、単に関連性を見つけだすことのみにはとどまらない主体的、創造的な営みの基礎に培いたいと考えた。単に読み取ったことの要約をするのではなく、テクストとの対話や、指導者や学習者相互の話し合いや対話を通して、時には地域社会とも交流しながらえられた情報をもとに、自分の問題解決のために関係づけながら生かし、表現する活動の場を重要視したいと考え、本研究主題を設定した。

二　単元「異文化交流を考える」（中学三年）の場合

単元「異文化交流を考える」は、平成八年九月から十月にかけて、川島中学校三年生三クラス一一三名を対象に実施した単元である。

この単元は、国際化、異文化交流の視点に立って、自国や他国のそれぞれの文化や価値観の違いに着目した複数教材をもとに、先の「研究主題について」で示した学習活動の場を設定した単元であり、二つの小単元「ディベートの立論をしよう」と「国際社会の一員として」からなっている。

1　単元設定の理由

義務教育の最終段階を迎えた学習者が、卒業後も、自らの興味・関心にそって、あるいは必要に応じて、自発的にさまざまな読書を経験し、読み取ったことを自らの生活に生かしていけること、これこそ、「生きて働く学力」であり、説明的文章の学習指導でもめざしたい力である。自らのテーマに導かれながら、さまざまな読みの方法を経験しつつ、最終的には、自分の考えを表現できることをめざす、学習活動の場を設けたいと考えた。

この単元では、学習者が、一つのテーマにそって、比べ読み、重ね読む活動を大切にしたい。また、他の学習者の発表を聞く活動を通して、新しい世界や、価値観に出会う場にしたい。読んでいくうちに新しい世界に気づき、さらに知りたいという気持ちがわきあがってくるような、しらずしらずのうちに引き込まれるように読んでしまうひとときを経験すること、友だちの発表を聞くうちに、あるいは調べ読むうちに、ここはどうなっているんだろう、この点はどうなんだろうというように疑問が疑問をよんで、読みひたってしまうような時間にしたいと考えた。

また、調べ読んだことをまとめるという活動の中で、情報を分類整理し、関係づけをする必要が出てくるが、困難をともなうこうした学習活動の中で、一つの物事をいろいろな角度から見ることができること、世の中にはいろいろな違った考えを持つ人がいるということ、価値観は一つではないということ、それぞれのよさをとらえるということにも気づかせ、そのことによろこびを見いだせる学習にしたい。

2　単元目標

① 自分なりの意見を持つことによって、自己確立の基礎に培う
② 国際化、異文化交流の視点に立って、さまざまな文化や価値観のあることに気づかせる
③ 自らのテーマにしたがって読むことによろこびを見いだし、進んで読もうとする態度を育てる
④ 主に次のような言語能力を育てる

ア　読む

・文章構成を活用して、自らのテーマに必要な部分を見つけだすことができる
・読み取った情報を分類整理するための関連性を見つけだすことができる
・読み取った複数の情報の一部を関係づけることができる
・読むことによって、さらに新たな問題点を発見することができる
・筆者の考え方がどのような事実に基づくのか、また論理に偏りがないかを読み取ることができる
・意識的に読む速さを変えることができる

イ　書く
・事実と意見を分けて書くことができる
・読み取った情報を再構成して、自らの表現に生かすことができる
・読み手の反応を意識して書くことができる

ウ　聞く
・自らの考えと比較しながら、批判的に聞くことができる
・聞くことによって、さらに新たな問題点を発見することができる

エ　話す
・ディベートでの発言（立論）の方法を知る

3　教材

①　教科書教材　「根拠を明らかにして」（向坂寛「筋道をたどり理由を示す」松本道弘「ディベートとは」）／やまもとくみこ「犬に名前のない社会」

②　新聞記事　魯迅「故郷」／嵯峨信之「ヒロシマ神話」／猪口邦子「パールハーバーの授業」
「韓国のイヌ料理　動物虐待ｖｓ．食の文化」（一九九六・七・五、朝日新聞）／
「原爆投下問い直す米マスコミ」（一九九五・八、朝日新聞）／
「たった一人の平和運動」（一九九五・七・一六、朝日新聞）／
「日本には親しみと不信」（台湾）「日本の『今』問う生徒ら」（韓国）（一九九五・八、朝日新聞）／
「育て　小さな町の国際貢献」（一九九六・五・一九、朝日新聞）

③　その他の資料　新村　徹「われら劣等国民」／魯迅年譜／国際ボランティア貯金普及協会機関誌「クローバー」／同「国際ボランティア通信」／同「国際ボランティア貯金の概要」「国際ボランティア貯金の現状」「開発途上地域における国民生活の現状」「NGOについて」「国際協力に関する作文の募集」

④　学習の手引き　「ディベートの立論」をするための手引き／「犬に名前のない社会」まとめ〔文化の相対性を理解する〕

4　学習指導計画（十八時間）

〈第一次〉　教科書教材「根拠を明らかにして」（『国語3』、光村図書）を読み、「ディベートの立論をしよう」の学習計画を立てる。……………………………………一時間

〈第二次〉　新聞記事「韓国のイヌ料理　動物虐待ｖｓ．食の文化」（一九九六・七・五、朝日新聞）を読み、ディベートのための立論をする。……………………………………二時間

〈第三次〉　教科書教材「犬に名前のない社会」（やまもとくみこ著、教科書では別単元「現代を生きる」所収）を重ね読み、両者の関連性を考えながら「文化の相対性」についての短い意見文を書く。……………一時間

〈第四次〉　意見に補正を加えた上で、互いの立論を発表し合う。……………………一時間

〈第五次〉　郵便局よりいただいた「国際ボランティア貯金」に関する資料を読み、「国際社会の一員として」、ことにアジアの一員として自分なりの意見を持てるよう、単元後半の学習計画を立てる。…………一時間

〈第六次〉　教科書教材「故郷」「ヒロシマ神話」「パールハーバーの授業」、原爆投下に関する新聞記事「原爆投下問い直す米マスコミ」（一九九五・八、朝日新聞）他四種類の記事を比べ読み、意見文を書くための準備

をする。……………………………………………………………………………十時間

〈第七次〉　意見文を書き、単元のまとめをする。………………………………二時間

5　学習指導の展開

〈第一次〉

教科書教材「根拠を明らかにして」を読み、ディベートの方法を学習する。今回の学習では、立論の部分を中心に学習計画を立てた。話し合いの学習では、失敗は許されない。学習者の話し合う力から考えると、今回は「ディベート」の形を使って、立論することを学習の目標とした。学習者にとって、ただ教科書を読んだのみでは、イメージをつかみにくいようであった。しかし学習者は、四月の時点で「出会い」をテーマにしたシンポジウムを経験しており、話し合うこと、友の意見を聞くことへの期待感は強く感じられた。

〈第二次〉

ディベートのテーマは、「韓国のイヌ料理」否定か、肯定かである。新聞記事には、動物虐待の観点からの否定的意見と、韓国独自の食文化として認めるべきであるという肯定的意見がいくつか挙げられているが、両者の意見を比べ、調べ読んでいくなかで次第に自分の意見を固め、自分にとって必要な部分を取捨選択できることをめざした活動の場とした。

学習者にとって「犬を食する」という韓国の食習慣は、かなりの衝撃と興味を誘う話題であったようである。そこで読後まず、記事の横に自らが「イヌ料理」否定派か、肯定派かの立場をはっきりさせたうえで、文章中から肯定、否定の根拠となる意見をできるだけ多く抜き出し、メモした。補身湯《ポシンタン》（犬の肉を使ったスープ）を韓国独自の食

文化として肯定するものと、動物愛護の観点から否定するものの数はこの時点で半々であった。
次に、記事を繰り返し読みながら、立論のための手引きに従って立論をする。この時点で、先にとった記事からの抜き書きメモに、学習者独自の意見をプラスしていく。また、独自の意見を盛り込んだ方がより説得力が増すことに気づかせ、立論をする活動の中での自己評価の観点ともした。

〈第三次〉

「韓国のイヌ料理」の記事には、「文化の相対性を理解する」という一節があるが、今回の学習のキーワードでもあり、具体性に乏しく理解しにくいことばでもある。そこで、教科書では、別の単元の教材ではあるが、北タイのカレン人の村の犬と人間の関係を具体的に述べた「犬に名前のない社会」を重ね読んで、文化の相対性について具体的に考えることにした。
学習者は、「韓国のイヌ料理」「犬に名前のない社会」を重ね読むことによって、日本、韓国、タイの三つの異なった文化圏における犬と人間の関係の違いについて考え、関係づけ、自分なりの意見をまとめようとしていた。一つの教材だけで得られなかった効果として、異なった文化のあり様を実感し、それぞれの文化の独自性をそれぞれの良さとして理解していったように思う。

〈第四次〉

第三次で気づいた文化の相対性を考慮に入れながら、立論の仕上げをし、発表した。友の立論を聞くことにより、自己の立論のよい点、不十分な点を自己評価することができた。正式な判定は、立論の発表のみだったのでおこなわなかったが、発表後の感じでは、やや「イヌ料理」肯定派が増えたように思う。

〈第五次〉

後半の学習では、前半の学習で異文化理解の視点を生かしながら、国際社会の一員としての生き方について考える活動を中心とした。ここでは、郵便局の「国際協力に関する作文募集」に応募することを、学習者の直接の学習目標とした。

学習者にとって、国際交流や、国際ボランティアの問題は、なんとなく知っているけれども、実感のともないにくい問題でもある。そのために、国際ボランティア貯金普及協会発行の国際ボランティア貯金の仕組みや、ＮＧＯの活動状況などの資料を調べ読んでいった。また、中間発表の形として、新聞記事「育て 小さな町の国際貢献」を読み、「私にとって国際交流とは？」という題で、さまざまな資料を読んだ感想をまとめた。

〈第六次〉

さらに、小説「故郷」、詩「ヒロシマ神話」、「パールハーバーの授業」や原爆投下に関する新聞記事などの説明的文章を読んでの気づきをメモしながら、いろいろな読み方で読み進めていった。この活動を通して「アジアのなかの日本」を、日露戦争以後の時代的背景を考えながら、立体的にとらえていくきっかけをつかんだように思う。

ことに、自分の国―日本―を太平洋戦争の被害国として、一面的にとらえていた学習者にとって、「パールハーバーの授業」、タイで暮らした経験を持つ児童文学者鶴文乃さんの現地で感じた反日感情についての考え、同世代の台湾や、韓国の中高校生の日本観を読むことによって、戦争の加害国としての日本について気づかされたようである。

〈第七次〉

さまざまな資料から得られた「異文化交流」や「国際ボランティア」、「アジアの中の日本」についての情報を関係づけながら、各自八百字程度の意見文をまとめた。書く材料は多くあったので、大多数が、二時間で書き上げることができた。

6　学習者の意見文

「募金をおねがいします。」と、何度かボランティア活動に参加している人たちに声をかけられたことがあります。その時、手もとにもっていた一円や十円を募金しました。でもそのお金はいったいどこへいって、どうなっているんだろうと思っていました。それがアジアの食べ物に恵まれていない子どもたちや、教育を受けられない子どもたちのためにもつかわれているということは、最近わかったような気がします。

でもそのお金は、タイの人のためにも使われていると知ったとき、わからなくなったことがありました。授業でもらった資料の中で、タイの人の中で日本人を嫌っている人がいるということがわかりました。不思議に思いました。日本人は、募金をしたり、ボランティア活動に参加して、少しでも発展途上地域の人の力になろうと思っているに、なぜ、日本人を嫌う人がいるのだろうと思いました。朝鮮や中国でも日本人を嫌っている人がいるとわかりました。不思議だなと思って、ほかの資料も読んでみました。

それは、昔の戦争にかかわっていました。わたしは「日本人はずいぶんひどい目にあったんだなあ。原爆を落とされて、たくさんの人が死んでいった。」と思っていたけれど、そう思っていた自分が恥ずかしくなりました。日本人も、朝鮮やたくさんの国に、ひどいことをしていることがわかりました。

どちらが悪くて、どちらが良いというのでないのです。でもアメリカの人は、「戦争を終わらせるために、原爆を落とした」と原爆を落としたことが正しかったように述べていました。おかしい、話し合いで戦争をやめることはできなかったのかと思いました。

日本人とアメリカ人と別々には、わたしは思っていません。すべての国の人々は、同じ人間です。世界中の人みんな一つの家族だと思っています。だから、写真やポスターで、発展途上の地域の人々の困っているようすを見ると、「どうにかしなくては」と思います。「たった一円くらい募金しても」と思わずに「わたし一人でも」という気持ちに、みんながなったら、すごい力になって、少しは発展途上の地域の人を救うことができると思います。

国際社会について、僕は今まで全く興味がなく、何も知りませんでした。他の国のことについても何も知りませんでした。国際協力についても興味がありませんでした。しかし、国際社会についての勉強をしたり、資料を読んで、いろいろなことがわかりました。その中でいろいろな国際問題があることもわかりました。例えば、日本と他の国の関係を調べたときは、特にいろいろなことがわかりました。

台湾の学生の意見を書いてある資料をみたときは、むこうの若い人たちが日本について、「科学技術がすばらしい。」「戦争に負けたのにここまで復興したのはすごい。」「カラオケやテレビゲームなど、とても豊かなイメージがある。」などと書いてあったので、日本という国は台湾の印象がいいのかなと思いました。でもすぐその後に、日本の侵略について意見を聞くと、「戦後は軍事力のかわりに経済力を使ってアジア征服をねらっている気がする。」とか「世界一の経済力を持ちながら、発展途上国への援助や平和運動の取り組みに積極性が感じられない。」などという厳しい意見も書いてありました。

そして、その意見の中で特になるほどと思う意見がありました。「政治家の戦争への認識がこの程度なら、日本の若い世代に戦時中の日本の行為が知らされていないのでは。」という意見です。なぜこんな意見があったのかというと国会が採択した「戦後五十年決議」の中の決議文の表現があいまいという不満があったからです。

確かに、若い人たちは、戦時中のことなんかに興味がないと思います。だからこれから、日本が国際社会の一員として他国と協力しあうには、戦時中の日本がどんなことをしてきたか知り、反省・謝罪することが大切だと思います。それによって、他の国の日本への不信感も少しはなくなると思います。それこそが、僕ら一人一人が国際社会の一員としてなすべき第一歩と思います。

海外で何があったのか、今どんなことが起こっているのか、わたしは、全然知りませんでした。ある日、国語の授業で、アジアの中高生にインタビューした、新聞のコピーをもらいました。「経済成長に驚く生徒」という見出しで、台湾の高校生が、今のわたしたちについて意見を述べていました。その意見とはこういうものでした。「日本は、世界一の経済力を持っていながら、発展途上国への援助や平和活動の取り組みに積極性が感じられない。」私は、この意見を読んでもまだ、「わたしがちょっとくらい募金したって何も変わらないし、関係ない」と思っていました。

でも、授業がすすんでいくのにつれて、今現在アフリカなどで、一日一日を必死に暮らしている人の気持ちもわかって、わたしが今まで関係ないと思い、食べ物を粗末にしていたことなどを思い出して恥ずかしく思いました。それと同時に、台湾の高校生がいっていたことが、わたしにそっくりそのままあてはまることに気づきました。それに、台湾の高校生は、今の日本の現状を、あるがままに知っています。でもわたしは、世界で何が起こっていて、どういう状態にあるかを全く知りません。そのことが、どんなに恥ずかしいことなのか、たったこの一枚の新聞で知らされました。

わたしは、世界の人のために何かしようとは思わず、何も人のことは考えていなかったけれど、台湾の高校生は何か人の役に立とう、少しでも、一人の人でもいいから幸せになってほしいと思っていることがわかりました。だからわたしは、これからは少しでも、台湾の高校生のような気持ちを持つようにし、できることからしていきたいと思いました。

記事などを読んで知ったことですが、たった三円で、ワクチンが買えるそうです。先進国にすんでいる私たちにとって、三円というお金は、ないに等しい金額だけれど、発展途上国に住んでいる人たちにとっては、子供や年寄りの命が助かる貴重なお金です。そして、たった三円というけれど日本中の人がその三円を払えば、日本中の一億二千万の人が払えばたいそうな額になります。

今、発展途上国では、お金がたくさんかかる問題が残っています。保健医療や子供たちの教育問題、それに、食糧問題などです。人間には、衣食住の保障が最低限必要です。でも、発展途上国では、食べるものにもなかなかありつけません。だから、衣と住を考える余裕などとうていありません。

私たちは、発展途上国の人たちの生活は、全く別のものと思っていように見えます。でも、身のまわりをみてみると、アジアの熱帯雨林の材木が、とても安い値段で、使われていたりします。

日本は、高度経済成長を遂げた国です。そして、アジアの一部分です。だからこそ同じアジア人として一緒になって考えなければなりません。例を挙げると、資源のことです。限りある資源を私たちは、発展途上国から購入し、そして、無駄づかいをしています。こういうことを考えたら、何が何でも一緒に考え、発展途上国のために、できることをすべきだと思います。

国際協力という言葉は、僕は、あまり意味がわかりませんでした。テレビや新聞などでは、国際協力のことをたまに取り上げたりしますが、意味のわからないまま聞いていました。

つい最近、社会の授業で、カナダの国から大量に木材を輸入していると聞きました。聞いたときは何も思いませんでしたが、だんだん話が進んでいくうちに、とりあえず何も使用目的が決まらないまま、木を伐採して輸出することもあるそうです。社会の先生は、日本も悪いと言っていました。カナダの木材がやすいから大量に輸入するらしいのです。日本も、他の国のことを考えていかなければいけないと思います。

僕はこんな国の一人です。こういうことで国際協力とかいってもむなしいです。まずは何をすべきかを考えるべきだと思いました。国際協力ができる人、それは相手の立場に立って行動できる人だと思います。

つぎに、国際交流をすると言《ママ》うことは、異文化を学ぶことだと思います。例えば、韓国では、犬を食べます。西洋では、犬はペットとしてかわいがられていますが、韓国では食用の犬もいます。これらは、他の国からは批判されていますが、しかし他の国の文化や伝統をとやかく言うことはないと思います。しかも日本人もくじらを食べています。これも世界から大きな批判を受けています。

まだ僕の知らないことがいろいろあるかもしれませんが、それが異文化との出会いであり、異文化を知り楽しんでいきたいと考えています。異文化を学び、いいところを吸収し、違っていても理解し、これからも異文化とのいい出会いを待ちたいと思います。

もし、「あなたが、第二次世界大戦で、日本が受けた被害だけを思い浮かべるとしたら、何が浮かびますか。」とある人に聞かれたら、私たちは何と答えるでしょうか。私なら、広島・長崎の原爆投下、東京大空襲、ひめゆりの塔など最低でも三つは浮かびます。では、逆の質問、「あなたが、第二次世界大戦で日本が他国に対して加害の立場に立ったことを思い浮かべるとしたら何が浮かびますか。」と質問されたら、私たちはどのくらい答えられるでしょうか。私なら南京大虐殺の一つしか浮かびません。

日本はアメリカの攻撃で、大きな被害を受けました。しかし、日本はそれと同じくらい東南アジア諸国や中国、朝鮮などの国々に被害を与えたはずなのに、加害の歴史にあまりふれられていないような気がします。その証拠に、原爆などの写真集みたいなものはたくさん出ているのに、南京大虐殺などの資料はあまり見られません。第一原爆の悲劇が起こったのは、日本がアジア諸国を侵略しようとしたのが原因です。かといってアメリカの行動を肯定するわけではありませんが、アジア諸国などの人々は、原爆の恐ろしさを知らずに、原爆投下を喜んだのです。日本は、それほど残酷な行為をしたのでしょう。

今、日本は、戦争を放棄し平和主義の国になっています。私たちがやらなければならないのは、被害と加害の立場に立って、戦争の真実を追求することだと思います。戦争の問題に国民が関心を持ち、謝罪意識を持てば、戦争のおろかさがわかるのではないでしょうか。戦争をなくす、または戦後処理を解決するには、戦争のすべてを知ることが必要だと思います。

7　評価について

① 他者の意見を興味・関心を持って読み、また聞き、それぞれのよさや違いに気づくことができたか。（対話、発表、学習活動を通して）

② 問題意識を持って楽しみながら読み、読むことによってさらに問題点を発見できたか。（対話、学習活動を通して）

③ 立論、感想、意見文に自分なりのとらえ方、ものの見方、考え方が反映されているか。（学習記録、作品を通して）

④　学習後の読書生活に国際交流、異文化理解への興味や関心の高まりが見られるか。
（図書の利用や、日常会話を通して）

三　学習指導の成果と今後の課題

学習者の多くが、一年間の国語学習の中で最も印象深いものとして、この「異文化交流について考える」を挙げている。変化のめまぐるしい現代にあっては、学習者が一つのテーマについてじっくり考えるという機会の乏しいことにあらためて気づかされる。国語教室では、時間をかけて自分の力で情報を収集し、苦心しながらも自分自身の手で、何かをつかみ取っていくよろこびを味わう機会を多くしたい。

一方で、今回の学習のまとめを読み返してみると語彙の貧しさや、言いたいことが十分に述べられていない表現の未熟さが目立っているように思う。説明的文章の指導においても、語彙指導面での配慮を忘れず、中学生としてぜひ身につけさせておきたいことばを、確実に身につけ、表現できるよう指導していきたい。

生きて働く学力はまた、生涯を通じて学び続ける自己学習力とも深くかかわっている。自らの力で問題や課題を解決していこうとする力を育てていくとともに、価値観の多様化する現代にあって、自らの主張を価値あるものに高めていく自己評価力の育成も、今後の課題としたい。

6　古典単元学習の試み
——単元「旅と私」（中学三年）の場合——

一　はじめに

中学校に入学したばかりの学習者が、国語学習のどこに苦手意識を持つのかを見てみると、漢字、作文、長文を読むことに対してであることが多い。しかし、学年が進むにつれて、それらは、中学校で初めて体系的に学ぶ文法、古典への苦手意識に変わってくるように思える。そして、それは文法や古典の学習における何らかの理解のつまずきからくるものと思われる。

中学校における古典の学習では、まず、仮名遣いもことば遣いも異なる古典の文章を読むことの抵抗を取り除くことが、肝要であると同時に、時代を超えて日本人に愛され続けてきた、豊かな古典の世界そのものに眼を開かれる国語教室にしたい。学習者が将来にわたって古典に親しみ、そのことによって自らの言語生活をより豊かなものとしていけることを目標として掲げたい。大村はま氏は自身の古典観について次のように述べている。

まず私が考えましたのは、古典に親しむ、古典に書かれている内容については子どもは必ずわかる、——それ以上に引かれる、ひびきあえる、それがもしそうでないとしたら、それは古典といわないのではないかと思いました。古典という名にふさわしく、長い年月、いろいろの時代、いろいろの人の心とひびき合って伝えられてくるはずがないと思ったのです。
ですから、その表現の壁を今までの注釈でないくふうで、取ってやれば、古典は、その作品そのものが子どもたちをじかにとらえるに違いないと思いました。じかにふれ合い、そこに親しみがわくに違いないと思いました。材料を選ぶこと、そしてテキストの作り方だなと思ったのです。

(『大村はまの国語教室2　さまざまのくふう』、昭和五八年一〇月一〇日、小学館刊、九七頁)

中学校三か年の国語学習も最終段階をむかえる時期の古典の学習においては、材料を選び、テキストの工夫をして、「古典に親しむ」という目標が、十分に達成されるようにしたい。

二　単元「旅と私」(中学三年)の場合

1　単元設定の理由

旅は、いつの時代も一つのあこがれを持って人々を非日常へと誘い続けてきた。別れの悲しみや前途への不安はつきまとうが、人は新しい何かを求めて旅にでた。西行も業平も、芭蕉も然りである。学習者の日常にも、旅への誘いや旅の情報はあふれている。テレビのチャンネルを回せば旅の情報番組や体験談、書店の店頭にもさまざまな旅の情報誌というふうである。

そこで、「はじめに」でも述べたように、旅をテーマにしたさまざまな古典を読みながら、昔と今の旅はずいぶん様変わりはしたものの、その根底にある人の心、昔も今も通じる旅の風情、旅の苦労などを味わうことによって古典に親しむ単元としたいと考えた。

また、実際の学習指導においては、傍注テキストを用いて、古典語の響きを大切にし、なおかつ注釈に頼らず古典語への抵抗を取り除くよう配慮した。

2　単元目標

①　古典を読む楽しさを味わい、古典に親しむ態度を育てる
②　課題意識を持って古典を読み、古人のものの見方・考え方の発見を通して、自らの生活を豊かにすることができる
③　主に次のような言語能力を身につけさせる
ア　読む
・新たな発見をしながら読むことができる
イ　書く
・読み調べたことを過不足なく説明し書き表すことができる
ウ　話す
・必要なことを抜かさずに無駄なく、グループで話し合うことができる
・三、四人グループの話し合いの司会ができる（二分の一の生徒）
エ　聞く
・古典語の響きの中に古人のものの見方・感じ方を聞き取ることができる

3　教　材

①　主たる教材

◎傍注テキスト
・『万葉集』から
・『古今和歌集』から
・『新古今和歌集』から
・「東下り」…『伊勢物語』から
・「夏草」……『おくのほそ道』から
◎古典解釈シリーズ『おくのほそ道』(全)　野崎典子著、一九七八年九月一一日、中道館刊

② 参考文献
・まんがで学習『奥の細道』を歩く　萩原昌好編、一九八九年七月、あかね書房刊
・くもんのまんが古典文学館『おくのほそ道』　平田喜信監修、一九九七年五月八日、くもん出版刊
・『奥の細道を読もう』　藤井圀彦編著、一九九三年一〇月、さ・え・ら書房刊
・古典解釈シリーズ『おくのほそ道』　飯田満寿男著、一九六八年一月二〇日、旺文社刊
・鑑賞古典文学『芭蕉』　井本農一編、昭和五〇年三月三〇日、角川書店刊
・『奥の細道を歩く』　井本農一ほか著、一九八九年八月一五日、新潮社刊
・日本発見『奥の細道』　安東次男文、昭和五六年九月一日、暁教育図書刊
・古典を歩く『奥の細道』　石倉昌治ほか編、一九八八年一一月三〇日、毎日新聞社刊

4　学習指導計画（十八時間）

〈第一次〉　和歌というタイムマシーンにのって、昔の日本へと旅をすることにする。そこで出会うさまざまな

人々、出来事を傍注テキストをもとにじっくりと読み、味わう。また、万葉・古今・新古今の歌の中でそれぞれ好きな一首を選び、発表する。……………………………六時間
〈第二次〉「こんな旅・あんな旅・今・昔」をテーマに伊勢物語の旅と現代の旅を比較する。「東下り」傍注テキストを繰り返し声に出して読むことによって、原文の響きも大切に味わう。……………四時間
〈第三次〉旅の情報誌　松尾芭蕉『おくのほそ道』を作ることを目標として、芭蕉が旅立ちに際しての思いをつづった冒頭の文章と、平泉の部分とを傍注テキストで繰り返し読み味わう。……………四時間
〈第四次〉『おくのほそ道』の全文中二十七箇所を取り上げ、三学年全クラス二十七グループが、それぞれの担当箇所の原文を読み調べ、芭蕉に代わって情報誌のための原稿を書く。……………三時間
〈第五次〉旅の情報誌を仕上げ、単元のまとめをする。……………………………一時間

5　学習指導の展開と学習者の反応

〈第一次〉
和歌の学習は、学習者にとってことばの抵抗が大きい。が、一方でその内容を理解することができたとき、時代を超えてそこに広がる世界を作者と共有するよろこび、独特のリズムを体で味わうことのよろこびもまた大きいようである。

大村はま氏が、古典の単元を構成するにあたって、質的にも量的にも豊かな古典の学習材をと配慮されたように、学習者の和歌との永続的な出会いを期する上では、やはり、教科書だけでは足りないと思われる。

学習者は、現代語訳も交えた補助プリントやテキストの中から自分の好きな一首を選び、暗唱して発表することに熱中していた。また級友の選んだ歌やその理由などを聞くうちにその歌の持つ新たな魅力に気づかされることも

多く見られた。

学習者Aは、この学習活動について次のように書いている。

昔の人は、決められた字数の中で簡潔に自分の気持ちを伝えている。いろいろな言葉を使って素直に表現している。和歌を学習してすごく思ったのは、言葉はとてもむずかしいということ。昔と今とでは、書き方も読み方も違うけれど、それをこえて、歌を読みとれたときの気持ちはなんともいえない。

和歌を読むことの困難さを挙げながらもそれを乗り越えて、読むことのよろこびに気づき始めている。

〈第二次〉

第一次では主に、作者とともに旅をしているような、作者と一体となった鑑賞の方法を体験してきたが、ここからはいよいよ旅そのものへと目を向けていきたい。

現代の旅と『伊勢物語』の「東下り」を比較する上で、次のような視点を設けた。交通手段、目的、食事、旅の楽しみ、旅の苦労、旅の風情の六つである。これらの視点に基づきまず現代の旅について考察し、そののちテキストの「東下り」を読んで、比較し表にしていった。

これらの旅を比較する上での六つの視点は、次の旅の情報誌松尾芭蕉『おくのほそ道』を作っていく上でも役立てていきたいと考えた。

〈第三次〉

第三次では、ことに原文を繰り返し読むことを大切にしたかった。
野地潤家先生は、『おくのほそ道』について次のように述べておられる。

それほどに推敲を重ねたということ、こういう優れた作品が、一人の読者が三百年ほど後に、その原文に接し、繰り返し読んでいるうちに、いつの間にか原文そのまま、全部すらすら言えるようになっている。そういう作品ができているということは、別の言葉で言えば、芭蕉という人が、やはり世界最高水準の人であった。紀行文ですけど散文詩のような、地の文を散文詩のようなと言ってもいい程に研ぎ澄まされておる。

（野地潤家著『国語科教育・授業の探究』、平成八年六月一〇日、溪水社刊、二四六頁）

原文を、教師が読み、学習者が読み、交互にあるいは一斉に、傍注テキストを用いて、繰り返し読む過程を大切にした。

〈第四次〉
第四次は、いよいよ情報誌づくりの作業活動である。ここで取り上げる『おくのほそ道』の原文は、高校生向けの『おくのほそ道』の注釈書をコピーしたものを使った。
二十七箇所を次のように選び、担当者を決めた。

草加	武本栄作・高橋進一・井元勝信
日光の麓	橋川恵子・守田光知恵・中山理恵
日光参詣	近久宏樹・中谷和博・平川義人
那須野	柿本晃洋・藤山篤志・尾池　愛・三木英恵

那須の殺生石	川村達也・市原　亮・猪岡睦子・鈴江真紀
蘆野の里	中　智美・後藤真理・矢田雅大・金崎慎也
白河の関	箕田悦晴・大岩元気・森本　歩・岸　夏子
しのぶのもぢ摺石	藤林卓也・篠原健二・川野真弘
飯塚	細堀真司・長尾祐太・原　雅人・河野靖之
松島湾	立石大祐・米倉智也・阿部千秋・後藤田純
松島	山口允瑠・永木弘孝・武田麻里・松田裕美
石巻	井内健一・鈴江崇生・北本友美・小林　翠
尿前の関	川村仁志・藤本悠貴・森口幸子・金澤ますみ
尾花沢	浅野隆幸・山下利章・岩瀬真知子・川村佳代
立石寺	後藤田健太・武田浩宜・岡田慶子・住友路代
大石田	久次米宏則・北谷隆策・石川麻里子・堀口恵
最上川	藤岡良太・堀川祐一・豆成弘子・岑田　茜
酒田	服部知忠・平井　隆・保清由香・松家由佳
象潟	筒井利行・高木俊秀・中野千弘・栩坂麻奈美
酒田から市振の関まで	妹尾和征・住友孝行・長野萩子・北原美和
市振の関	豊田　誠・佐伯佳則・中尾全志
小松	後藤田宏史・鎌倉　淳・小川美和・小椋まみ
山中温泉	岡田一浩・加藤忠光・市原るみ・江本一枝
福井	松本宏也・角南大雅・市原宏次・阿部陽介
種の浜	三東豊美・上久幸子
大垣	四宮治彦・古田直樹・槙野美奈・北原樹里

それぞれのグループで、担当する部分の本文が、すらすらと読めるようになるまで朗読する。次に訳文を見ながら、芭蕉になったつもりで、訪れた土地で何を見、何を聞き、何に感動したかを説明する。本文を読んでいない友達にもわかるように、俳句を詠んでいる場所では、必ず句の説明を入れる。五感を生かして説明する。また芭蕉㊙情報の欄には、当時の旅の様子がわかる情報を紹介することとした。

皆で調べたり話し合ったことを原稿にまとめていく作業は、それぞれに楽しいものであったようだ。できあがった原稿は前書き、目次、参考文献、後書き、奥付などをつけてB5判・三十四ページの情報誌ができあがった。

この学習は、障害児学級との交流学習でもあり、指導担当者二名の思いを込めて次のような後書きをつけた。

旅にあこがれる気持ちは、誰の心にもひそんでいます。松尾芭蕉は、自らの句の完成を求めて、今から三百九年前、東北地方へと旅立ちました。『おくのほそ道』は、その記録ですが、旅の記録というよりはむしろ心の記録、生きた証というべきなのでしょう。この『おくのほそ道』の文章を、芭蕉は生涯にわたり、推敲に推敲を重ねたと聞きます。それだけに、『おくのほそ道』の原文は、無駄のない文体で簡潔に、しかも読む人に多くのことを想像させる独特の味わいを持っています。また俳句と地の文がみごとに溶け合って、読む人を『おくのほそ道』の世界へと導いてくれます。今回、皆さんは口語訳をたよりに芭蕉の旅の道筋をたどっていきましたが、授業で冒頭の文章や平泉の場面を繰り返し読んだように、将来ぜひ原文でこの文章を味わってほしいと思います。

鳴門教育大学の野地潤家学長は、学生のころ、繰り返し全文を読み、気づいたことをカードにメモされ、そのカードがトランクいっぱいになった頃、ふと気がつくと、『おくのほそ道』の全文を、何も見ずに言えるまでになっていたそうです。

どうか皆さんも、古典に親しみ、古文の持つ独特の響き、そこにいにしえの人々の心を感じとれる人に成長していってください。それが私たちの願いです。

一九九八年　三月

〈第五次〉

できあがった情報誌を読み、単元の学習を振り返りながら学習のまとめをした。学習者の反応は次のようなものである。

・班の人たちと本を見ながら「どういうふうに書こうか」などとよく話した。できあがりを見てみると、「すごい」とか「カッコイイ」などと思った。作っているときは少したいへんだったけど、できあがりを見たらそんな思いもふっ飛んだ。これからも、源氏物語とか、読んだことのないようなものが読んでみたいと思う。

・現代との旅の違いがおもしろかったです。現代の旅も便利で楽で楽しいけれども、昔のような旅も、自分の足でその土地土地を歩いたり、馬でいったり、苦労しながらいくのもすごく楽しそうだなと思いました。情報誌を作っていく中で、先生が配ってくれたプリントをまとめて書くのがむずかしかったです。でもまとめる時、その文章を何度も読み返したので、自分の班の担当だった芭蕉のことがよくわかり、おもしろかったです。古典は、一回くらい読んだだけでは、なんかよくわからないけど、何度も読むと古典の楽しさがわかってくると言《ママ》うことを作っていく中で知ることができました。

・行ったことがない場所を、少しの資料や写真の中で、想像し考えるのは楽しかったけど、その反面、むずかしいと感じることもあった。でも、班の人たちが、自分とは違うイメージなどを持っていることを知ることができてよかったと思う。旅とは、いろんな場所で、たくさんの人に出会い、たくさんの経験をして、新しい自分を見つけられるものだと思う。

・旅の情報誌を作っていくために、芭蕉のことをいろいろ調べてみて、私の知らなかった芭蕉がたくさんあることに気づきました。どんな小さなことでも感動して句を詠み、また感動しすぎて句が作れなかったりと、なんか少し子供のような芭蕉が見られて、おもしろかったです。旅というのは楽しいことばかりだと思っていたら、途中で死んでしまうかもしれないと言《ママ》うぐらいたいへんなものだということがわかりました。

・今と昔の旅は全く違う。今は本当に便利だと思う。けれど、昔の不便な旅の中で、今では味わえないすばらしいものをたくさん発見できたと思う。旅の中では、泣いたり、喜んだり、自分の心に正直になれるのだと思う。今まで、よく知らなかった芭蕉のことがよくわかった。というより知ろうとしていなかった。でも芭蕉の旅を知っていろいろなことに気づいたと思う。「旅」というより「生き方」を求めてたんだと思った。芭蕉の生きていく中でのいろいろな感動が伝わってくる気がする。

6　評価について

① 古典学習に意欲的に楽しみながら取り組むことができたか。　（学習態度や学習記録を通して）
② 古典学習を通して、古人のものの見方や考え方を新たに発見できたか。　（学習記録や、旅の情報誌を通して）
③ 学習後の読書傾向に古典に関するものが含まれているか。　（日常会話や読書の記録を通して）

三　おわりに

今回の学習指導を通して、私が痛感したことは、古典の学習指導においては、取り上げた学習材について、指導者自身が十分な教材研究のもとに、しっかりとした作品観を持ちあわせておかなければならないということである。それにつけても思い浮かべることは、野地潤家先生の『おくのほそ道』全文暗唱である。知らず知らずのうちに全文を暗唱してしまうほど作品研究に打ち込まれるその学問追究の姿勢に深く学びたい。

野地先生は、芭蕉が細道の旅行で松島に着くとき、「雄嶋の磯につく」と書き、また同じ島でありながら、「雄嶋が磯は」というふうに「の」と「が」を使い分けていることに気づかれたことは、前述のように原文を繰り返し繰り返し読まれたからこそと述べられ、次のような古典学習指導観にたっておられる。

ほんとうに優れた言語文芸としての、また、民族のものの見方・考え方を代表するような、そういうものとして、結実結晶していくということ、古典を取りあげて、学習者に古典作品との出会いを授業を通して図っていくということ、あるいは、読書指導を通して企てていくという場合に、その古典作品の、古典文学のほんとうに優れている点を授業者として自分のものにしながら、あるいは、そういう深い、深いというよりも、的確な理解をもちながら臨んでいく、授業に臨んでいくということを、授業者の心得なければならないこととして、大事なことではないかと思います。

（前掲『国語科教育・授業の探究』、二四六～二四七頁）

「古典に親しむ」を目標に、学習者と古典作品の出会いを授業を通して図るとき、指導者は何よりもまず、「古典文学のほんとうに優れている点を自分のものにしながら、そういう深い、的確な理解を持ちながら、授業に臨んでいくということ」を肝に銘じたい。

7　国語科学習指導案　その一

――単元「人は言葉で生きている」――

平成一〇年七月一五日（水）二校時
鳴門教育大学附属中学校三年三組
男子二〇名・女子一九名　計三九名
授業者　谷木　由利

1　単元名　人は言葉で生きている――わたしたちの学習発表会――

2　単元設定の理由

四月の出会いから、三か月あまり「ことばで人間関係を作る」を第一の目標として国語の学習を進めてきた。しかし、国語教室においても、教室以外においても、ことばのやりとりを通してよりよい人間関係を作り、高めあっていける状況にあるとは言い難い状況にある。そうした、高め合い、育て合う学習環境を作っていく上での障害となっているのは、学習者の心の中にある優劣の意識である。間違えること、笑われることなど、他の学習者の反応をおそれて、自分の考えや思いをのびのびと語れない状況が、そこにはある。本単元では、個人発表、朗読発表、インタビュー、対談、鼎談など各自の個性や研究内容に応じてさまざまな形の発表形態を選び、発表することによって、優劣の意識をこえてのびのびと、しかも高め合っていける学習環境を実現させたいと考える。

発表会に向けての各自の研究テーマは、「言葉と暮らし」である。俳句、短歌、和歌など、日本人に親しまれてきた短詩系の文学や説明文の読み取りを通して、人が自分の思いをことばに表すことの意味、あるいは、ことばに支えられている私たちの暮らしについて、もう一度深く考えさせたい。日本文学の一つの形態として、知識獲得中心の俳句・和歌の学習にならないよう、学習者の興味や関心を、表現の裏にある人の心や暮らしに向けさせたい。

3 単元目標

① 俳句・和歌の鑑賞を通して、表現の裏にある人々の暮らし、心にふれさせ、進んで読もうとする態度を育てる
② 進んで学習発表会に参加し、自らの考えを述べることのよろこびを味わわせる
③ 主に次のような言語能力を育てる

ア 読む
・作者の体験と表現の関係に気づき、読み味わうことができる

イ 書く
・調べたことを、発表形式にあわせて、順序よくまとめることができる

ウ 話す
・他の発表者と協力して発表することができる
・聞き手の反応を意識して発表することができる

エ 聞く
・発表形態の特色をとらえながら聞くことができる

4　学習指導計画（十四時間）

〈第一次〉　教科書教材「俳句への招き」「言葉と意味と経験と」「君待つと」を読み、俳句や和歌の基礎的な知識を身につけるとともに、経験とことばをつなぐ意味の重要性について考える。……………九時間

〈第二次〉　俳句・和歌・ことばと暮らしなどに関する自ら選んだテーマについて、参考文献などを用いて、研究を進め、発表形態を選んで発表原稿を作る。…………………三時間

〈第三次〉　学習発表会を開き、発表をする。……………………二時間（本時½時間）

5　本時の学習

(1)　学習目標

ア　進んで学習発表会に参加し、自分の考えを述べることができる

イ　聞き手の反応を意識して、（協力して）発表することができる

ウ　発表形態の特色をとらえながら、聞くことができる

(2)　展開

学習活動	指導者の指導および支援	備考
1　学習発表会の目的と内容について確認する。	○発表会の意義について話し、発表者が発表しやすい雰囲気をつくる。	
2　プログラムに従って発表する。	○間のとり方、声の大きさに注意し、いきいきと話させる。	・発表の手引き
・聞き手は聞きながらわかったことをメモす	○聞き手は、簡単なメモを取りながら、聞きひた	・聞き取りメモ

る。 ・よくわからなかった点について質問をする。	ることができるよう支援する。 ○発表形態の違いが、それぞれの発表の良さと結びつくよう支援する。 ○不明な点は、質問できるよう配慮する。 ○研究テーマ「言葉と暮らし」から離れないよう、時には学習者にかわって、補足説明をする。 ○全体的に、楽しくのびのびとした発表会になるよう留意する。	
3　学習の記録を書き、まとめをする。	○この時間を振り返って、自己の学習する姿を記録させる。	・学習記録

〈資料〉〝人は言葉で生きている〟　わたしたちの学習発表会　プログラム（平10・7・15）　〈三年三組〉

1	鼎談《ていだん》①	「夏の季語を語る」	川村・田村・山本
2	個人発表①	「季語の始まり」	白川
3	個人発表②	「季語　今《いま》むかし」	島村
4	対談①	「仮名文字《かなもじ》のできるまで」	近藤・本橋
5	自作朗読①	「俳句」（プリント参照）	苛原・山田
6	対談②	「防人歌《さきもりのうた》・東歌《あずまうた》」	坂田・森

7	鼎談②	「日本の詩歌史《しいかし》」	神崎・久次米・櫻谷
8	インタビュー①	「小林一茶」	天野・福田
9	インタビュー②	「尾崎放哉《おざきほうさい》」	杉本・綿谷
10	インタビュー③	「松尾芭蕉」	高上・邉見
11	鼎談③	「俳句の歴史」	池内・天羽・原
12	自作朗読②	「W杯《ワールドカップ》を詠《よ》む」	石津・市川
			出口・吉田
13	鼎談④	「日本の文学と心」	川口・原田・仁田
14	インタビュー④	「万葉のうた」	島田・西原
15	対談③	「三大和歌集を比較する」	浜野・松尾
16	インタビュー⑤	「石田波郷の俳句」	井内・濱川
17	インタビュー⑥	「松尾芭蕉の一生」	宮浦・山橋

8　国語科学習指導案　その二

――単元「ことば＝わたしの心」――

平成一三年二月二六日（月）　六校時
鳴門教育大学附属中学校　一年三組　三八名
指導者　谷木　由利

1　単元名　「ことば＝わたしの心」

2　単元設定の理由

人が、自分の考えや思いを正確に誰かに伝えることは、容易ではない。むしろ、一番伝えたいことを伝えられずに、悲しく、寂しい思いをすることも多い。しかし、一方で自らの思いや考えをうまく伝えることのできたときのよろこびは大きく、また、集団の中で、互いの考えや思いを自然にのびのびと伝え合うことによって、互いの胸に刻まれる充足感は何物にも代え難いものがあろう。ことばで心を伝えるよろこびを知らず、伝える相手もなく、方法もわからぬ時、中学生は、イラだち、「キレる」のである。今日、ことばへの信頼感が失われていることを何より問題と考える。

ことばは、本来、意思伝達、感情表現の手段であるが、相手の反応を恐れるあまり、これらを意図的にさけることがある。「なんかマジでェ、もう、超ヤバイって感じ、みたいな。」これは、意思伝達でも感情表現でもなく、単なる独り言である。国語教室で、ことばへの信頼感を取り戻したい。

本単元では、優れた文学作品のさまざまな感情表現やものの見方・考え方にふれ、想像したこと、感じたこと、疑問や自らの思い、経験などを読書会の形で自由に述べ合うことによって、ことばで互いの考えや思いを伝え合うことのよろこびを味わわせたい。また、同世代の少年少女が登場する物語を丸ごと読むことで、豊かな感情表現の方法を知り、読書やことばが、自らの生き方に資することの大きさに気づかせたい。

3　単元目標

① ことばで互いの考えや思いを伝え合うことのよろこびを味わわせる
② 豊かな感情表現の方法を通して、読書やことばが、自らの生き方に資することの大きさに気づかせる
③ 主に次のような言語能力を育てる

ア　読む
・さまざまな表現にこめられた作者のものの見方・考え方を自分の経験と比較しながら読み取る
・問題を持ちながら読み、読みながら問題を発見する
・他の学習者の考えや感想にふれ自らの読みを深める
・カードを使って情報を整理する

イ　書く
・他の学習者の発表の要点をメモする

ウ　話す
・読書会での発言のしかたを知る
・三～四人グループの司会をする

・発言のきっかけをとらえることができる

エ　聞く

・自分の考え・思いと比較しながら、相手の意見を聞く

オ　言語事項

・豊かに感情を表現する方法を知る

4　学習指導計画（十五時間）

学習内容	学習活動	評価基準	評価方法
【第一次】 感想を持つ 〈二時間〉	『銀河鉄道の夜』を読み、自らの考えや思いをカードに取る。	・さまざまな表現にこめられた作者のものの見方・考え方を自分の経験と比較しながら読み取る。【求異】	感想カード 対話 学習記録
【第二次】 テーマを探す 〈一時間〉	カードをもとに、三～四人グループで、感想を述べ合った後全体で話し合ってみたいことをきめる。	・カードを使って情報を整理する。【求同】 ・自分の考え・思いと比較しながら、相手の意見を聞く。【求同】 ・三～四人グループの司会をする。【求同】	対話 観察 学習記録
【第三次】 テーマの決定 〈二時間〉	全体で話し合ってみたいことを発表し合った後、『銀河鉄道の夜』の全文を読み、他班のテーマにも意見が述べられるように準備する。	・問題を持ちながら読み、読みながら問題を発見する。【求異】 ・カードを使って情報を整理する。【求同】	学習記録 もの申すカード

【第四次】 読書会Ⅰ 〈三時間〉 **本時2/3**	『銀河鉄道の夜』の読書会をするとともに、さらに考えてみたいテーマを発見する。	・他の学習者の考えや感想にふれ自らの読みを深める。【求異】 ・他の学習者の発表の要点をメモする。【求異】 ・問題を持ちながら読み、読みながら問題を発見する。【求異】	学習記録 観察
【第五次】 重ね読み 〈三時間〉	『少年の日の思い出』、文集『少年の心は…』を読み、自らの思いを重ねる。	・さまざまな表現にこめられた作者のものの見方・考え方を自分の経験と比較しながら読み取る。【求異】 ・豊かに感情を表現する方法を知る。【求異】	感想カード 対話 学習記録
【第六次】 読書会Ⅱ 〈二時間〉	『少年の心は…』の読書会をし、考えや思いを述べ合う。	・読書会での発言のしかたを知る。【求同】 ・発言のきっかけをとらえることができる。【求異】 ・ことばで互いの考えや思いを伝え合うことのよろこびを味わう。【求異】	観察 学習記録
【第七次】 単元のまとめ 〈一時間〉	単元の学習を振り返り、学習記録をまとめる。	・豊かな感情表現の方法を通して、読書やことばが、自らの生き方に資することの大きさに気づく。【求異】	学習記録

5　本時の学習

(1)　学習目標

・問題を持ちながら読み、読みながら問題を発見する
・他の学習者の考えや感想にふれ自らの読みを深める
・他の学習者の発表の要点をメモする

(2)　本時の学習指導計画

時間(分)	学習活動	指導および支援	評価
5	1　前時の学習を振り返り、本時の課題を把握する。	○さまざまなものの見方・考え方にふれて、読みが深まることに気づかせる。 ○今日の読書会の課題を把握させる。	
30	2　各班から出されたテーマについて話し合う。	○登場人物の性格について、意見を述べ合い、発展的に物語のプロットや主題に迫れるよう配慮する。 ○本文の表現を大切にしながら、考えを述べさせる。 ○意見が出ないときは小集団に返す。	・他の学習者の発表の要点をメモできているか。（観察） ・他の人の考えや感想にふれ自らの読みを深められたか。（学習記録）
5	3　教科書二八一ページを読み、テーマへのさまざまなアプローチ	○発展的な課題把握の方法について理解させる。	・問題を持ちながら読み、読みながら問題を発見できたか。

	のしかたを知る。		
5	4　今後調べてみたいことを中心に、本時の学習を振り返り、記録する。	○メモを見ながら、本時の読書会を振り返らせ、自らの取り組みや、さらに考えてみたい課題について記録させる。	（学習記録）

6　事後の評価について

テストのほか、読書生活記録で読書傾向の変化を観察するとともに、日常の対話を通して、継続的に語彙の変化や言語生活の変化を観察したい。

研究テーマ「自らの学びをひらく教育課程の編成――生徒一人ひとりのよさを伸ばす評価のあり方――」をどうとらえるか

1　国語科において「自らの学びをひらく」とは

国語科において、学習者自身の「生きる力」を育てることとは、言語生活能力を養い、将来の言語文化の担い手を育成することに他ならないと考える。そこでは、日常のあらゆる実際的な場面において、生きて働くことばの力を育てることが肝要となる。さらに言えば、生きて働くことばの力は、ことばが生きて働く実際の場面、すなわち、ことばを実際に遣って何かをせざるを得ない場面に学習者を置くということから始まる。学習者は、自らの目的を達成するために、何かを読み、何かを聞く。また、目的達成のために、だれかに何かを伝える文章を書き、話すのである。

学習者は、シミュレーションとしての言語活動ではなく、あくまで目的的な言語活動を通して、しらずしらずのうちに、さまざまな言語能力を身につけていくと言ってよい。指導者の指導したい事柄は、多くの場合表には出てこないが、学習者の目的的な言語活動の中に仕組まれているのである。例えば、「伝え合う力」を培いたいと考えるとき、文字言語、音声言語を問わず、学習者が何かを伝えようとする必然性を持たせること、伝えたいという意欲と内容を持たせることが大切になってくる。指導者は、必要に応じて伝え合う手段・方法を教え、学習者が相互に、自分の思いや考えを伝え合おうと持てる力のすべてを注ぎ込んで努力するとき初めて、「伝え合う力」が身につくのである。

研究テーマの「自らの学びをひらく」ことが、主体的に「生きる力」を身につけることであるなら、まさにこうした『実の場』、生きた材料を用意して、本気で、話し、聞き、読み、書く言語活動を通してこそ、「自らの学びをひらく」ことができるといえる。

また、「生徒一人一人のよさを伸ばす」ためには、言語能力や言語生活実態において、さまざまなよさを持った学習者の個性をとらえ、言語生活の向上に導く学習指導過程が、周到に準備されなくてはならない。

国語科の学習活動においては、学習者が言語生活における問題点を取り上げて学習を具体的に限定することが導入である。そこから、教科書の教材等を言語生活として学習させ、最後にその学習を鏡として学習者各自の言語生活を反省させ、それを改善する方向と方法を発見させるのが評価である。常に自らの言語生活を基盤として導入か

ら学習へ、学習から評価へと展開させることが必要となる。(注)

したがって、学習者が自身の言語生活の実態を的確に把握することから、主体的な学習が始まり、さらには、学習者自身が、最後に自らの学習を振り返ることによって、自らの言語生活の向上を図る自己学習力を培う評価が必要とされる。そこで、「一人一人のよさを伸ばす評価のあり方」として、国語科の場合とくに、ポートフォリオ評価がたいへん有効になってくると考える。学習のすべてを記録することによって、いつでも、自らの言語生活を振り返ることができ、また、記録を通して、指導者と学習者、学習者相互の対話が可能となるからである。

また、自らの学習を振り返ることによって生まれる成就感と課題意識が、次の学習へと学習者を駆り立て、その繰り返しが、自ずと主体的な自己学習力を育てると言える。

2　学習者「自らの学びをひらく」ための四つのストラテジー

①　学習者の言語生活の実態を把握する

・日常の言語生活を通して
・学習記録を通して
・学習活動における指導者との対話、学習者相互の対話を通して
・作品やテストを通して

②　つけたい学力を明確にする

【マトリックスの作成】

・学習者の言語生活実態に基づいて
・系統性を考慮して
・発達段階を考慮して

③　多様で、主体的な学習活動を展開する

・興味・関心・意欲は育てるものと考え、持つべきものに興味・関心・意欲を持たせる
・「実の場」（生きた材料を準備し、本気で話し、聞き、読み、書く場）を用意する
・目標の二重構造化を図る
・個に応じた選択の幅のある学習材を用意する
・多様な言語表現活動の場を設定する

④　自己学習力を培う評価を工夫する

・メモや記録を書く活動を習慣化させる
・学習のすべてを記録させる（ポートフォリオ『国語学習記録』）
・一時間、一単元、一学期毎の振り返りを大切にする
・学習の手順・方法を明確にしておく（学習の手引き）
・効果的な相互評価を工夫する（優劣を越え、よさを伸ばしあう）

（注）西尾　実著『西尾実国語教育全集　第六巻』による

Ⅲ　読書指導への取り組み

1　読書のひらめきをカードに　その一

一　はじめに

中学生の読書生活というものを考えるとき、単なる読書紹介や読書感想文の世界にとどまることなく、読書ということを生きる一つの技術として見なすこと、すなわち、広い意味での情報操作技術を身につけることなしには、これからの社会を十分に生き抜くことはできないと考えられる。読書の意義を自覚させ、読書意欲を高める指導、読書の習慣を身につけさせる指導とともに、目的に応じて適切な本を選んで読む態度、読書の方法・技術を身につけさせること、読書生活を確立させることが、大切になってくる。

読んでいる間に自分が変化する、自分の心の中に何かが生まれてくる、それを育てることも重要な読書指導の一つであるといえる。「読む」行為の中から生まれてくる〝ひらめき〟のようなものをとらえ、書きとめることによって読み手の心の中に、書き手の思いもよらなかったものが生み出されてくる、そういった指導を[(1)]と考え、国語の学習の中で、次のような実践を試みた。

二　単元「二一世紀へのメッセージ」（中学三年）の場合

1　単元設定の理由

吉野中学校では、図書室に環境問題コーナーを設けている。一年生の段階で、さまざまな環境問題に関する資料から読み取った情報をカード化（B6判）し、分類・整理することによる文集・新聞づくりの作業を、毎年おこなっているからである。この単元「二一世紀へのメッセージ」では、地球上の一生物としての人間の生き方をテーマに、二年時よりさらに一歩進んで、数種類の資料を読む過程で得た〝ひらめき〟や発見をもとに、新たなる情報の送り手となることをめざした。

2　単元目標（読書指導に関するもの）

① 本を読み、自らのテーマに関係する部分を選ぶことができる
② 本のある部分を要約して書くことができる
③ 読み取った情報をカードに書くことできる
④ カードをもとに自分の意見を論理的に組み立てることができる

3　学習指導計画（十四時間）

〈第一次〉　学習計画を立てる。……………………………………一時間
〈第二次〉　要約文の書き方を知る。…………………………………三時間

〈第三次〉　取り組むテーマの問題となる点を把握するとともに、読み取ったものをカード化する練習をする。……二時間
〈第四次〉　五種類の資料(2)を読み、テーマに関する部分を選び、読み取ったことをカードにしていく。……三時間
〈第五次〉　カードをもとに意見文の構想を練る。……………………二時間
〈第六次〉　意見文を書き、文集にする。…………………………二時間
〈第七次〉　互いに意見文を読み合い、情報の交換をする。…………………一時間

4　学習指導の展開

ここでは主に、第四次の資料のカード化の作業について述べたい。それぞれの資料は六部ずつ、計三十部用意した。一つの資料を読んで、カードをとる時間は、およそ二十〜二十五分間である。この間に資料を読み、一〜三枚程度のカードをとることができた。

今回のテーマは、地球上の一生物としての人間の生き方である。このテーマは、二年時に学習した環境問題と関連することも多くあって、非常に興味を持っていたようである。また、二年時に文集「私たちのエコロジー・ブック」を作成できたことも、再び文集作成への意欲につながっているようだ。したがって、全員がスムースに資料を読みカードをとる作業に集中できた。

このカード化作業の段階では、落ちついた雰囲気の中で、作業の進行状況、テーマから少しはずれたところを取り上げているもの、テーマに関連する部分を見つけられないものへの助言等をおこなうことができた。

このようにカード化の段階と、さらにカードをもとに意見文の構想を練る段階では、全員が作業を進めることができたが、文章化の段階で手引きによる指導や、助言がうまくできず、構想をうまく文章化できなかったものがい

た。また一方で、構想の段階で一度は捨てたカードが、文章化の段階では再びうまく文脈に取り入れられているものも多く見られ、カード作業の奥深さを強く認識させられた。

三　おわりに

学校図書館を情報センターにという提案がなされてからすでに久しい。図書館に、生徒のさまざまな学習を支援する情報源を整備するとともに、その情報を有効に活用できる読書技術を身につける指導が、系統的におこなわれる必要を今回の指導を通して感じた。

カード化の作業が、調べ読みにおける知識・情報の発見、選択、獲得、評価、活用の過程に機能する面は非常に大きい。カード化の技能に習熟すればするほど、読み手のよさが、記述・論述面に発揮され、また発表や話し合い、報告の場において発揮されるといえる。カード化の技能が身につくにつれて、読書行為そのものがより深まっていく。

また、社会科や学級会活動の調べ読みにも、自主的にカードを使用している場面が見られた。今後は、索引や目次の活用のしかた、読書情報の集め方など、学習者の読書生活の基盤となる読書技術の系統的指導をめざしたい。

注（1）この考え方は、大村はま氏の読書指導の考え方に負うところが多い。

（2）ア「雑木林」、椋鳩十著（『現代の国語1』、三省堂）、イ「四万十川のウナギ」、俵万智著（『中学校国語1』、学校図書）、ウ「生き物たちの知恵」、高田勝著（『新しい国語2』、東京書籍）、エ「鯨が人間を注目し始めた」、水口博也著（『中学校国語2』、学校図書）、オ「犬に名前のない社会」、やまもとくみこ著（『国語3』、光村図書）

2　読書のひらめきをカードに　その二

一　情報カードを導入して

調べ読みの能力態度が、具体的には、国語教室のどのような場面において、練られていくのか、その指導の計画・系統性について考えていきたい。

大村はま氏は、第二十一回大村はま国語教室の会研究発表大会（一九九一年一一月二三日）において、単元「日本と日本人をとらえ直す―情報を集め、情報を得て、いろいろの言語活動に乗せながら識見を育て合う学習室―」について、提案発表された。その中で、中学校三年生一学期の段階までに鍛えておきたい、基礎的な学習の能力を次のように示されている。

1　生活的に聞く、自分のすることしていること、したこと、自分の考え、考えていること、など生活に結び付けながら聞く。聞いたあと、すべきことができるかどうか、考えはそのままでいいかどうか、判定しながら、また、自分の気分がいいか、不快か、観察しながら聞く。質問すべきところをとらえたり、話によっては、断ったり承知したりすることが聞き終わったときに続いてくるので、そういう判断もしながら聞かなければならないこともある、そういう、まったく言語生活の中にしっかりと位置をもった聞く力。

2　場に応じて適切な話し方で話す。聞き手の気持ちや考えの動きを読みとりながら、内容にも、ことばにも、口調にも、目立たない気配りで話す。

3　話し合いができる。1や2は話し合いの中での大切な力でもある。1、2の力がなければ話し合いはできない、また1、2の力があれば話し合うことの基礎はできたともいえる。

話し合いは、その上に、その場の雰囲気を盛り上げて、参加している一人一人の気持ちや考えが、よく引き出されるように、話し合ったかいがあるように、司会者になったような気持ちで、参加できる、雰囲気や成りゆきを感じとって発言力を発揮できること。

司会は、小グループの司会は全員、代表討議の司会や⅓クラス、½クラスの司会は半分くらいの子ども、一クラスの司会は⅓くらいの子どもしか、できるようになれないかと思うがその程度まではできる。

4　本の探し方、選び方
5　本をその目的によって読み方を選んで読むこと
6　読むことのいろいろの技術
7　むずかしい本の読み方
8　メモのとり方
9　カードの書き方、使い方
10　目的に応じて工夫して文章をかくこと
11　学習記録の書き方

（傍線引用者）

ここでは、主として、9「カードの書き方、使い方」に焦点を当て、情報カードを導入した、これまでの説明的文章の学習指導の経過を振り返り、今後の学習指導の課題としたい。

二　カード指導の実際――実践事例その1　単元「二一世紀へのメッセージ」(中学三年)

1　単元設定の理由

二年の時に学習した単元「私たちのエコロジー・ブック」では、さまざまな環境問題に関する資料から読み取った情報を、引用の形で抜き出し分類・整理することによって、意見文を書くための取材調査の作業をおこなった。この単元「二一世紀へのメッセージ」では、さらに一歩進んで、情報を読み取った上に、自分自身の考えや発見したことを乗せて、新たなる情報の送り手となることをめざしたい。ここでは、取材・調査の段階で、引用だけでなく、場合によっては要約することが必要となってくる点に気づかせたい。

2　単元目標

(◎は今回の学習で身につけたい中心的な目標)

ア　聞く
◎自分のしたこと、考えたことに結びつけて聞く
・次にすべきことを予測しながら聞く

イ　話す
◎みんなに知らせたい内容を自然な感じで紹介できる
・聞き手の気持ちや考えの動きを読み取りながら話す

ウ　読む
◎本を読み、自らのテーマに関係する部分を選ぶことができる

・トピックセンテンスやキーワードを探すことができる
・文章の論理的な展開をとらえることができる

エ　書く
・カード化するための要約の必要性に気づく
・本のある部分を要約して書くことができる
◎読み取った情報をカードに書くことできる
◎カードをもとに自分の意見を論理的に組み立てることができる
・立場をはっきりさせて書くことができる
◎今までしたこと、考えたことなど生活に結びつけて書くことができる

3　資料一覧

①「動物の文化的行動」河合雅雄（『国語3』、光村図書）
②「三十五億年の命」中村桂子（　〃　）
③「要約文の書き方」（　〃　）
④「私はこう考える―構成を工夫して」（　〃　）
⑤「雑木林」椋鳩十（『現代の国語1』、三省堂）
⑥「四万十川のウナギ」俵万智（『中学校国語1』、学校図書）
⑦「生き物たちの知恵」高田勝（『新しい国語2』、東京書籍）
⑧「鯨が人間を注目し始めた」水口博也（『中学校国語2』、学校図書）

⑨「犬に名前のない社会」やまもとくみこ（『国語3』、光村図書）

4　学習指導計画（十四時間）

〈第一次〉　単元のあらましを知り、学習計画を立てる。……………………………………一時間

〈第二次〉　「動物の文化的行動」「要約文の書き方」を読んで、トピックセンテンス、キーワードの機能を知り、要約文の書き方を知る。要約文を書く練習をする。要約文をもとに読み取ったことをカードに書く練習をする。……………………………………………三時間

〈第三次〉　「三十五億年の命」を読んで、これから取り組むテーマの問題となる点を把握する。引き続き読み取ったことをカードにする練習をする。………………………………二時間

〈第四次〉　資料⑤〜⑨の五種類の資料を読み、テーマに関する部分を選び読み取ったことをカードにしていく。途中、カードを中間発表的に、発表する機会を持つ。………………………三時間

〈第五次〉　「私はこう考える」を読んで、意見文の構成方法を知り、カードをもとに意見文の構想を練る。……二時間

〈第六次〉　意見文を書き、文集にまとめる。…………………………………………………二時間

〈第七次〉　互いに意見文を読み合い、情報の交換をする。学習のまとめをする。…………一時間

5　学習指導の展開

ここでは主に、第四次の資料⑤〜⑨のカード化の作業について述べたい。それぞれの資料はそれぞれ六部ずつコピーし、計三十部用意した。それぞれの資料を資料番号を表示した封筒にいれて、各自に渡すようにした。一つの

資料を読んで、カードをとる時間は、およそ二十〜二十五分間である。この間に資料を読み、一〜三枚程度のカードをとることができた。

今回のテーマは、二年時に学習した環境問題と関連することも多くあって、非常に興味を持っていたようである。このテーマは、「三十五億年の命」でも提示されている、地球上の一生物としての人間の生き方である。ことに吉野町は、産業廃棄物処理施設設置の問題で揺れていることもあって、環境問題に深い関心を持っている。また、二年時に「私たちのエコロジー・ブック」を作成できたことも、再び文集作成への意欲につながっているようだ。

したがって、全員がスムースに資料を読みカードをとる作業に集中できた。「私たちのエコロジー・ブック」や「国際交流について考える」の単元では、読みの作業に抵抗を覚えるものがかなりいたが、今回は、一部で長めの資料にあたったものが、不平をもらした程度で、作業にはいることができた。また、資料が封筒にはいっていることが珍しく、資料を封筒から取り出すことも一つの楽しみにつながっているようであった。

このカード化作業の段階では、比較的落ちついた雰囲気の中で、作業の進行状況、テーマから少しはずれたところを取り上げているものへのアドバイス、テーマに関連する部分を見つけられないものへの助言等をおこなうことができた。

一時間でとったカードは、提出したあと、テーマに即して、情報を的確に読み取れているもの、自分たちの生活にうまく結びつけてとらえているものなどに、賞賛のシールを貼って返した。さらに、柔軟で素直な読み取りのできているもの数名を選び、口頭で中間の発表をおこなった。

このようにカード化の段階と、さらにカードをもとに意見文の構想を練る段階では、全員が作業を進めることができたが、文章化の段階で手引きによる指導や、助言がうまくできず、構想をうまく文章化できなかったものがいた。また一方で、構想の段階で一度は捨てたカードが、文章化の段階では再びうまく文脈に取り入れられているものも多く見られ、カード作業の大切さを強く認識させられた。

三　カード指導の実際――実践事例その２　入門単元におけるカード指導

入門期の国語学習指導において、学習者の基礎訓練は、欠くことのできない重要な課題であるといえる。言い換えれば、中学校三年間で多様な学習活動を展開させていくためには、その出発の時点から、学力の基礎となる言語能力を、無理なく必然的に高める必要が生じてくる。いわゆる「学習のしかたを学ぶ」こともそのひとつである。

野地潤家先生は、基礎訓練の必要なものとして次の三点を挙げておられる。

① 確実に聞き取る力を身につけさせること。
② グループで話し合い、討議する力を養っておくこと。
③ 各自学習記録をまとめる力を鍛えておくこと。

言語能力の基盤としての聞くこと、コミュニケーションの基礎としての話し合いの力、また、書くことをおっくうがらない、学習主体の確立のためにも学習記録をまとめる力が不可欠のものとなってくる。さらには、これらの能力が先にも述べたように、教材に即したいろいろの学習活動の中で、「こういうしかたが国語の勉強としていいのだ」という形で、育まれることが大切になってくる。

中学校三年間を見通した上での、自然で無理のない学習の基礎訓練について、大村はま氏は、次のように示しておられる。

私は、一年生をもった場合は、たいていそうでしたけれども、最初の第一単元は「中学校国語学習準備のために」というような単元の学習でした。そして、教科書は必ず、第一単元を使いました。（引用者中略）少し経てば、いろんなことがわかってきますけれども、最初はやっぱり、新しい本をさっと開けて出発しないと、小学校から来た子どもというのは、うまくいかないのです。ですから、それを開けて、第一単元の教材を必ず使って、中学校三年間の学習のいろんな形態を、終末は発表になるんですけれども初歩的に教えたのです。そうしてだんだん訓練していくのです。司会でも何でも、一応できるように、グループの司会でしたら必ずくるくると回して、みんながやれるというところまでもっていくのです。

学習能力ということは、よく考えて、そして、それはあるという見込みをつけて、それからそれを使って次の段階の学習になるのです。話し合いなどは、とくに十分な指導をしなければならないのです。話し合いということが、新しい教育の花のようになったために、何でも話し合いにもっていく。何かわからなくなったり、ごたごたしたりしてくると、「では、話し合ってごらん」とずいぶん気軽に言われることがあるようです。しかし、「話し合って」というときは、話し合いの力が身についてきていて、先生の方も、子どもをとらえられているのでないと困ります。話し合いの場合は、先生が一段と深くクラスを把握していなければならないのですから、もし、それが不十分ならばしばらく話し合いを使っての学習はできないことになります。

（大村はま著『教室に魅力を』、一九八八年二月二五日、国土社刊、九一～九二頁）

絶えず、学習者の実態から出発し、段階的に言語能力を育てていこうという配慮が、ここにはある。その一つは、学習指導の過程で基礎となる学力の分析が細かになされていること、さらには、学習者一人一人の現段階での学習能力が把握され、今身につけさせせなければならない学習力がどのようなものであるかを的確にとらえていることといえる。

学習が、主体的で活発なものとなるためには、その学習活動にどのような基礎的な言語能力が要求されるか、さらに、その必要な言語能力が、学習者自身に備わっているかということの見極めが非常に大切になってくる。

また、教室の学習のみならず、学習者のことばの生活を生涯にわたって見通したとき、これらの基礎的な学習力とともに、読書生活を支える力をなおざりにすることはできない。いわゆる読書に親しむというだけでなく、本を使って何かをするために必要な読書技術も、この義務教育の最終段階で、ぜひ身につけておくことが大切になってくる。

本の探し方・選び方、本をその目的によって読み方を選んで読むこと、読書案内・読書新聞の活用のしかたなど読むことのいろいろの技術をメモやカードのとり方など、いわゆる情報操作の能力も身につけていけるよう系統立てることが必要になってくる。

四　おわりに

カード化の作業が、調べ読みにおける知識・情報の発見、選択、獲得、評価、活用の過程に機能する面は非常に大きい。カード化の技能に習熟すればするほど、読み手のよさが、記述・論述面に発揮され、また発表や話し合い、報告の場において発揮されるといえる。カード化の技能が身につくにつれて、調べ読み自体が、より深まっていくともいえる。

さらに、今回の実践を通して、単元の学習を実り多いものとして成り立たせるためには、日常の学習の場において、カード作業のみならず、メモや書き抜き、要約、記録、レポートなどの基本的な書く作業の段階をおった指導の必要性を痛感した。それは、話し合いや、発表、報告、朗読などの音声言語面でも感じることである。

段階をおった指導では、その計画性が重要な課題であると共に、学習の手引き等を工夫し、どの学習者も一人学びの方向で学習が進めていけるよう、また適切な支援ができるよう指導方法を考慮しなくてはならないと考えた。

　また、この一年あまりの実践を通して、学習者の興味関心を育てる指導が、単元の学習を成功させる鍵となることも痛切に感じた。これからも、謙虚な姿勢で、学習者把握につとめたい。

　言語人格の形成において、調べ読みを力動的かつ効率的にこなしていける能力の獲得は大きく重い意味をもつ。調べ読みは仕事（職域での）をしていく社会人として、かくことのできない能力である。調べ読みには、理解読み、疑問読み、批判読み、検証読みなど、数多くの読みの技能や能力が要請される。それは読み手の人間としての総力を注いでいくべき言語行為である。小手先の手だてで安易にすませうる問題ではない。

（野地潤家著『個性読みの探究』、昭和五三年二月一〇日、共文社刊所収「調べ読みの修練と深化」、二三四頁）

　野地潤家先生が、「調べ読みの修練と深化」の結びで述べておられるように、調べ読みの技能や能力が、学習者の将来にわたっての生きて働く学力となるようその指導方法を工夫していきたい。まさに「小手先の手だてで安易にすますことのできない多くの課題を持っている」といえる。

〈資料1〉中学校三年間における説明的文章の学習指導経過

＊は読解に関する目標

学年	学習内容（単元名または、教材名）			情報カード
	随　想（四月）	説明・解説文（六月）	論説・評論文（十一月）	
	「おばあちゃんと花」	単元　自然の不思議	単元　生活の中で	ステップ1

第１学年	第２学年	第３学年	
＊筆者の思いを読み取る。	単元　言葉の力を見直す ＊自分の考えと比較しながら筆者の考え方をとらえる。	「鈴の鳴る道」 ＊筆者を読み取る。	・文章を読んで、感じたこと考えたことを大切にする。
「植物のにおい」 ＊要点をとらえる。 「フシダカバチの秘密」 ＊文章の構成や筋道をとらえる。	単元　わたしたちのエコロジー・ブック ＊事実と意見を分けて読み取る。 ＊筆者の説得の論法を読み取る。	単元　二一世紀へのメッセージ ＊文章表現に着目して、要点をおさえる。 ＊文章の論理的な展開をとらえる。	・同一方向の切り込み方で書かれた、複数の説明文教材を読
「ちょっと立ち止まって」 ＊ものの見方や考え方をとらえる。 「無言化社会の中で」 ＊文章の要旨をとらえる。	単元　国際交流について考える ＊筆者の考え方の特徴や工夫をとらえ、批判的に読む。	単元　外から見た日本 ＊文章の論理的展開に即して、筆者の表現意図を探る。	・同一のテーマでありながら、違った方向からの切り込み方
情報カードを作る	ステップ２ 情報を分類・整理して書く	ステップ３ 情報を読み取って書く	段階を追ってカードの

目指すべき指導の方向
・筆者独自の表現方法を大切にする。 ・読むことによって得たものを声に乗せて、話し合いや、発表会で、発表する方向に持っていく。　(ア)
み、同一テーマのもとで複数の情報を得る。 ・得た情報を加工し、新たな情報の送り手（書き手）となる方向に持っていく。　(イ)
によって書かれた複数の説明的文章を比べ読みすることによって、批判的に読む力を身につける。 ・得た情報を、みんなで分かちあい、互いに情報を育てあう方向に持っていく。　(ウ)
とり方・使い方に習熟していくように配慮する

〈資料2〉情報カードの書き方・使い方の段階的指導

調べ読みに欠くことのできない情報カードの書き方・使い方について、次のような三段階の指導過程を計画した。(注)

【ステップ1】……情報カードを作る

私たちは、文章を読むことによって、今まで知らなかった新しいことをたくさん知ることができる。このような発見や新知識を作文やスピーチの材料として、活用するために情報カードを作っておこう。

①　情報カードの作成と記入

カードは、教科書半分の大きさで、やや厚めの用紙を用い、次のような書きこみができる欄を作る。

[見出し語]　何についての情報か、簡潔に。

[情報内容]　発見や新知識を、引用したり、要約したり、箇条書きしたりする。

［情報源］どこからの情報か。（本からであれば書名や著者名、出版社名などを書いておく。）

［分類項目］あとで、関係の深い物事に集めたり、並べかえたり、追加したりするときに便利なように、見出し語の内容を分類しておく。

［カード作成日］カードを作った日を記入。内容を追加したら、その日も忘れずに。

②　情報カードの収集

まず、目にし耳にした情報を書き込む。次に、それに関連したテーマを考え、積極的に調べて、カードに書き込む。

◎「おばあちゃんの花」（『国語1』、光村図書）に関連したテーマの例

・教科書にでてくる草花の名付けの理由を書きとめていく。
・他の草花の名付けの理由を事典や図鑑などで調べて書きとめる。

【ステップ2】……情報を分類・整理して書く

現代の社会には、情報があふれている。大事なものとそうでないものとを選んで取り入れたり、選んで伝達したりすることが大切である。そのために、情報を分類・整理してから書く方法を考えてみよう。

①　情報を伝達するための分類・整理

「広がる砂漠」（『国語2』、光村図書）で、筆者は、砂漠化の原因について、事実と意見をうまく組み合わすことによって、文章を説得力のあるものにしている。

このようにきちんと分類・整理して述べることは、読み手の理解を助け、ひいては文章に説得力を増すことにつながる。環境破壊や環境保護について、内容をこの二つの観点、あるいはもっと細かく、［原因］［現象］［影響］［対策］の四つの観点から、分類整理し、自分の考えを文章に書いてみよう。またこの他にも分類項目がないか考えてみよう。

②　情報を保存するための分類・整理

いろいろな範囲から多くの情報を集め、情報カードをたくさん作っても、ただ積んでおいたのでは何もならない。図書館

の図書分類法などを参考にして、自分のカードを分類・整理する方法を考えてみよう。そのときにも二つないし、四つの観点からの分類整理法が参考になる。環境問題に並ぶ大きな分類項目には他にどんなものがあるかを考え、カードを作ってみよう。

③　筆者と対話するための分類・整理

文章を楽しみながら読んでいく方法として、筆者と実際に対話しているつもりになって読む方法がある。そこでもやはり、情報カードをうまく分類・整理しながら読むことが大切になってくる。読んでいて「こういうことがわかりました。」と言いたいときには、［確認］というカードに分類する。「ここがわかりません。」と言うときは、［質問］、「私はこう考えるんですが」と言うときは、［意見］。この三つの観点に分類しながら、読み進めてみよう。

【ステップ3】……情報を読み取って書く

「動物の文化的行動」(『国語3』、光村図書)では、サルの文化行動を通して、人間の世界にも共通する新しい気づきや、発見をすることができた。このように文章を読むことによって得た一つの情報をもとに、新しい気づきや発見を読み取ることができる。

他にも、人間以外の動物の行動を通して、新しく考えさせられたり、発見を読み取れるか、調べてカードに書いてみよう。

(注)この三段階の情報カードの書き方・使い方の学習指導過程は、『新版中学国語1、2、3』(教育出版刊)の情報カード指導の方法を参考にした。

3 読書生活に培う国語科単元学習の展開
――中学二年の場合を中心に――

一 はじめに

心身とも大きく成長する中学校三年間は、ことばの生活においても基礎を形づくる大切な時期である。中学校一年時においては、新しい人間関係をうまく成立させることができないがためのトラブルが、多く見受けられる。ことに、いっしょに行動しない、同じものに興味を示さない友に対しては、仲間から排除しようとする傾向が強いように思われた。

国語科の学習指導では、学習者のこのような実態をとらえた上で、ことばを通してより良い人間関係を育てていきたいと考えた。「一人一人違っているのは当然、よさに気づき、認めあおう」という雰囲気が高まっていくにつれ、思いやりの心が徐々に育っていくのではないだろうか。そのためにはまず、互いに比べることをやめ、学習者が自らの力のことは忘れて学習に集中する中で、自然に「学習のしかた」を身につけ、自分も他の者も共に高めあって伸びていこうとする態度を養っていくことが大切であると考え、入門期の指導においては次の三つの点に留意していくこととした。

ア　学習者に優劣を感じさせないようにする
イ　適切な形で学習者の学習活動を支援する

ウ　学習の基礎訓練としての学習力の育成を図る

さらに、中学校三年間の国語学習を支える力として次の四つを目標とした。

①　確実に聞き取る力
②　グループで話し合い、討議する力
③　学習記録をまとめる力
④　将来にわたっての読書生活を支える力

こうして、二学年に進級した生徒らが、新しい学級担任とともに考えた級訓は、二年一組「自由と規律」、二年二組「三十人三十色」、二年三組「ふれあいの心」というように、互いの存在を認めあいながらともに伸びていこうという意識が強く感じられるものであった。そこで、二年一学期は「一人一人違うということを大切にしよう」を合いことばとして、スタートした。

国語科ではこうした学習者の思いを受けて、国語科の学習指導の中で、学習者一人一人の考えや意見を何より大切にしたいと考えた。また、中学二年という時期は、将来にわたって働く読解力の基礎が形づくられる時期でもある。そこで、二年時では、読書指導を核としながら、一人一人の主体的な学習が保障される学習指導をめざしたいと考えた。

二　読書指導の目標および実践計画

大村はま氏は『読書生活指導の実際』（昭和五二年一一月七日、共文社刊、三一頁）において、年間二一～三三時間、月二～三時間の読書指導の帯単元の目標を、次のように示しておられる。

①　自己を開発し、自己を豊かにする読書。問題解決のため問題発見のための読書。休ませ、楽しみを得させる読書。
こういう意義を自覚させ、読書意欲を高める。
②　読書する習慣を身につけさせる。
③　目的に応じて、適切な本を選んで、読む態度を身につけさせる。
④　読書の方法・技術を身につけさせる。
⑤　読書に関する知識を整理し、ゆたかにして、読書生活を確立させる。

ここでは、目的もジャンルも多種多様な読書活動を通して、いろいろな読書の方法・技術を身につけさせ、学習者が将来、真の読書人として、豊かな読書生活が営めることがめざされている。また大村はま氏は、その指導の実際として、次の十五の指導過程を挙げておられる。

①　毎日、少しずつでも読書し、読書日記をつけさせる。感想文は、できたら書く。
②　「読書生活の記録」をつくらせる。（B5ファイル）
ア　読書日記
イ　読書ノート
ウ　読書感想
エ　「読書」を考える
オ　図書紹介
カ　感想文集
キ　私の読んだ本
ク　私の読みたい本

ケ　新しく覚えたことば
コ　いろいろの切り抜き
サ　読書単元で使用した資料
シ　私の読書生活評価表

③　いろいろの読書論を広く読ませる。
④　読書の技術の一つ一つを、資料をととのえて学ばせる。
⑤　個人指導に力を入れる。今、何を読んでいるかと問いかける。また、積極的に本を紹介する。いっしょに本を捜したりする。
⑥　読書日記や感想文によって、読みを深めるため、いきいきとした読み方をさせるための指導をする。
⑦　読書を通して、互いに、考えたことや気づいたこと、感じたことを発表しあう機会をつくる。
⑧　生徒に、読んだ本の紹介をさせたり、また指導者からも、いろいろな方法を工夫して、本の紹介をする。
⑨　紹介するだけでなく、本を目につきやすいところに並べて、意欲を誘うようにする。
⑩　断片的に、あるいは連続的に読んで聞かせる。
⑪　ときどきは、いっせいに、個々の生徒に本を選び与えて読ませる。
⑫　放送やレコードを聞かせる。
⑬　読書情報誌や、一般新聞の読書欄に親しませる。
⑭　出版案内の類を与えたり、集めさせたりする。
⑮　学年読書新聞「読書生活通信」を発行する。

これらの指導目標や、指導項目は、まず学習者の読書への興味・関心・意欲を育てることから始まって、読解指導と絡め合いながら、さまざまなジャンルの読み物を一人一人が主体的に読みこなしていけるように綿密に計画・

指導がなされている。学習者は、読書の過程において、知らない間にさまざまな読書の方法や技術を身につけていけるよう指導の工夫がなされている。また、読んだことを単に感想として残すのではなく、これから読みたいもの、本をさがす方法、そのための情報なども含めて、すべてを記録していくことにより、学習者が将来、読書人としての自己を確立できるよう細かい配慮がなされている。

先にも述べたように、大村はま氏の場合は、これらの指導を一年間を通しての読書帯単元として実践計画をたてられている。

例を挙げると、二年時の月別の指導項目は、次のようである。

月	二年
4	読書生活の記録 　内容の充実
5	読んだことをカードにする 　項目別のカードに、区別してかき分ける
6	あることがらを調べるために適当な本を捜す 　書名、はしがき、目次、索引によって捜す
7	感想文の指導 　読んで疑問に思ったことを中心に
9	百科事典を含め各種の本の活用 　問題の答えを捜す
10	批判的に読む準備としての比べ読み

	伝記とそれに準ずる読み物の比較
11	いろいろの読書法を読み、読書についての考えを広くする
12	本で本を読む 　関連する本を重ねて読む 　比べて読む
1	読書会のいろいろな進め方①
2	読書会のいろいろな進め方②
3	読書会のいろいろな進め方③

読書記録の取り方、いろいろな読書の方法・技術、感想文の指導、読解能力の向上、読書会の進め方の習得などさまざまな角度からの指導が、二年時という段階にふさわしい形で提示されている。

そこで、これら大村はま氏の、読書指導の精神をできるだけ生かしながら、次のような単元の学習指導を計画、実践したいと考えた。

年間指導計画（吉野中学校　一九九四（平成六）年度　二年生の場合）

＊は、読書指導に関する学習目標

月	学習活動	学習のための資料・教材	学習目標（指導事項を含む）
	単元「考え方の違いを大切にする」 〈九時間〉	「春の郊外電車」　佐々木瑞枝 〔話し方の工夫〕 「六月の蝿取り紙」　ねじめ正一	・事前の準備をして、話し合いに参加しようとする。 ・聞き取りやすい話し方の工夫をして、発

月	単元	資料	目標
4月		学習記録の手引き メモを取るための手引き 新聞記事A 「船長を殺し食べる相談」 （一九九四・三・二三、徳島新聞） 新聞記事B 「天声人語」 （一九九四・三・二三、朝日新聞）	表することができる。 ・メモを生かし感想を発表することができる。 ・話している人の立場や考えを的確に理解することができる。 ・ものの見方考え方を正確に理解することができる。 ＊批判的に読む準備としての新聞の比べ読みができる。 ・話を聞きながらメモを取ることができる。
4月	漢字の組み立てにくわしくなろう	〔漢字の学習1〕	・部首と漢字の組み立て、読み方の関係を知ることができる。
5月	想像して読もう —冒頭・結末・挿し絵から内容を想像する— 〈四時間〉	「物事の正解は一つだけではない」 ロジャー・フォン・イーク ワークシート	・文脈に沿いながら要旨をとらえ、要約し主題を考えることができる。 ＊冒頭・結末・挿し絵から筆者の主張を想像しとらえることができる。 ・抽象的概念を示す語句について理解することができる。
5月	単元「わたしの仕事」 〈八時間〉	『わたしの仕事』　今井美沙子 ①～⑩巻	・文章を読んで自己を豊かにしようとする。 ＊働く人々の生き方や考え方を理解し、自

月	単元	資料	目標
5　月		（一九九二・一二、理論社刊） コピー資料「わたしの仕事」 No.1〜No.30 学習の手引き 発表の手引き 情報カード	分の見方や考え方を広くすることができる。 ＊読んだことを項目別のカードにし、カードをもとに自分の考えをまとめる。 ＊二人で助け合いながら、工夫して発表することができる。（鼎談、インタビューなど） ・相手の状況に応じ、適切なことば遣いで話すことができる。 ・話の方向にそって要点をメモすることができる。
6　月	教室単語図鑑を作ろう　〈四時間〉	【文法1】 単語のいろいろ ワークシート	・単語の文法的性質を理解することができる。 ・十一の品詞について理解することができる。 ・二つの修飾語について理解することができる。
	単元「十四歳の歌集を作ろう」 〈六時間〉	「短歌・その心」　武川　忠一 学習の手引き 俵万智歌集 俵万智『サラダ記念日』	・短歌にすすんで親しみ、興味を持つ。 ・歌のリズムに注意し、それぞの歌の心が表れるように朗読することができる。 ・短歌についての理解を深め、表現を読み

月	単元	教材	目標
		『かぜのてのひら』 『魔法の杖』より抜粋 ワークシート	味わうことができる。 ・自分の心を見つめ、短歌の形に表すことができる。
	漢字に強くなろう	〔漢字の学習２〕	・共通する部分を持つ漢字について理解することができる。
7　月	コミュニケーションについて考える〈四時間〉	「『開いた社会』に向けて」　樺島　忠夫	＊自分と社会の結びつきを考えて、自分たちの言語生活の問題点について調べ、意見をまとめることができる。 ・指示する語句や接続する語句について理解することができる。
	人間の生き方を考える〈四時間〉	「北の国から」　倉本　聰	＊シナリオという表現形式を通して、さらに読書の世界を広げ、自己を豊かにしようとする。 ＊いろいろの読書論を読み、読書についての考えを豊かにする。
	想像をふくらませて物語を作ろう〈四時間〉	作る―想像をふくらませて	・漫画を下敷きにして物語を考えることができる。 ・各自で考えた物語を紹介し、話し合うことができる。 ・文章を読み返し、よりおもしろい話になるように推敲することができる。

9　月

・絵による表現と言語による表現の違いを考えることができる。

単元「世界子どもフォーラム」
〈七時間〉

「アジアの働く子供たち」　松井やより
『世界の子供たち』
（一九九二、偕成社刊、全二十三巻）
学習の手引き　三種類
カラー付箋　二色

＊読書を通して視野を広め国際理解を深めようとする。
＊知りたい情報が本のどこにあるか、見当をつけながら捜すことができる。
＊付箋を使って、情報の整理をしながら読むことができる。
＊読みながら、さらに知りたい点、調べなくてはならない課題を見つけることができる。
＊知り得た情報を、発表形式に合わせて短いことばにまとめて書くことができる。
＊聞き手を意識し、声の大きさや速さに気をつけて話すことができる。
＊フォーラム形式での発表や質問のしかたを知る。
＊聞きながら、質問したい点、さらに調べてみたい点を見つけることができる。

意味が同じということ似ているということ、違うということについ

〔言葉の窓〕
語の意味

・類義語・対義語・多義語のそれぞれについて、共通する点と相違する点を理解し

月	単元	教材	目標
10月	て考える		意味と使い方を身につけている。
10月	語り部さんに手紙を書こう〈九時間〉	「字のないハガキ」　向田　邦子 「一塁手の生還」　赤瀬川　隼 「なきがら」　オーウェン 〔手紙の書き方〕 学習の手引き 語り部さん（長崎平和協会）の話	・心情をとらえ、想像力を働かせて手紙を書く。 ・筆者の思いやものの見方・感じ方をとらえて自分のものの見方・感じ方を広め、深めることができる。 ・詩にこめられた作者の思いをとらえることができる。 ・語り手の人柄や心情を聞き取ることができる。
10月	体言・用言の違いを知ろう	【文法2】 単語の活用	・体言・用言を理解することができる。 ・動詞の活用の種類及び活用形を理解することができる。 ・形容詞・形容動詞の活用を理解することができる。
11月	わかりやすさの条件について考える〈六時間〉	「トレーニングの適量」　正木　健雄 「シンデレラの時計」　角山　栄 学習の手引き ワークシート	・科学的な読み物に興味を持ち比べ読む。 ・書き出しの工夫に気づくことができる。 ・事実と意見の関係や全体の構成の工夫に気づくことができる。 ・読み手によく伝わるような論の進め方の工夫に気づくことができる。 ・文末表現の微妙な意味あいについて理解

月	単元	教材	目標
11　月			することができる。
	漢字を使い分けよう	〔漢字の学習3〕	・多音・多訓の漢字の読み分け使い分けについて知る。
	単元「古典新聞を作ろう」 〈十五時間〉	一年時に作成した新聞 二十六種類 「扇の的」平家物語 「思いをつづる」枕草子・徒然草 「漢詩の風景」 新聞づくりの手引き	・朗読によって古文独特の響きを味わうことができる。 ・作者のものの見方や感じ方に触れ、古典に親しむきっかけをつかむことができる。 ＊古典作品の作者やその時代について本で調べ読み、記事にすることができる。 ・新聞編集のための小グループの話し合いができる。 ・新聞編集のための小グループの話し合いの司会ができる。 ・作品独自の文体の特徴を聞き分けることができる。
12　月	付属語の働きについて知ろう	【文法3】 助詞・助動詞	・助詞・助動詞の文法的性質を理解し用い方を身につける。
	構成や描写を工夫して書こう 〈五時間〉	「私の名画鑑賞」 世界の名画（学習研究社刊）三巻 学習の手引き	・絵による描写をことばによる描写に置き換えることができる。 ・読み手を意識し、構成や描写を工夫して

		ワークシート	書くことができる。
1・2月	自分の考えを深め、人間の生き方について考える〈十一時間〉	「夕焼け」　吉野　弘 「言葉の力」　大岡　信 「私をつくったもの」　ウェストール ワークシート	＊関連する詩や文章を重ねて読む。 ＊テーマにそって読書の幅を広げる。 ・優れた比喩表現について理解を深めることができる。
3　月	学習記録をまとめよう	学習の手引き	＊自分なりの工夫を盛り込んだ学習記録に仕上げることができる。 ・前書き、後書きを工夫することができる。 ・自分の記録に愛着を持つ。

三　読書指導の実際――実践事例その１　単元「世界子どもフォーラム」

１　単元設定の理由

学習者は、家庭と学校を往復する日常の中で、進学や進級という新しい出会いの場をのぞけば、その地域のごく限られた人間関係の閉塞した社会の中で生活している。学習者が、その日常の中で、新しい世界に出会い、目をひらかれ、新たな価値観に目覚める場があるとすれば、それはなんといっても学習の場であるだろう。

この単元では、学習者が調べ読む活動を通して、あるいは、他の学習者の発表を聞く活動を通して、新しい世界や価値観に出会う場にしたいと考えた。読んでいくうちに、今まで知らなかった世界に気づき、さらに知りたいという気持ちにつられ、知らず知らずのうちに引き込まれるように読んでしまう一時を経験すること。友だちの発表を聞きながら、ここはどうなっているのだろう、この点はどうなんだろうというように、次々と聞きたくなる気持ちを経験するような時間にしたいと考えた。

話し合いのための準備として調べ読む活動の中で、学習者は情報を収集し、選択し、活用することになる。また、調べたことを発表することは、新たなる伝達を目的とした情報の加工・再生産につながっていく。学習者はその両方の過程で、多様な価値観に気づき、自らの価値判断の基準を揺さぶられるなかで、自分自身の世界が広がり、深まっていくよろこびを味わうことができよう。

2　単元目標

（◎は今回の学習で身につけたい中心的な目標）

①　読書を通して視野を広め、国際理解を深める

②　読書や読書後の話し合いを通して、さまざまな価値観に気づく

③　主に次のような言語能力を身につける

ア　読む

・知りたい情報が、本のどこにあるか、見当をつけながら、探すことができる

・付箋を使って、情報を整理しながら読むことができる

◎読みながら、さらに知りたい点、調べなくてはならない課題を見つけることができる

イ　書く

・知り得た情報を、発表形式に合わせて、短いことばにまとめて書くことができる

ウ　話す

・聞き手を意識し、声の大きさや速さに気をつけて話すことができる
・フォーラム形式での、発表や質問のしかたを知る
エ　聞く
◎聞きながら、質問したい点、さらに調べてみたい点を見つけることができる

3　教材

①『世界の子どもたち』（偕成社刊）全三十三巻…各巻とも八～十三歳の世界三十三カ国の子どもたちの生活を、カラー写真を交えながら紹介した本である。
②「アジアの働く子どもたち」（松井やより稿、『国語2』、光村図書）
③　学習の手引き　三種類

4　学習指導計画（七時間）

〈第一次〉　教科書教材「アジアの働く子どもたち」を読み、日本の子どもをとりまく状況とは全く異なる現実を知って、これからの学習への興味を持つ。……………………一時間
〈第二次〉　三十三カ国のうち、担当する国を決め、学習の計画をたてる。……………一時間
〈第三次〉　担当した子どもの名前、家族、国の位置、国のあらまし、生活や習慣、学校などについて、日本と同じ点異なっている点について調べ、意見発表用の原稿にまとめる。……………一時間
〈第四次〉　「世界子どもフォーラム」を開催し、担当した国の代表として発表し、互いの国についての情報や意見を交換し合う。……………………………………………………………………………三時間

〈第五次〉　単元のまとめをする。……………………………………………一時間

5　学習指導の展開

この単元では、情報整理の方法の一つとして、付箋の使い方をマスターさせたいと考えた。日本と比較して、文化・習慣の異なっている点には、赤色の付箋、同じ点には青色の付箋をつけるようにした。その後、表に整理して、発表できるようにした。この調べ読みの段階での、指導者の適切な支援が、あとの話し合いでの意見発表を成功させるために必要不可欠なものであると痛感した。

討論会「世界子どもフォーラム」ではまず、「世界の学校」をテーマに情報や意見を交換し合った。学習者は、学校制度に関して比較対照する知識を持っていなかったので、最初は質問や感想を述べる程度であったが、他者の発表を聞くうちに、目をひらかれ、次第に考えが深まっていたように思う。

ミャンマーを担当した学習者Cは、単元のまとめに次のように書いている。

ミャンマーの子供たちは、親の手伝いをよくして偉いと思いました。遊びといえば、自分たちで作ったものとかばかりで、日本の子供があまりもっていないようなものばかりでした。日本は発展している国だなあと思いました。ミャンマーでは僧になる儀式のようなものがあるのはすごいと思いました。他の国の発表を聞いて、いろいろ違うところがあるので驚きました。今まで日本の国の学校制度が普通だと思っていたけれどそうではないんだなあと思いました。国一つ一つ学校制度が違い、私たちにはめずらしいと思うことがたくさんありました。義務教育がない国があったのにはびっくりしました。そこの国はどうなっているのかなあと思いました。夏休みが、すごく長い国もあってうらやましい気がしました。

ミャンマーの子どもたちの優れている点に気づくと同時に、日本の子どもたちが失ってしまったものが日本の経済発展の結果であることに気づき始めている。他国のよさに気づくとともに、あたりまえとして見過ごしていた自国のよい点も新たに発見している。まさに国際理解の第一歩がここから始まっているといえる。また次に挙げた学習者Dのように、これから考えていくべき自己の課題を発見したものもいる。

学校とは、いったい何のために行くのだろうか。どうして義務教育なのだろう。世界に学校のない国はひとつもない。国のために学校に行くのだろうか。国のためなど意味のないことであるのだろうか。まだ自分の学校への答えは見つからない。

フォーラムは、何かを決定するのが目的の話し合いではなく、違う意見をぶつけ合って討論する中で、自分の考えを広げ、深くしていくためのものだといえる。三十の国の子どもたちの生活や学校について考えることで、ある特定の国の文化、習慣に対する興味や関心が深まったもの、学校とは何かを問い返そうとするもの、日本という国の特色に気づき始めたものなど、一人一人の学習者が、得たものは異なっているが、それぞれの考えが、聞くことによって広がり、深まっていったといえる。

6　評価について

・意欲的に、また、積極的に、調べ読みを進めることができたか。
・他の学習者の発表を、問題意識を持って集中して聞くことができたか。
・学習後の読書生活に、付箋の使い方が生かされ、培われた問題意識が反映されているか。

7　今後の課題

「世界子どもフォーラム」の学習のあと、『アジアの人々を知る本』（大月書店刊）などを加えて、図書館に「国際理解コーナー」を設けた。最近では、従来の何となく本を読みに来る生徒の他に、「ちょっと調べたいんやけど、先生こんな本ない？」という生徒も増えた。

また、今回の学習を通して、私自身、「世界の学校」について目をひらかされることが多く、生徒の発表を聞き、あいづちをうちつつ、考え込んでしまうような場面が数多くあり、もっと聞きたい、もっと知りたいという気持ちが、絶えず働いていた。さらに、学習者が、はじめに調べてみたいと希望した国は、ヨーロッパを中心とした先進工業国が圧倒的に多かったものの、話し合いを通して、次第にアジアやアフリカの国々にも興味・関心を寄せ始めたこと、日本という国、自分の立場などを省みるきっかけとなっていくようすが見られたことも、大きな収穫であった。

しかし、話し合い自体の深まりについては、まだまだといった点も多くあり、学習者が、話し合いのその場で考えたことを、自由に話せるようなことばの力を育んでいくことが、今後の課題でもある。

四　読書指導の実際——実践事例その2　単元「古典新聞を作ろう」

1　単元設定の理由

中学校二年生の教科書（光村図書）の古典学習の単元は、中学生として一度は読んでおきたい有名な代表的な作品が並んでいる。こうした有名な代表作品を単なる知識として読むのではなく、主体的に楽しみながら読むことによって古典に親しむ単元にしたいと考えた。

学習者は、一年時の最後の教科書単元「『わたし』をこえて」で、新聞づくりに挑戦し、意欲的に活動することができた。二年になってもぜひ新聞づくりをもう一度やってみたいという希望が強かったので、「平家物語」「徒然草」「枕草子」の作品やその時代に取材した新聞をグループで作成することを学習者の単元目標にすることとした。

そのためにはまずこれらの作品を声に出し読み味わい、それぞれの作品の持つ世界に親しむことを目標としたい。そこで、教科書に出ている作品のほかにもこれら三作品の文章を取り上げ、原文であるいは口語訳で、量的にも豊かな古典の世界に接することができるように配慮した。

また、読書指導としても、古典に親しむことによって、将来にわたって自らの読書生活を豊かにすると同時に、古典新聞づくりのために必要な文献を、図書室でさがし活用することができるようにしたいと考えた。

2 単元目標

① 作者のものの見方や感じ方に触れ、古典に親しむきっかけをつかむことができる

② 主に次のような言語能力を身につける

ア 読む

・朗読によって古文独特の響きを味わうことができる

・必要な文献を探し、調べ読むことができる

イ 書く

・古典作品に取材した文章を書くことができる

ウ 話す

・新聞編集のための小グループの話し合いができる

・新聞編集のための小グループの話し合いの司会ができる

エ　聞く

・作品独特の文体の特徴を聞き分けることができる

3　学習指導計画（十五時間）

〈第一次〉　一年時に作成した新聞を読み合い、よい新聞の条件を知る。……………………二時間
〈第二次〉　「平家物語」テキストを朗読し、味わう。……………………………………………三時間
〈第三次〉　「枕草子」テキストを朗読し、味わう。………………………………………………三時間
〈第四次〉　「徒然草」テキストを朗読し、味わう。………………………………………………三時間
〈第五次〉　古典新聞作りのための話し合いをし、調べ読み、記事を書き、新聞を作る。……三時間
〈第六次〉　単元のまとめをする。……………………………………………………………………一時間

4　学習指導の展開

導入において、一年時において作成した新聞を読み合ったわけは、新聞作成時のグループでの話し合いや作業がたいそう楽しいものであったため、また機会があれば新聞が作りたいという学習者の希望から出たものである。一年時で作った新聞をもう一度読み返し、良い新聞の条件について考え、意見を出し合ったところで、古典新聞づくりの手引きによって、学習計画を立てた。

第二～四次では教科書教材のほかに、三つの作品を取り上げ左に読み仮名、右に単語ごとの現代語訳をつけた傍注テキストを用いた。この傍注テキストを、指導者の朗読、学習者の一斉あるいは個別の朗読、また指導者学習者

交互の朗読などを取り混ぜて繰り返し、繰り返し朗読した。ここでは何より古典語の響きを体で味わわせることを主たる目標とした。

第五次の新聞づくりでは、編集会議の後、図書室で、その作品、時代、作者について、文献を探し、調べ読みをした。自由に文献を探すほかに、あらかじめ用意しておいた、くもんの古典文学館『枕草子』（平田喜信監修、一九九一年四月六日、くもん出版刊）、イラスト学習古典『枕草子』（吉沢康夫、一九九二年一〇月一日、三省堂刊）などのようにイラストや漫画を交えた比較的読みやすい文献なども取り混ぜて特設コーナーも作っておいた。

学習者はカード（B６判）に調べたことをメモし、メモをもとに、レイアウトの分担どおり各自の担当記事を書くことができた。できあがった新聞を手に単元のまとめをした。

5　評価について

古典テキスト朗読への意欲や取り組みの姿勢を観察する。また、古典新聞づくりの編集会議や、取材、執筆、編集作業のそれぞれに、古典への関心・意欲が高まっているか、古典に親しもうとする態度が育っているかを見る。さらに、授業後の読書傾向に古典作品がどの程度取り入れられているかを見る。

五　おわりに

今振り返ると、一九九四年度は、比べ読み、重ね読み、調べ読む学習に多くの時間を費やしている。この時の学習者が、卒業時に、次のような感想を書いている。

小学校のころと違って、教科書に出ている文章だけ学習するのではなく、その文章から他の文章へつながっていくような、それでいろいろなことを教えられるような気がしました。三年間の授業の中では、新聞づくりや、他の国の同じくらいの年の子のことを調べたりしたことが、とても楽しく思い出に残っています。そして、三年間の授業を受けてみて、文章を書いたり、そのことを発表することは、自分を知ってもらう手段であり、他の人を知ることができる手段であることを教わったと思います。

学習者にとって、単に思い出に残る授業としてだけでなく、将来の言語生活に資する授業でありたいと願う。そのためにも、読書指導においては、語彙の指導も絶えず計画的に視野に入れた上での指導にすることが、今後の大きな課題であると考えている。

4　教科書の周辺を読む
――二つの単元を中心に――

一　はじめに

中学三年間の読書（生活）指導を通して、身につけさせておきたい読書技術はさまざまに考えられる。調べ読みと娯楽のための読書では、当然読み方が違ってくるであろうし、一口に調べ読みといっても、いろいろな読みの技術を使い分けることが必要になってくる。また、そうしたさまざまな読書をみずからの言語生活の中に位置づけ、向上を図っていくためにも、記録として残しておく習慣も中学生のこの時期に確かなものにしておかなくてはならない。

そうしたさまざまな読書技術の体験的な修得が望まれるなかで、一つのテーマを、広い視野から多角的に追究していく読書の方法もぜひ経験させておきたいことの一つであるといえる。価値観が多様化し、また国際化の進む現代社会にあっては、物事を多方面からとらえ、幅広い視野に立って、柔軟に受けとめていける人間性の育成が望まれる。中学生のいじめによる自殺という悲しむべき事実もまた、広い視野や、柔軟な考え方が人と人との関係を形づくる上で不足していることから始まっているように思える。ことばを通して、一つの物事をいろいろな角度から見ることができること、世の中にはいろいろな違った考えを持つ人がいるということ、価値観は一つではないということ、それぞれのよさをとらえるということ、学習者の言語生活の中でこうした人間性に培う学習が必要だといえる。

国語科の学習は、「ことばを使って生き抜く力」を身につける学習であるともいえる。学習者の将来にわたって「生きて働くことばの力」を見据えた国語教室でありたい。

二　単元「世界子どもフォーラム」（中学二年）の場合

1　単元設定の理由

学習者は、家庭と学校を往復する日常の中で、進学や進級という新しい出会いの場をのぞけば、その地域のごく限られた人間関係の閉塞した社会の中で生活している。学習者が、その日常の中で、新しい世界に出会い、目をひらかれ、新たな価値観に目覚める場があるとすれば、それはなんといっても学習の場であるだろう。

この単元では、学習者が調べ読む活動を通して、あるいは、他の学習者の発表を聞く活動を通して、新しい世界や価値観に出会う場にしたいと考えた。読んでいくうちに、今まで知らなかった世界に気づき、さらに知りたいという気持ちにつられ、知らず知らずのうちに引き込まれるように読んでしまう一時を経験すること。友だちの発表を聞きながら、ここはどうなっているのだろう、この点はどうなんだろうというように、次々と聞きたくなる気持ちを経験するような時間にしたいと考えた。

話し合いのための準備として調べ読む活動の中で、学習者は情報を収集し、選択し、活用することになる。また、調べたことを発表することは、新たなる伝達を目的とした情報の加工・再生産につながっていく。学習者はその両方の過程で、多様な価値観に気づき、自らの価値判断の基準を揺さぶられるなかで、自分自身の世界が広がり、深まっていくよろこびを味わうことができよう。

2　単元目標

単元「世界子どもフォーラム」は、フォーラム（討論会）形式で、それぞれが調べ得た情報を発表し交換し合うことを通して、情報活用の能力および話し合う力を育てようとした単元である。

（◎は今回の学習で身につけたい中心的な目標）

ア　読む

・知りたい情報が、本のどこにあるか、見当をつけながら、探すことができる
・付箋を使って、情報を整理しながら読むことができる
◎読みながら、さらに知りたい点、調べなくてはならない課題を見つけることができる

イ　書く

・知り得た情報を、発表形式に合わせて、短いことばにまとめて書くことができる

ウ　話す

・聞き手を意識し、声の大きさや速さに気をつけて話すことができる
・フォーラム形式での、発表や質問のしかたを知る

エ　聞く

◎聞きながら、質問したい点、さらに調べてみたい点を見つけることができる

3　教材

①『世界の子どもたち』（偕成社刊）全三十二巻…各巻とも八～十三歳の世界三十三カ国の子どもたちの生活を、カラー写真を交えながら紹介した本である。

②　「アジアの働く子どもたち」（松井やより稿、『国語2』、光村図書）

③　学習の手引き　三種類

4　学習指導計画（七時間）

〈第一次〉　教科書教材「アジアの働く子どもたち」を読み、日本の子どもをとりまく状況とは全く異なる現実を知って、これからの学習への興味を持つ。……………一時間

〈第二次〉　三十三カ国のうち、担当する国を決め、学習の計画をたてる。……………一時間

〈第三次〉　担当した子どもの名前、家族、国の位置、国のあらまし、生活や習慣、学校などについて、日本と同じ点異なっている点について調べ、意見発表用の原稿にまとめる。……………一時間

〈第四次〉　「世界子どもフォーラム」を開催し、担当した国の代表として発表し、互いの国についての情報や意見を交換し合う。……………三時間

〈第五次〉　単元のまとめをする。……………一時間

5　学習指導の展開

この単元では、情報整理の方法の一つとして、付箋の使い方をマスターさせたいと考えた。日本と比較して、文化・習慣の異なっている点には、赤色の付箋、同じ点には青色の付箋をつけるようにした。その後、表に整理して、発表できるようにした。この調べ読みの段階での、指導者の適切な支援が、あとの話し合いでの意見発表を成功させるために必要不可欠なものであると痛感した。

討論会「世界子どもフォーラム」ではまず、「世界の学校」をテーマに情報や意見を交換し合った。学習者は、

学校制度に関して比較対照する知識を持っていなかったので、最初は質問や感想を述べる程度であったが、他者の発表を聞くうちに、目をひらかれ、次第に考えが深まっていたように思う。

ミャンマーを担当した学習者Cは、単元のまとめに次のように書いている。

ミャンマーの子供たちは、親の手伝いをよくして偉いと思いました。遊びといえば、自分たちで作ったものとかばかりで、日本の子供があまりもっていないようなものばかりでした。日本は発展している国だなあと思いました。ミャンマーでは僧になる儀式のようなものがあるのはすごいと思いました。他の国の発表を聞いて、いろいろ違うところがあるので驚きました。今まで日本の国の学校制度が普通だと思っていたけれどそうではないんだなあと思いました。国一つ一つ学校制度が違い、私たちにはめずらしいと思うことがたくさんありました。義務教育がない国があったのにはびっくりしました。そこの国はどうなっているのかなあと思いました。夏休みが、すごく長い国もあってうらやましい気がしました。

ミャンマーの子どもたちの優れている点に気づくと同時に、日本の子どもたちが失ってしまったものが日本の経済発展の結果であることに気づき始めている。他国のよさに気づくとともに、あたりまえとして見過ごしていた自国のよい点も新たに発見している。まさに国際理解の第一歩がここから始まっているといえる。また次に挙げた学習者Dのように、これから考えていくべき自己の課題を発見したものもいる。

学校とは、いったい何のために行くのだろうか。どうして義務教育なのだろう。世界に学校のない国はひとつもない。国のために学校に行くのだろうか。国のためなど意味のないことであるのだろうか。まだ自分の学校への答えは見つからない。

フォーラムは、何かを決定するのが目的の話し合いではなく、違う意見をぶつけ合って討論する中で、自分の考えを広げ、深くしていくためのものだといえる。三十の国の子どもたちの生活や学校について考えることで、ある特定の国の文化、習慣に対する興味や関心が深まったもの、学校とは何かを問い返そうとするもの、日本という国の特色に気づき始めたものなど、一人一人の学習者が、得たものは異なっているが、それぞれの考えが、聞くことによって広がり、深まっていったといえる。

6　評価について

・意欲的に、また、積極的に、調べ読みを進めることができたか。
・他の学習者の発表を、問題意識を持って集中して聞くことができたか。
・学習後の読書生活に、付箋の使い方が生かされ、培われた問題意識が反映されているか。

7　学習を終えて

「世界子どもフォーラム」の学習のあと、『アジアの人々を知る本』（大月書店刊）などを加えて、図書館に「国際理解コーナー」を設けた。最近では、従来の何となく本を読みに来る生徒の他に、「ちょっと調べたいんやけど、先生こんな本ない？」という生徒も増えた。

また、今回の学習を通して、私自身、「世界の学校」について目をひらかされることが多く、生徒の発表を聞き、あいづちをうちつつ、考え込んでしまうような場面が数多くあり、もっと聞きたい、もっと知りたいという気持ちが、絶えず働いていた。さらに、学習者が、はじめに調べてみたいと希望した国は、ヨーロッパを中心とした先進工業国が圧倒的に多かったものの、話し合いを通して、次第にアジアやアフリカの国々にも興味・関心を寄せ始めたこと、日本という国、自分の立場などを省みるきっかけとなっていくようすが見られたことも、大きな収穫であった。

しかし、話し合い自体の深まりについては、まだまだといった点も多くあり、学習者が、話し合いのその場で考えたことを、自由に話せるようなことばの力を育んでいくことが、今後の課題でもある。

三　単元「戦争の加害について考える」（中学三年）の場合

1　単元設定の理由

今年（一九九七年）は戦後五十年にあたり、さまざまなイベントや特集報道、特別展などが催された。国語科においては、一・二年時を通して戦争がもたらす人間の心の痛みや悲しみを描いた作品を中心にしたテーマ単元を設け、学習を進めてきたが、三年では一歩進んで、戦争の加害の立場に立ち、国と国との複雑な絡み合いをとらえながら、戦争と人間について問い直す単元を展開したいと考えた。

戦争は、国際理解の対極にある悲劇的状況である。戦争の原因を解明することは困難であるが、戦争を回避する方法はさまざまに考えられる。戦争の加害の面に目を向けながら、学習者とともに戦争回避の方法を模索していくことが、義務教育最終段階にふさわしい国際理解のテーマ単元にもつながると考えた。国際理解に関する単元は、二年時において、話し合う力を育てる「世界子どもフォーラム」の学習をおこなっている。この単元の延長線上にも、この単元「戦争の加害について考える」は、位置する。

さらに、二学期末に予定している先住民族に関するミニ単元ともつながっていて、学年間の系統だけではなく、他のテーマ単元との横のつながりも図っていきたいと考えた。

2　単元目標

①　一つのテーマを、広い視野に立って多角的に追究していこうとする読書意欲を育てる
②　国際理解の視点に立って、幅広く柔軟に物事を考えていく態度を育てる
③　おもに次のような言語能力を育成する

ア　読む
・社会や歴史の変動の中の人物像を読み取ることができる
・関連する資料の中に自己の課題をとらえながら読むことができる
・自己の課題に関連する資料を自主的に探し読むことができる

イ　書く
・登場人物の生き方や、考え方をとらえ自分の考えを書くことができる
・心の奥の象徴的なイメージの描き方を学び、自己の表現に生かそうとする

ウ　話す
・教科書教材や学習資料からの引用部分を自然に話すように朗読によって紹介することができ、自分の考えとうまく組み合わせて発表できる

エ　聞く
・自分の考えと照らし合わせながら、朗読や発表を主体的・創造的に聞くことができる

3　学習指導計画（八時間）

〈第一次〉　朗読によって魯迅「故郷」を読み味わうと同時に、日露戦争下の日本と中国の状況や、魯迅の中国国

民に対する思いについて考える。……………………………………四時間

〈第二次〉教科書以外の学習資料「魯迅とその文学」、新村徹「われら劣等国民」教科書教材「ヒロシマ神話」と、新聞資料「原爆投下問い直す米マスコミ」「たった一人の平和運動―原爆被害と戦争加害絵本に」を重ね読み、原爆投下についてのさまざまな人々のさまざまな考え方をとらえる。……………………………………………一時間

〈第三次〉教科書教材「パールハーバーの授業」、新聞資料「日本の『今』問う生徒ら」「日本には親しみと不信」を重ね読み、戦争を加害と被害の両方の立場からとらえ、人間の生き方について考える。……二時間

〈第四次〉自己の生き方や、国際理解の問題についての考えを明らかにし、単元のまとめをする。………一時間

4　学習者の反応

・日本はアジアのいろんな国に対して、いろんな迷惑をかけてきた。今、日本は経済大国となっているのだが、もっとアジアの国を助けるべきだと思う。

外国の人々とふれあい、向こうの文化を学んだりすることが大切だと思う。日本の過去の過ちを知り、これからの外国とのつき合いを大切にする。

・原爆というのは、言葉以上にこわいものだとものすごくわかった。どうしてこんなこわいものを、勝利を手に入れるために使うのだろうか。そこまでして他の人の夢（生きる権利？）をこわしたいのだろうか。そこんところをアメリカの人たちでなく、世界の人たちに知ってほしい。そして、みんなが幸せに暮らせる日が一日も早く来て、原爆の被害にあった人たちの夢の分、自分たちの夢を実現させてほしい。国と国どうしが仲よく協力し合う日が一日でも早く来ることを被害者の人たちは願っていると思う。

人と人とが分かり合えたらきっと国と国とも分かり合えると思う。だからいつも他の国との交流の仕方や、ふれあいを大切にすればきっとうまくいくと思う。そうなれば外国の人たちと話をするのも楽しくなるし、やっぱり自分の人生も明るくなってくると思う。外国の人たちも、黙って無視されるより、どんどん質問されたり、話しかけてくれることを望んでいると思う。だから外国の人を見かけたら小さくならずに、友だちと思って、ふれあったらきっと喜んでくれると思う。英語が話せなくても自分と相手のコミュニケーションの問題だから関係ないと思います。自分さえしっかりしていれば大丈夫だと思う。

・私は戦争の加害について自分はよくわかっているつもりでした。でも、実際は全然知りませんでした。韓国・台湾の人たちは日本についてよく知っているのに私は、全然知りません。それどころか日本の政治についてもあまり知りません。これからはニュースもよく見なければと思いました。そして、戦争の加害についても最初から勉強しなおそうと思いました。

　自分でもあまりまだよく分からないけれど、他の国の政治とか、他の国が今困っていることなどを、一人一人がよく分かり合って助けてあげることが国際理解ということだと思います。そして思うだけでなく、自分はその国に対して何ができるか考えるべきだと思います。

・違う国の人どうしが、お互いを理解し合う。社会的、経済的な自分たちの国のことを話し合う。自分たちの国の問題などを話し合ったりする。他国の人たちの考えとかをよく話し合って理解する。

・私は新聞の台湾の人たちに聞いた記事を読んでとてもびっくりしました。それは、台湾に住んでいる多くの高校生は日本についてとてもよく知っていたからです。私は台湾の歴史や韓国の歴史はほとんど全然知りません。けど台湾や韓国の生徒は日本のことについてたくさん知っていて驚きました。それに日本人は侵略について謝罪をしていないと思います。つい最近も江藤長官の「植民地時代に日本はいいこともした。」などと軽々しい発言が問題になりました。こんなことを言う前に、日本がしたことを他の国の人々に謝罪をするべきだと思います。

私が授業を通して感じたことは、国際理解というのは、その国のことを少しでも知ろうと思うことが大切だと思いました。その国のことを知ることで、自分の考えが変わってくるからです。

・日本の戦争での被害はとても大きいと思う。けれどそれと同じくらい加害も大きい。けど日本人は被害意識ばかり強く、アジアにしてきたことをかくそうとしているように思う。被害を訴える前に、加害をもっと理解しなければならないと思う。

さまざまな国に対して先入観がとても強くあると思う。その考え方のせいで互いに認め合えないのだと思う。同じ人間として、いいところも悪いところも認め合える人間関係が必要だと思う。

・いろいろな資料を読んでいると日本の悪いところしか書いていなかったので腹が立った。たしかにアジアの人々に迷惑をかけた。けど今は、それを反省して仲よくなろうとしている。唯一の被爆国として世界に訴えているのは、過去の過ちを反省しているからだと思う。過去の過ちをもう二度とくり返さないようにしたい。そして国際交流をしていきたいなあと思う。

・私の思う国際理解とは、戦争をもう一度見直していって、「あの国が悪い」とか「原爆を使ったのは良かった・悪かった」とかではなく、なぜあの国がいいと思うのはなぜか、原爆はどんな悲劇をつくったのかをよく知っていくことです。戦争の一面だけを見て戦争のことをいうのはやめて、たくさんの面からみて、これからの世界はどうしていくのかを考えていくことが国際理解の一歩だと思います。

＊サリーちゃん（ペルーからの転校生）との交流を通して

・サリーちゃんとは、何度も話したことがある。それは、最初はへんだなとか、なんなこいつとか思ったけど、話していくうちに、みんなと同じ友だちだし人間だと思えてきた。へんだとか、なんなこいつと思うことは人間と思っていないということだと思う。そこんところを僕は間違っていたと思う。同じ人間だし、同じ友だちだということを忘れてはいけない。英語を教えるために外国から来ている先生のように僕もサリーちゃんを好きになりたい。だからサリーちゃんにはずっと日本にいてもらいたいと思う。

・初めサリーが吉野中にくると聞いたときはびっくりしました。二年生だから三年生とは話ができないと思っていたけど、休み時間とか話をしたり、体育の時いっしょにしたりと、仲よくできています。私はサリーはすごいと思います。話をするときはじっと顔を見て話していて、言葉が分からないことがあると、すぐに辞書を引いたりして、次話をするときには、もうその言葉をおぼえていたりしています。サリーと話をしていると楽しいです。交流はいいことだとおもいます。だから私はこんな出会いを大切にしたいです。

・サリーちゃんは私たち以上に勉強熱心だと思う。今では日本語も話せるようになったのにとても感心している。私が初めてサリーちゃんにあったとき、「おはよう」とあいさつしてみたら、サリーちゃんは笑顔で何か言ってくれた。このとき人間と人間のつき合いで言葉より大切なものがあると思った。ペルーから日本に来て不安だらけの中でいつも笑顔でいるということは、とてもたいへんなことだと思う。しかしその笑顔を見ると、私はとてもうれしい気持ちになる。私もいつも笑顔でいようと心がけている。朝、サリーちゃんに対しての接し方で注意があった。とても残念で腹立たしく思う。二度とこんなことがないように注意したい。

・やっぱり文化の違いを感じます。サリーの住んでいたペルーでは、サリーぐらいの年の子でも学校に行っているのにピアスをしてるし、香水だってふっている……やっぱ国際的に日本は遅れてますね。日本は個性を尊重しているというわりには、校則は厳しいし、みんないっしょの制服だし、髪型も決められているような学校が多いので、これでは外国から来た生徒は、かなりいっしょに生活するのは難しいでしょう。

・サリーちゃんとはあまり話したこともないし、なんか近寄りがたいという気持ちが強いのだと思います。もし日本人だったら話してみようという気になるかもしれないけれど、言葉が通じないと困るから、逃げてしまうといった感じです。でもサリーのほうは、一生懸命あまり知らない日本語を使って話しかけてきてくれるので、その時私は、ほんとうになんてヤツなんだろうと後悔してしまいます。

・私は「外国人」というと何か緊張してしまってすごく遠い存在という感じがしていたけれど、サリーと話とかをしているとすごく楽しいし、外国人だからといって緊張することなんてないんだと思った。

5　評価について

・発表、朗読、学習記録、学習のまとめ、ペーパーテストを通して、めざすことばの力が身についているか。
・学習態度や、学習記録、単元のまとめに、テーマ追究の意欲が感じられるか。
・集団読書における読書傾向にテーマ追究の意欲が感じられるか。
・日常の学校生活において、幅広く柔軟な人間関係を築こうとする態度が見られるか。

5　学校図書館に調べ読む楽しさを

一　はじめに

本校（吉野中学校）では、国語科の学習を中心に、学校図書館を調べ読む学習の場として、学年の発達段階にそった系統的学習をめざしてきた。

二十一世紀のマルチメディアの時代においては、情報探索などはすべてコンピュータがやってくれることになる。しかし、そうなっても、情報収集・活用などに関することは、コンピュータのキーを押すだけで、人間が頭を使わなくてもよくなるわけではなく、実際は、情報の探索が容易になればなるほど、情報収集・活用などの能力やものの見方が大切になってくる。

情報選択・収集・活用の能力を体験的に、練り鍛える場として図書館を有効に利用することが、課題であると考えた。そこで、本校では四年前から、生徒が図書を利用しながら、自らの課題にそって自由に調べ読み、調べ読むことによってひらかれていく場となるようにしたいと、実践・研究を重ねてきた。

二　図書館利用の実際

1　環境問題学習——国語科一年生の場合

地球環境の悪化とともに、環境教育への取り組みは必然性を増し、国語教科書にも環境問題に関する説明的文章が多く取り上げられている。この説明的文章の学習を単なる読解中心の学習に終わらせることなく、他の環境問題に関する資料とともに、情報を選択・収集し、新たに伝達を目的とした資料作成のために活用していく〈資料1〉能力に培う場としたいと考えた。

次に、平成五年度に実践した単元「吉中の環境を考える」を例に、図書館の利用の状況について具体的に述べたい。

本校図書館に環境問題学習コーナーを設置したのは、平成三年のことである。『よごされる海・川・湖』（西岡秀三著、学習研究社刊）、『世界の森とくらし』（片桐一正著、農文協刊）をはじめとして、大気汚染、酸性雨、エネルギー問題、オゾン層破壊、森林破壊、砂漠化、土壌汚染、食物汚染、有機農業などに関する小中学生向けの図書や、成人読者を対象とした読み物など四十冊あまりの図書を用意した〈資料2〉。平成三年度には二年生が、まずこれら資料をもとに、各自が興味を持った環境問題について、グループで調べ読み、文集「わたしたちのエコロジー・ブック」にまとめることができた。続く平成四年度にはおなじく二年生が、環境コーナーの資料を使って、環境問題を特集した「新聞づくり」に挑戦した。

そして、平成五年度は、ＵＴＡＮ編著、『今、「水」が危ない！』環境白書シリーズなど、新たに二十冊あまりの図書を加えて、一年生で単元「吉中の環境を考える」を次のように展開した。

【学習指導過程】（十一時間）

〈第一次〉　身近な環境問題に目を向け、自ら取り組むテーマを決め学習計画を立てる。……………一時間

〈第二次〉　教科書教材「自然の小さな診断役」「本当に必要なものは」で、文集づくりに向けての文章構成、書きだし・結びの工夫について学習する。…………………………………………………………四時間

〈第三次〉　自分の選んだテーマにふさわしい本を知り、その本のどこに何が書いてあるかを大まかに把握する。……二時間

〈第四次〉　担当した本の中から、必要な情報を選択し、カードに整理する。………………………………一時間

〈第五次〉　作成したカードをもとに、文章を組み立て、文集の原稿を書く。………………………………二時間

〈第六次〉　できあがった文集を読み合い、学習のまとめをする。…………………………………………一時間

学習者は、身近な環境の問題点を見つけ、その原因や、同類の現象、その対策や、自分にもできる解決法などを、本の中から見つけだし、再び、学校の仲間に向けて、環境の改善を呼びかける文章を生み出していくことを体験した。この体験の中で、情報の選択、活用の能力を少しずつ身につけていっているように思う。目次やまえがき、あとがき、索引などの役割を知ることも重要であった。また、カードメソッドによる情報の整理・活用は学習者にとって、結構骨が折れ、時間のかかる作業ではあったが、この時期にぜひカードによる情報活用の方法を身につけさせておきたいと考えた。

この学習では、先輩たちの作成した文集や新聞などを見ることによっても、学習への意欲をかきたてられたといえる。学校図書館では、このような生徒の手になる文集や新聞なども資料として保存していくべきであると考える。また、評価の段階で互いの文章を読み合うことによって、自己の文章の長所に気づき、さらに克服していくべき課

題をそれぞれの能力に応じてとらえることができ、次の学習への意欲づけともなった。

学習者Aは、自らの文章について次のように書いている。

自分の意見文を読んで、最初の方はわりとまとまっていて、文章と文章のつなぎ方もよくできていると思いました。後半のところをもっと、わかりやすくまとめて文章にしていればよかったかなと思います。

Aは、自己の意見文のよい点として、前半の文章と文章のつなぎ方を挙げており、これらは言い換えると情報と情報の関連づけの成功ということもできる。カードメソッドによって、ひとまとまりの文章が一つの情報としてとらえられ、また、情報と情報の関連づけも意図的におこなわれかつ成功している状態といえる。また、今後の課題として単なる引用ではなく、要点をとらえて述べようとしていることがうかがえる。さらにAは、学習者Bの文章のよい点を次のように述べている。

Bさんの意見文を読んで、文章と文章のつなぎ方がとてもよくできていて文章の構成もよくできていると思いました。今度このような文章を書くときには、私も、読む人がすいよせられるように最後まで読んでしまうような文章の構成と文章のつなぎ方をまねたいと思います。

AがBの文章から学んだことは、全体の文章構成のうまさである。「読む人がすいよせられるように最後まで読んでしまう」という表現から、はっきりと読み手を意識した文章構成を今後の課題としていることがわかる。

学習者一人一人が調べ読み、文集を作る過程で得ることのできる力は想像以上に大きい。このことは言い換えると、自ら興味を持ったテーマにそって、資料を選び、課題を追求するという個に応じた学習の場が、学校図書館によって保障されていることによると考える。

2　国際理解学習――国語科、特別活動二年生の場合――

情報を収集し、選択し、活用することは、新たなる伝達を目的とした情報の加工・再生産を伴うこともあると同時に、多様な価値観に気づき、自らの価値判断の基準を揺さぶられるときであるともいえる。そういう意味では、国際理解の学習も、さまざまな価値観に出会う学習ということができる。

単元「世界子どもフォーラム」は、フォーラム（討論会）形式で、それぞれが調べ得た情報を発表し交換し合うことを通して、情報活用の能力および話し合う力を育てようとした単元である。この学習に使用した図書は、『世界の子どもたち』（偕成社刊）全三十三巻で、内容は、各巻とも八～十三歳くらいの世界三十三カ国の子どもたちの生活を、カラー写真を交えながら紹介した本である。この単元の学習は、次に示すような過程ですすめた。

【学習指導過程】（七時間）

〈第一次〉　教科書教材「アジアの働く子どもたち」（松井やより稿）を読み、日本の子どもをとりまく状況とは全く異なる現実を知って、これからの学習への興味を持つ。……………………………………一時間

〈第二次〉　三十三カ国のうち、担当する国を決め、学習の計画をたてる。………………………………一時間

〈第三次〉　担当した子どもの名前、家族、国の位置、国のあらまし、生活や習慣、学校などについて、日本と同じ点異なっている点について調べ、意見発表用の原稿にまとめる。………………………………一時間

〈第四次〉　「世界子どもフォーラム」を開催し、担当した国の代表として発表し、互いの国についての情報や意見を交換し合う。…………………………………………………………………………………………三時間

〈第五次〉　単元のまとめをする。…………………………………………一時間

この単元では、情報整理の方法の一つとして、付箋の使い方をマスターさせたいと考えた。日本と比較して、文化・習慣の異なっている点には、赤色の付箋、同じ点には青色の付箋をつけるようにした。その後、表に整理して、発表できるようにした。

討論会「世界子どもフォーラム」ではまず、「世界の学校」をテーマに情報や意見を交換し合った。学習者は、学校制度に関して比較対照する知識を持っていなかったので、最初は質問や感想を述べる程度であったが、他者の発表を聞くうちに、目をひらかれ、次第に考えが深まっていたように思う。

ミャンマーを担当した学習者Cは、単元のまとめに次のように書いている。

　ミャンマーの子供たちは、親の手伝いをよくして偉いと思いました。遊びといえば、自分たちで作ったものとかばかりで、日本の子供があまりもっていないようなものばかりでした。日本は発展している国だなあと思いました。ミャンマーでは僧になる儀式のようなものがあるのはすごいと思いました。他の国の発表を聞いて、いろいろ違うところがあるので驚きました。今まで日本の国の学校制度が普通だと思っていたけれどそうではないんだなあと思いました。国一つ一つ学校制度が違い、私たちにはめずらしいと思うことがたくさんありました。義務教育がない国があったのにはびっくりしました。そこの国はどうなっているのかなあと思いました。夏休みが、すごく長い国もあってうらやましい気がしました。

ミャンマーの子どもたちの優れている点に気づくと同時に、日本の子どもたちが失ってしまったものが日本の経済発展の結果であることに気づき始めている。他国のよさに気づくとともに、あたりまえとして見過ごしていた自

国のよい点も新たに発見している。まさに国際理解の第一歩がここから始まっているといえる。また次に挙げた学習者Dのように、これから考えていくべき自己の課題を発見したものもいる。

学校とは、いったい何のために行くのだろうか。どうして義務教育なのだろう。世界に学校のない国はひとつもない。国のために学校に行くのだろうか。国のためなど意味のないことであるのだろうか。まだ自分の学校への答えは見つからない。

フォーラムは、何かを決定するのが目的の話し合いではなく、違う意見をぶつけ合って討論する中から、自分の考えを深くしていくためのものだといえる。三十の国の子どもたちの生活や学校について考えることで、得たものは学習者一人一人違っているが、何かが一つ深くなっていったことは事実である。また、話し合いを深めていくためには、その準備としての情報の選択や収集を充実したものにしておくことが肝要であると、気づかされた。

三　おわりに

「世界子どもフォーラム」の学習のあと、『アジアの人々を知る本』(大月書店刊)などを加えて、図書館に「国際理解コーナー」を設けた。ほかに、修学旅行コーナー、進路について知るコーナーなどを設けている。最近では、従来の何となく本を読みに来る生徒の他に、「ちょっと調べたいんやけど、先生こんな本ない?」という生徒も増えた。学校図書館を生徒のための情報センターとして、ますます充実したものにしていかなければと考えるこのごろである。

〈資料1〉単元「吉中の環境を考える」〈本のどこに何が書いてあるかを知るための手引き〉

1　私が担当する本のタイトルは、

□　です。

筆者（編者）は、

□　で（　　）年（　）月（　）日に、

□　より、出版されました。

2　この本は、全部で（　　）ページあり、目次は、次のようになっています。

・まえがき
・
・あとがき

・参考文献　（　　　）ページ
・索　　引　（　　　）ページ

3　この本の、まえがきには、

[　　　　　　　　　　]

と書いてあります。

また、あとがきには、

[　　　　　　　　　　]

と書いてあります。

4　私は、この本で主に、

[　　　　　　　　　　]

について、調べようと思っています。

〈資料2〉単元「吉中の環境を考える」　資料一覧表〈単行本〉

番号	書名	著者名	発行所	備考
1	公害の話	松谷　富彦	ポプラ社	公害、イタイイタイ病、水俣病
2	日本と世界の未来	土生　長穂	岩崎書店	食糧問題
3	未来を見つめる農場	金子　美登	岩崎書店	有機農業
4	これからの日本農業	熊本　一規	岩崎書店	農業とエネルギー問題
5	エネルギーをかんがえる	高木仁三郎	岩崎書店	くらしとエネルギー
6	水と人間	半谷　高久	小峰書店	生命と水、水とのつきあい
7	世界の森とくらし	片桐　一正	農文協	森と人間のくらし
8	よごされる海・川・湖	西岡　秀三	学　研	海や川を汚染から守ろう
9	森林と人間	只木　良也	小峰書店	人間の生活を守る森林
10	エネルギーの話	押田　勇雄	小峰書店	エネルギーのもと、むだ
11	破壊される大気	西岡　秀三	学　研	大気汚染、オゾン層破壊
12	消えていく森林	西岡　秀三	学　研	なぜ森林が消えるか、緑を守ろう
13	汚される大地	西岡　秀三	学　研	土壌汚染、土を守ろう
14	熱くなる地球、異常気象	西岡　秀三	学　研	温暖化とエネルギー問題
15	ゴミとたたかう	半谷　高久	小峰書店	ゴミ処理と再利用

16	世界のすてきなごみ仲間	松田美夜子	日　報	世界各国のゴミ処理		
17	砂漠で野菜がつくれるか	松井　孝	ポプラ社	二一世紀を開く農業方法		
18	いま、地球があぶない	浅井　富雄	ポプラ社	温暖化、酸性雨、オゾン層破壊		
19	かがやけ、野のいのち	星　寛治	筑摩書房	無農薬有機栽培		
20	生きものを教える　中学生編		農　文　協	自然と人間、森林破壊		
21	オゾン層を守る	環　境　庁	日本放送出版協会	オゾン層の役割、フロンガス		
22	地球を救う１３３の方法	アースディ日本	家の光協会	地球環境をよくするマニュアル		
23	地球白書	レスター・R・ブラウン	ダイヤモンド社	温暖化、農業用水、大気汚染		
24	気象異常	山元龍三郎	集　英　社	フロン、酸性雨、森林破壊、温暖化		
25	熱帯雨林を救おう	マーティン・バンクス	偕　成　社	破壊から守るために		
26	農業と環境問題	マーク・ランバート	偕　成　社	地球にやさしい農業を目指して		
27	ゴミとリサイクル	ハーバラ・ジェームズ	偕　成　社	地球をゴミから守るには		
28	砂漠化から地球を守ろう	エバン・マクリーシュ	偕　成　社	砂漠化はどうすれば防げるか		
29	地球の大気を守ろう	ジョーン・ベインズ	偕　成　社	大気汚染はどうすれば防げるか		
30	地球の海を救おう	〃	偕　成　社	海洋汚染はどうすれば防げるか		
31	酸性雨から地球を守ろう	〃	偕　成　社	酸性雨はどうすれば防げるか		
32	大気汚染から地球を守れ！	奈須　紀幸	ポプラ社	気象のしくみと大気汚染、温暖化		
33	フロンガスがオゾン層をこわす	〃	ポプラ社	オゾンホールと紫外線の恐怖		

34	地球から森が消えていく	〃	ポプラ社	森林の役割、砂漠化、森林破壊		
35	核の時代をどういきるか	伊東　壮	ポプラ社	エネルギー問題と原子力発電		
36	ゴミが地球をうめつくす	藤田　千枝	ポプラ社	ゴミのいろいろ、収集されたゴミ		
37	人間のいのちをささえる土	八幡　敏雄	ポプラ社	土壌浸食、土壌汚染		
38	わたしたちの水があぶない	奈須　紀幸	ポプラ社	酸性雨、地球と命と水、化学物質		
39	今「子供」が危ない	UTAN編集部	学習研究社	アレルギー、子どもの食生活		
40	今「水道水」が危ない	〃	〃			
41	何を食べたらいいのか	〃	〃			
42	今「野生動物」が危ない	〃	〃			
43	「異常気象」最新レポート	〃	〃			
44	「地球環境」データブック	〃	〃			
45	森の樹木	前田　禎三	〃			
46	森の昆虫	片桐　一正	〃			

6　ＮＩＥで意見を育てる
――中学一年の場合――

一　はじめに

国際化の進む社会のなかでは、文化、風習、習慣などのさまざまな価値観の違いをふまえた上で、国際人としてしっかりした自分の意見を持ち、かつ論理的に述べることのできる言語能力が要求されている。こうした視点に立って国語科では、自らの意見を形づくる基礎となる情報活用能力および聞く話すを基礎とした話し合いの力を段階的、系統的に育んでいく必要があると考える。

新聞はこうした時代にあって、学習者の意見を育て、学習者の生活に結びついた話し合う価値のある話題を提供してくれる学習材の宝庫である。

しかし、一方で学習者の実態はというと、部活動や塾などで放課後も自由な時間のきわめて少ない生活を強いられており、自らの生活に必要な情報をテレビや若者向けの情報誌から得るなど、やはり活字離れは否めない現状にあるといえる。

国語科では、このような学習者の実態をふまえつつ、ＮＩＥの授業を通して学習者が、将来国際人として活躍するために必要なことばの力を身につけさせたいと考えた。

二　単元「徳島の自然を守る」（中学一年）の場合

1　単元設定の理由

国語科の教科書には、必ずといってよいほど取り上げられている文章に「環境問題に関する説明文」がある。多くの場合それは、説明文の読解の過程で論理的な文章の構成法について学習し、読み取ったことを生かしつつ自分の考えを加えて、新たな意見文に再構築するという情報活用能力を育てる単元になっている。

『国語1』（光村図書）の「自然と共に生きる」という単元も、単元末の課題として「生活を見直し、文章に書く」が掲げられ、その解説には、「この文章は、森と人間の歴史をふり返ることから、海の生物に与える森の影響を説いている。人間の生活や活動が自然にあたえている例を取り上げ、文章に書いてみよう。」と書かれている。けれども、学習者に実際にこのような活動をさせた場合、この「例を取り上げる」ことが、かなり難しい作業になることが多い。そこで、本単元では、環境問題に関する新聞記事の収集を学習活動に取り入れることによって、学習者自身の環境問題に関する意見を育てていきたいと考え、次のような単元目標および学習計画を立てた。

2　単元目標

①　新聞を読む楽しさを味わい、読書生活の一部として新聞に親しむ態度を育てる
②　課題意識を持って新聞を読み、身近な環境問題に関する自分なりの意見を持つことができる
③　主に次のような言語能力を身につけさせる

ア　読む

・新聞を読み、どこに何が書いてあるかを把握することができる
・たくさんの記事の中から自分にとって必要な記事を集め、整理することができる
イ　書く
・収集した新聞記事についての簡単な気づきを書くことができる
ウ　話す
・興味を持った新聞記事をもとに、自分の考えを発表することができる
エ　聞く
・自らの生活と結びつけながら発表を聞くことができる

3　教　材

①　教科書教材　青木淳一著「自然の小さな診断役」（『国語1』、光村図書）
松永勝彦著「魚を育てる森」（　〃　）
②　新　聞　一九九七年十月一日から三十一日までの徳島、朝日、読売、毎日、サンケイ、日本経済、毎日中学生新聞各紙
③　その他の教材　「川が育む自然の意識　テームズ、黒姫、吉野川」C・W・ニコル（吉野川シンポジウム実行委員会編『未来の川のほとりにて―吉野川メッセージ』、一九九七・五・二五、山と渓谷社刊より）

4　学習指導計画（十六時間）

〈第一次〉　指導者の講話を聞いたり、「川が育む自然の意識」（C・W・ニコル）を読むことによって、単元の学習

に見通しを持つことができるようにする。……………………………………一時間

〈第二次〉　教科書教材「自然の小さな診断役」「魚を育てる森」を読み、効果的な説明のしかたについて考える。……………………………………………………………………六時間

〈第三次〉　およそ五～六日分の新聞を読み、環境問題に関する新聞記事を集め、簡単な気づきを書き付け整理する。…………………………………………………………………二時間

〈第四次〉　集めた記事の内容をチェックしながら、「徳島の自然を守る」ためには何をすべきか、自分の意見をまとめていく。………………………………………………………………二時間

〈第五次〉　自分の考えを発表する準備をする。（二人で対談の形にしてもよい。）……………二時間

〈第六次〉　発表会を開き、単元のまとめをする。………………………………………………三時間

5　学習指導の展開

〈第一次〉

木頭村のダム建設や吉野川可動堰の問題など、徳島の自然環境を取り巻く問題についての指導者の話を聞いた後、Ｃ・Ｗ・ニコル氏のテームズ河畔に美しい自然環境を取り戻すための市民運動に関する講演記録を読み、これからの学習のイメージを思い描いた。

〈第二次〉

教科書教材「自然の小さな診断役」は、ダニといういわば人間にとっては嫌われ者の生物が、実は環境破壊の診断役であることに気づかせてくれる文章である。ダニの特徴を説明することによって、読者の興味をうまく引きつ

けながら、最後まで読ませてしまう巧みな文章構成になっている。ここではまず、読者（発表の場合は聞き手）の興味をそらさず結論にいたる説明のしかたを学ぶこととした。

また、「魚を育てる森」では、〈森が消えると、なぜ魚が死ぬのか？〉という問題提起にそって、具体例を挙げながら論理的に説明していく構成法を中心に学習した。

これらの学習はまた、内容面においても、徳島の自然を守る方法を考えていく上でも大きな示唆を与えてくれる学習であった。

〈第三次〉

十月一月間の、六社七紙の新聞を三十八人の学習者が分担し、新聞記事の中から、「徳島の自然を守る」ためのヒントとなりそうな記事を集めることとした。この場合、同じ新聞を調べている者はいないので、自分が集めた情報は、他の学習者の知り得ない価値ある独自の情報となり、発表の段階で聞き手の意欲をかき立てることができると思われる。

新聞を渡された学習者は、「こんなにたくさんの新聞どうしたんですか。」「誰がくれたんですか。」「すごーい。」などと口々に話し出す。しかし作業の要領を説明すると、それぞれが自分の分担の新聞を手にしばしは、読みひたっている。新しい新聞のインクの香りが教室中に広がって、学習者のわくわくする気持ちと意欲が指導者にも伝わってくる。

日常はあわただしい生活のなかで、じっくりと新聞を読む時間のない学習者も、まずは社会面や経済面の記事に挑んでいる。地球温暖化のしくみやダイオキシン汚染の問題など、難しい専門用語も使われているが、探せば必ず用語の詳しい説明、仕組みを説明する図などが付いていることを学習者に示していった。

切り抜いた記事は、〈資料1〉のような用紙に貼り付け簡単な気づきを書いて整理していった。

〈第四次〉

すべての切り抜きが終わった段階で、〈資料2〉の表と手引きを使って自分の考えを整理しまとめた。作業を進めていく段階で、行き詰まっている点については指導者が助言をおこなう。

〈第五次〉

発表は、一人での発表と二人で対談の形での発表との中からどちらかを選ぶ形を取った。今までグループでの発表会は何度か経験しているが、ここでは一人あるいは二人ですべての責任を持って発表する形に発展させたかった。〈資料3〉が、発表のための手引きである。この手引きを使って、自分の考えを発表できる形にまとめた。この段階で、記事の内容理解が不十分な者には、手持ちの記事の中から理解が十分なものに変更するよう指導した。次に実物映写機を使いながら、発表のリハーサルをおこなった。

〈第六次〉

発表会は、テレビモニターを用いて、新聞記事を実際に紹介しながら説明していく形を取った。六名の学習者が一人で発表する形を選び、残り三十二名は、二人で発表する形を選び、十六組に分かれて、発表をおこなった。発表に際しては、事前に何度か、各組ごとに友達には発表内容を知られないよう気をつけながら、発表のリハーサルをおこなった。

第一回目の発表会の時、徳島新聞社の記者の方が取材に見え、発表者はかなり緊張したようであったが、各組とも意欲的に発表することができた。

また、聞き手は、聞き取りメモを通して、身近な自分自身の生活と結びつけながら聞き取れるよう配慮した。

単元のまとめの段階では、他の学習者から得られた情報も取り入れながら自分の意見をさらにしっかりしたものにしていきたい。また発展として、友達が集めた情報網〈資料4〉の中でさらに調べてみたい記事はどれかについて考えさせ、今後の学習へ意欲をつないでいきたい。

6　学習者の反応

○　記事を集める作業を通して

・なかなかあつまらなかったことや、記事が難しすぎてわからなかったこと、あと、最後のまとめるところが上手にいかなくて何度も書き直したこと。でも、地球のことは人のことではなく、自分たちのことなんだと感じた。

・初めはどういう記事を取り集めようかいろいろ迷ったけど、作業をしているうちに「徳島の自然を守る」ためには、こういうことをしたらいいなあなど、思いついたことがたくさんありました。

・一日の新聞にはいくつもの環境問題に関する記事が載っていることがわかりました。

・記事を集めるときには、たくさんの新聞を読んだり、先生に教えてもらったりしながら作業をしていった。ぼくは、字を読むのが嫌いだから新聞を開けたときは、ああいやだなあ、めんどくさいなと思ったが、やっていくうちに楽しくなってきた。

・新聞を切り抜いたりするのは、今までにほとんどしたことがなかったので、記事を見つけてからがぐちゃぐちゃになって、むずかしかったです。二人組に分かれたけれどなかなか発表する記事も決まりませんでした。でも、相談したり、先生に聞いたりしながら、スムーズに進んでいったのでよかったです。新聞には、ほかにもいろいろな記事があるので、また新聞を使った勉強もしたいと思いました。

・むずかしかったのは、どう記事をまとめていったらいいのかわからなかったことです。けど、先生や、友達に聞いてだんだんできてきて、一枚のプリントが仕上がりました。感じたことは、一つの記事を発表するのに、これだけむずかしいのがわかったことです。
・環境問題が一日の新聞に必ず一回はのっていたので、環境問題が悪化しているのだなあと思いました。
・あつめるのはたいへんで、新聞の中から一つの記事を見つけて、しかも、それを発表するなんてすごいことだと思いました。でも二人でやるのもいいといったのでけっこうささーとすみました。でも記事を集める時は一人だったので、たいへんでした。大きな新聞を机いっぱいに広げて、いつも全然見ていないところを真剣に読んで、「自然」のことについて書いてあるのを探したりするのはすごくたいへんでした。

○　発表して

・発表し終わって、自分が「徳島の自然を守る」ことについて、こんなに考えたりしたのが今までで始めてで、すごく満足した気分になれました。
・発表をしてとてもどきどきしました。一生懸命調べたことが、みんなにわかるかどうかとても不安でした。でもちゃんとみんなにわかってよかったです。
・みんなが真剣に聞いてくれたり、見てくれたりして、よけいに緊張しました。でも真剣に聞いてくれてうれしかったです。また、発表をする機会があったら、今以上の発表をしたいと思います。
・みんなの前で、緊張したけど、発表すればするほど緊張しなくなるから発表はしていきたいです。
・すごく緊張しました。うまく言えるかなとか質問でたらどうしようかとかいろーんなことが気にかかって何度も練習してがんばりました。いよいよ発表の時がきたんだと思うと、もう前の人が発表しているのも見ることができなくてたいへんでした。でも先生がいろんな説明をしてくれたので助かったです。
・発表する前は、「ほんとにこれでＯＫかな?・」と思っていたけど、発表が終わったあと、「やっぱりこれでよかったんだな」と思って、うれしかったです。

○　友だちの発表を聞いて

・自分たちの新聞記事以外の記事を取り上げているのを見て、自分たちの身の回りからも自然を守ることができるんだなあと思いました。また、同じような記事を使っていても、グループによって考え方が違っていたりして、とてもいい勉強になったと思います。

・みんな一人一人の意見が違っていて、私もそうやってしていこうと思うことがたくさんありました。ゴミを捨てるときは、リサイクルできないか考える、ゴミは分別して捨てるなど私にできることがたくさんありました。この発表をこれからの生活にいかしていきたいです。

・みんなも、一つの記事をていねいにまとめて発表していて、すごいなと思いました。またこういうのをやってみたいです。

・みんな記事をすらすら、読み上げていってすごいなあと思いました。あんな記事もこんな記事もあるって感じで、よくそんな記事見つけられたなとか、そういうことに気をつければいいんだとかそういうことを感じました。

・「徳島の自然を守る」ためにということで、たくさんの記事が集まり、発表していたけど、ほとんどがダイオキシン・CO_2という内容でした。私がCO_2削減できることは、ごみを捨てないことや、家庭でのゴミの出し方を工夫することだと思います。ゴミはたくさん出るけどいろいろと考えてリサイクルできるものもあります。それぞれが、真剣にCO_2削減をしないといけないんだなあと、この学習を通して思いました。

7　評価について

①　新聞から得た情報を分類・整理、活用できているか。（学習記録や発表を通して）

②　自分なりの考えを堂々と発表することができたか。（発表会を通して）

③　聞き取ったことを自らの生活に生かそうとしているか。（学習記録、発表会を通して）

④　学習後の読書生活に新聞を活用しようとする姿勢があるか。（日常生活や、会話を通して）

三　おわりに――ＮＩＥの実践を通して

これまでにも、私自身が集めた新聞記事を使っての学習を試み、それによってある程度の成果を得てきたつもりであるが、今回初めて新聞を丸ごと学習者に配り、情報を収集するところからの活動を試みての収穫は大きい。

第一に、さまざまな学習課題に対する具体的な関連情報をいつでもどこでも手軽に収集できることである。国語科の学習指導において、作文や話し合いの学習活動を充実したものにするためには、まず書くべき内容、話すべき内容を学習者自身に持たせることが重要になってくる。

今年度は、一年生で環境問題についての発表会を、三年生では国際理解に関する話し合いの学習にＮＩＥの活動を取り入れたが、そのどちらも十分な具体情報を新聞から、学習者自身の手で収集することができた。この学習過程で身につけることのできる力は想像以上に大きいと思われる。

第二に、ＮＩＥの授業では、個に応じる学習活動が展開できるというよさがある。新聞のバラエティに富んだ情報提供が、学習者の個性や能力に応じる学習活動の展開を可能にしてくれる。ある日のある新聞を担当する学習者にとって、得た情報は他の学習者が知ることのない唯一無二の情報としての価値を持つことになる。このことが一人の学習者に、教室でのかけがえのない位置を与えることとなり、学習への意欲や充実感を高めることになる。これらの過程を通して、学習者は知らず知らずのうちに、自らの意見や考えを深め、育てるよろこびを味わうことができるように思う。そのことはまた、さらなる主体的な発展学習へとつながっていくように思われる。

主体的な学習を保障するＮＩＥの学習は、第三に、生涯にわたる主体的な読書生活の充実へも発展していく可能性を持っている。読書に多くの時間を割くことの困難な中学生が、今回の学習をきっかけに新聞を読む楽しさに気づき、わずかな時間でも集中して新聞を読む時間を持つことを期待したい。そのことは必ず、読書への意欲にもつながっていくであろう。

今回の学習指導を通しての課題としては、新聞をリアルタイムに活用できなかった点にある。十月に配達された新聞を、十一月に活用し、十二月に発表する形になってしまった。私自身の計画が不十分であったことを反省している。新聞の情報は、ある意味で限りある命を持った生き物であると思う。であるからこそ、今を生きる学習者に今必要な学習の実の場を提供してくれるかけがえのない学習材である。次回はリアルタイムで、学習者に情報を提供できるよう努めたい。

〈資料1〉単元「徳島の自然を守る」　情報収集メモ・記録用紙

月　日	新聞	見出し	
記事を読んで私の気づき			
新聞記事を貼り付ける……広げて見やすいようにていねいに折りたたんで貼る			

〈資料2〉単元「徳島の自然を守る」　情報収集メモ

1年（　　）組（　　）番　氏名（　　　　　　）

番号	月日	新聞名	見出し	内容（……について）	チェック
1	／				
2	／				
3	／				
4	／				
5	／				
6	／				
7	／				
8	／				
9	／				
	／				

○私は（　　）番の新聞記事から、「徳島の自然を守る」ヒントを得ました。

それは、こういう内容の記事です。

○この新聞記事から私は、徳島の自然を守るためには、

ということが必要だと思いました。

〈資料3〉単元「徳島の自然を守る」発表の手引き

◎　一人で発表する場合

1　わたしは、（　　）新聞（　　）新聞（　　）新聞などから、（　　）つの環境問題に関する新聞記事を集めました。その中で、一番　興味を持った記事は、（　　）月（　　）日の（　　）新聞の記事でした。

〈ここで新聞記事を実物映写機に載せる〉

2　この記事には、（　　　　　　　　　　　　　　）という見出しがついています。

3　この記事の内容を、おおまかに説明しますと、

4　そして、特に注目したいところは、ここです。

〈あらかじめラインをひいておいた部分を指し示し、その部分を読み上げる。〉

5　この記事から、「徳島の自然を守るために」私が考えたことは、

◎　二人で発表する場合

Q1　（　　）さんが調べた新聞記事について教えてください。

A1　わたしは、（　　）新聞（　　）新聞（　　）新聞などから、（　　）つの環境問題に関する新聞記事を集めました。

Q2　その中で、一番　興味を持った記事は、どれですか。

A2　（　）月（　）日の（　　）新聞の記事でした。

〈ここで新聞記事を実物映写機に載せる〉

Q3　この記事について説明してください。

A3　この記事には、（　　）という見出しがついています。

この記事の内容を、おおまかに説明しますと、

Ｑ４　そして、特に注目したいところは、どこですか。

〈あらかじめラインをひいておいた部分を指し示し、その部分を読み上げる。〉

Ｑ５　（　　　　　　）というところがわかりにくかったので、説明してください。

Ａ５

Ｑ６　この記事から、（　　　　　　）さんが考えたことを教えてください。

Ａ６　この記事から、「徳島の自然を守るために」私が考えたことは、

Ｑ７　①わかりました。わたしも（　　　　　　　　　　　　　　　　）を心がけたいと思います。

②（　　　　　　）のところは（　　　　　　　　　　　　　　　　）というふうに考えたらいいのですか。

Ａ７

〈ありがとうございました。〉

〈資料4〉単元「徳島の自然を守る」　情報収集メモ

番号	月日	新聞名	発表	見出し	内容（………について）	収集者
1	／	日経		洗浄して再利用	水のろ過膜について	田中
2	／	読売		ダイオキシン汚染を止めよう	塩化ビニール製品規制	〃
3	25	徳島		焼却灰の不法投棄問題	撤去作業について	水田
4	5	毎日中		今日の生活と明日の生活のために　行動するトラック	省エネトラックについて	山野井
5	12	毎日中		塩化ビニール家庭チェック	塩化ビニールについて	〃
6	12	毎日		温暖化の衝撃　超食糧危機が来る	地球温暖化による食糧危機問題	〃
7	12	毎日		最大で「90年レベルに」	エネルギー消費について	〃
8	14	読売		省エネ強化でCO_2削減	CO_2やメタンなどの削減について	中谷
9	14	読売		地球環境への影響	地球環境について	〃
10	2	朝日		地球の温暖化問題	地球温暖化について	〃
11	2	朝日		ゼロ％より厳しく削減	CO_2目標削減標について	〃
12	5	毎日		「CO_2削減反対」CM中止	CO_2について	十河
13	5	〃		エネルギーの話	温暖化について	〃

14	5			ＬＰガス	温暖化について	〃
15	5			分離・回収し有用物質に	ＣＯ$_2$について	〃

〈以下省略〉

7　新聞で育てたい情報活用能力

「総合的な学習の時間」の実施にともなって、子どもたちが、インターネットを使って、調べ学習をする機会が多くなってきている。キーワードを検索したり、リンク先をたどって、思いがけない情報とめぐり合うことは、インターネットの大いなる魅力であり、子どもたちも、課題について調べようというと、好んで、パソコンに向かおうとする。

けれども、自分が調べようとする目的が明確でなかったり、基礎的な情報活用能力が身についていなかったりすると、膨大な情報の渦に翻ろうされ、ネット上をさまよっただけで終わってしまうことにもなりかねない。

メディアを通して、何らかの情報を得ようとするときには、まず、新聞記事を利用して、次のような基礎的な事項を理解させ、身につけておくことが重要であると考える。

その第一は、メディアによる情報は構成されたものであり、伝え手のものの考え方と価値観を反映していることである。

第二に、メディアの形式と内容は密接に関連しており、新聞記事の場合は、記事のレイアウトも含めて、見出しや、リード、本文などの機能を知ると同時に、報道記事や社説、コラム、特集記事・意見広告など記事の特性・関連性も理解する必要がある。

東祖谷中学校二年生は、この九月、「世界の中の私」という国語科の単元の中で、プレ研究として十数種類の新聞記事を読んだあと、インターネット・新聞等で自分のテーマにそった調べ学習をした。目標はシンポジウムでの発表である。

世界の出来事を俯瞰的に把握できる新聞では、事柄を比較・対照したり分析・総合したり、あるいは類別したり順序づけたりする作業が比較的容易で、ここで情報活用能力の基礎が育つことに期待したい。

8　読書生活指導と新聞

「子どもの読書活動の推進に関する法律」が施行され、学校での「朝の読書」が全国的な広がりを見せている。そんななかで、子どもたちが、生涯にわたって読書に親しみ、自身の読書生活をより創造的で、豊かなものにしていくためにも、新聞や、新聞記事を取り入れての読書生活指導が有効になってくる。

新聞は、書評、新刊紹介、さまざまな世界で活躍する人々の読書論や読書体験記、そして、新刊本の広告等、読書生活を豊かにするための情報の宝庫である。

私の場合、「朝の読書」の時に必ず、何を何頁読んだかの読書日記をつけさせるようにしている。負担にならない程度の短い一言感想を添えて。

さらにこの読書日記にできれば、読書に関するいろいろな新聞記事の切り抜きを貼り付ける（あるいは貯めておけるポケットのような）場所を作っておきたいと考える。頁の追加が簡単なファイリングの形で。

そうすれば、読書日記は、子どもたちの読書生活をより幅広く、より豊かに支える読書生活の記録となる。新聞の読書欄に親しみ、自分自身の「読書」行為そのものに関心を持つこと、書評や新刊紹介にふれ、今、読みたい本（実際には読まなくても）のリストを蓄えておくこと、新聞を読んだ時に、新しく覚えたことばを書き留めておくことなど、新聞が読書生活指導にもたらす可能性は無限である。

Ⅳ　国語科指導へのくふうを求めて

1　二年古典学習指導のくふう
――朗読と古典新聞づくりを通して古典に親しむ――

1　この単元でめざしたいこと

中学校二年生の教科書（光村図書）の古典学習の単元は、中学生として一度は読んでおきたい有名な代表的な作品が並んでいる。こうした有名な代表作品を単なる知識として読むのではなく、主体的に楽しみながら読む単元にしたいと考えた。

学習者は、一年時の最後の教科書単元「『わたし』をこえて」で、新聞づくりに挑戦し、意欲的に活動することができた。二年になってもぜひ新聞づくりをもう一度やってみたいという希望が強かったので、「平家物語」「徒然草」「枕草子」の作品やその時代に取材した新聞をグループで作成することを学習者の単元目標にすることとした。

そのためにはまずこれらの作品を声に出し読み味わい、それぞれの作品の持つ世界に親しむことを目標としたい。そこで、教科書に出ている作品のほかにもこれら三作品の文章を取り上げ、原文であるいは口語訳で、量的にも豊かな古典の世界に接することができるように配慮した。

2　この単元でめざしたい力

ア　読む

・朗読によって古文独特の響きを味わうことができる
・作者のものの見方や感じ方に触れ、古典に親しむきっかけをつかむことができる

イ　書く
・古典作品に取材した文章を書くことができる

ウ　話す
・新聞編集のための小グループの話し合いができる
・新聞編集のための小グループの話し合いの司会ができる

エ　聞く
・作品独特の文体の特徴を聞き分けることができる

3　単元学習指導計画（十四時間）

〈第一次〉　一年時に作成した新聞を読みあい、よい新聞の条件を知る。……………二時間
〈第二次〉　「平家物語」テキストを朗読し、味わう。……………三時間
〈第三次〉　「枕草子」テキストを朗読し、味わう。……………三時間
〈第四次〉　「徒然草」テキストを朗読し、味わう。……………三時間
〈第五次〉　古典新聞を作り単元のまとめをする。……………三時間

4　評価について

古典テキスト朗読への意欲や取り組みの姿勢を観察する。また、古典新聞づくりの編集会議や、取材、執筆、編

集作業のそれぞれに、古典への関心・意欲が高まっているか、古典に親しもうとする態度が育っているかを見る。

さらに、授業後の読書傾向に古典作品がどの程度取り入れられているかを見る。

2　発表会を目標として

一篇の詩は、わかる生徒にはパッとわかるだろうが、多くの学習者にとって、それは寝そべったままの死んだ活字にしか見えないのではないか。指導者は、寝た子を起こし、溌剌と遊ばせる役割、楽譜を起こす演奏家、台詞を立たせる演出家であると考える。

その意味において、学習者の実態に即した無数の演出の方法が、指導者自身の手にゆだねられている。いきいきと楽しみながら、ことばそのものを意識させるところに、韻文指導の意義があると考える。

そこで問題になるのは、知識伝達ではなく詩や短歌・俳句の世界の鋭さ、深さ、豊かさに、どのように自主的に個性的にふれさせ会得させるかということである。

そのためには、学習者の学習目標を朗読発表会や研究発表会での発表におき、朗読練習や研究の過程で、学習者自身が自然な形で作者の表現の裏にある心や暮らしに迫れるような学習指導をと考えた。

三年生の教科書教材（光村図書）の俳句・和歌に関する教材文を、鑑賞を中心に重ねて学習していく間に、学習者に研究してみたいテーマについて考えさせておく。その後、七十数冊の参考文献や辞書・事典などを用いて、研究したことを、学習発表会の場で発表させる。発表は、個人で、あるいはグループで、形態も朗読、研究発表、インタビュー、対談、鼎談などさまざまな形の中から自由に選択させるようにした。学習者の選んだ発表内容・形式は、鼎談「夏の季語を語る」、個人発表「季語の今・昔」、対談「仮名文字のできるまで」、インタビュー「尾崎放哉」、自作朗読「W杯を詠む」など一クラスで十七と、実にさまざまであった。

学習者にとって、研究や友達の発表を聞く中で、俳句や和歌に興味を持ち、新たに拓かれていく面が多かったことが、学習後の感想にうかがえた。音声言語面の訓練という点では、まだまだ多くの課題を残した発表会ではあったが、指導者として得るところも、また多かった。

いつであったか、「学校が舞台になったドラマなどは、ご覧になりますか。」といった質問に、大村はま先生は、「いかにもほんとうらしいうそをやっているので、見ません。」と、答えておられた。

一見、学校というものの真実を描いていると思わせながら、実は、真実からほど遠いのが、この種のドラマの常である。

さらに、中学生が起こした事件のマスコミ報道にも、このような脚色のようなものが感じられて、今を生きる中学生と共に毎日の生活を営んでいる私のようなものには、単純にうなずけぬ思いがする。

学習者の真の姿をとらえること、この世の地位や名誉にかかわりなく、真実を知り、それを学習者に伝えようとする人、学習者におもねることもなく、自分の正しいと感じることを、力づくでなく自然のうちに感得させようとする、そのような教師こそが、どのような時代にも求められている。けれども現実には、忙しさにかまけて、あるいは体面にとらわれて、ともすれば真実を見失ってしまうことがある。

3　今、中学生と

人にいやがられるような、叱られるような、いろんな不始末が、中学生には、あるようです。まことに評判が悪いのです。私は、そういうニュース、記事を見るたびに、聞くたびに悲しく、教室に魅力がないからではないだろうか、何はともあれ、教室に魅力があったら、そこに理屈を越えて、ひかれるものがあったら、こんなことまでしなくても、すむのではないだろうか、と思うのです。

（大村はま著『教室に魅力を』、一九八八年二月二五日、国土社刊、六六頁）

私たち現場の教師は、「荒れる」といわれる中学生にたいして、生徒指導、部活指導、進路指導などで対処をしてきた。もちろん授業を通しての生徒指導をおろそかにしてきたわけではないが、「教室に魅力を」というとらえ方には至っていなかった。また、学習者の心理、真実をとらえられずに、指導の向きが違っていたことにも気づかされるのである。

これも励ますつもりのことばと思いますが、「努力すれば、どんなことでもできる」、国語の場合だけではないことになりますけれども、そういうことはないのです。努力してもできないことは、山のようにあるのです。そういうふうな言い方、人間というもの、人生というものを誤解しているような、あるいは、人間や人生の見方が浅いというのでしょうか、真実を知らないというのでしょうか、そういう言い方をしますと、人の集まりである教室は、たちまち魅力を失ってしまって、すぐれた単元の計画も、そのよさが消えていってしまうのです。ちょっとしたことばの端からそういうことになるのです。

（同上書、六四頁）

ごく当たり前の励ましのことばとして、私たちが発することばの中にも真実からはずれているものがあって、それがかえって学習者の心を傷め、教室が、魅力を失ってしまうことになってしまうことがある。人が生きていくということ、今、目の前にいる学習者のことを十分に知り得ていなければ、やる気を起こさせることなどできない、人が人を励ますということは、そのくらい難しいことなのだとあらためて感じさせられる。

それから恥をかかせないことです。恥をかかせると奮起するという方がありますけれども、それは、ある場合、あるひとのばあい、そういうこともあるでしょう。けれども、だいたいはそうでないと思います。獅子の子なら千尋の谷に落とされても、上がってくるでしょうが、獅子の子でなければ、そんな千尋の谷なんかに落とせば、死んでしまうことのほうが多いでしょう。

（同上書、六五頁）

大村先生は、「大人になるための学校」である中学校で、学習者一人一人を決して子ども扱いされず、必ず指導者を超えゆく者として、その人格を尊重され、将来にわたって生きて働くことばの力をつけるために、全力で臨んでこられた。男子生徒を「～さん」づけで呼ばれるのも、そのことの現れである。自らを「先生」と呼び、学習者の人格を、幼く未熟であるが故に軽んじる教師とは対照的である。

子どもを知らなければ、どんないい教材も、学習の方法も、その子どもに合わせることはできないでしょう。子どもを知らなくて、この教材がこの子に合うと、どうしてわかるのでしょうか。

よくできるか、できないか。上と中と下とどれか、そんなわけ方とらえ方では、子どもの学習に使うことはできません。

ですから、愛をいう前に、まず子どもを知るということだと思います。知った上では、かなりの知恵が浮かんでくると思うのです。それは、他の教科でも何でも同じだと思います。

（同上書、一八四頁）

鳴門教育大学の「大村はま文庫」には、大村先生が、学習者一人一人を知るために取り組まれてきた、膨大な数の学習記録がおさめられている。その頁をくれば、文字通り山のような指導の工夫のあとが発見できる。

現在、教員養成系の大学では、初めから中学の教師をめざして受験する人が少なくなっていると聞く。教師をめざす人にとっても、中学校は、労多くして、実りの少ない場所に思えるのかもしれない。けれども、子どもから大人へ、疾風怒濤の思春期を精一杯生きようとしている中学生とともに、ことばを学ぶことのよろこびや手応えは、小学校でも、高等学校でもなく、中学校の教師のみが味わえる特権であるように、私には感じられる。

どうぞ次の世代をもう少し幸せにできますように。優れた言葉を使える人は、ほんとうの意味で言葉を使いきれる人は、やっぱりそれが、真の人間というものではないかと思います。

国語の学習指導は、他の教科とは違う、人間をつくるものがある、それは……誇りでもあり、重責でもあります、それを自覚したいと思います。

（同上書、一八五頁）

「教室に魅力を」、あらためて、このことばを胸に刻みたい。

4　朗読を求めるよろこび

――生徒とともに――

「先生、ほんとうに楽しそうに読むなあ。」私の朗読を聞きながら、男子生徒がつぶやきました。またある時、別の生徒（A君）が、

「そんなに一時間中読んどって、せこうないで（苦しくないですか：阿波ことば）。僕がかわってあげようか。」と聞いてきました。私は、この時とばかり答えます。

「ぜんぜん、せこうないよ。それどころか、楽しくて楽しくて。こんな楽しいこと、ゆずる訳にはいかないから、ずっと一人で読みます。」

しばらくすると、また先ほどのA君です。

「先生、ちょっとでいいから、僕にも読ませて。」

思わず、にこりと笑ってしまいそうになるのを抑えて、私は答える。

「しかたないね。そんなに言うなら、次の所から、会話の部分だけ、A君読んでください。」

こうして、A君と私の朗読になり、希望者がさらに増えて、次第ににぎやかな朗読になっていくこともありました。

教室での読み聞かせの楽しさ、手ごたえは、何よりも学習者の聞きひたり、読みひたる真剣な眼差しに出会える

ことです。宮沢賢治ふうに言えば、文章を前に学習者の「心象の明滅」（賢治の詩から）を感じとることができるといえます。

読み聞かせ（指導者の朗読）が、次第に学習者も巻き込んで、一つの波のように教室を覆いつくしていく、このような朗読指導のあり方を実践されたのは、大村はま先生です。先生は、古典の学習指導において、朗読を通して、原文の持つ響きを体で感じとり、古典に親しむことを大切にされました。

古典の学習に限らず、まず文章になれ親しむこと、そのきっかけをつくっていくのが、こうした朗読であるといえます。「わかる、わからない」の世界を越えて、まず日本語の持つ豊かな響きの中にこころゆくまでひたらせ、体でその響きを味わい、イメージを探っていくことは、主体的な国語学習への第一歩であると考えます。

中学三年生の国語教科書には、魯迅の「故郷」が多く採録されています。魯迅の生きた清朝末期から革命期の中国社会、その複雑な時代背景を理解することは、中学生にとって、なかなか骨の折れる仕事です。しかしながら、魯迅が仙台医学専門学校を退学し、文学によって中国民衆の意識改革をおこなおうと決意するまでのエピソードを知ること、そして、朗読によって、主人公「わたし」の心情を十分に味わうことはできると思います。

帰郷、離郷の際の「わたし」の複雑な思いも、竹内好の名訳になる文章を朗読することによって、学習者の脳裏に知らず知らずのうちにイメージ化されていくようです。

「状況に生きる」という単元の中で、「故郷」を読み、主に人間の心の中の壁について考えさせていく学習活動を通して、学習者は次のように書いています。

故郷というものは、常に人の心に、いや、全てのものの心に宿っている、いわば一つの感情だと思う。しかし、故郷を長い間離れていて、そして帰ってきたときのあの喜びは、この主人公には訪れなかった。きびしい社会の中で変わり果ててしまった故郷を見た瞬間、これから見ることになるルントウの姿を見たのだと思う。

二十年ぶりの帰郷にもかかわらず、主人公を待っていたのは、打ち消そうにも打ち消せない故郷のきびしい現実でした。帰郷の際の主人公の落胆ぶりを、冒頭の表現の朗読から感性豊かにとらえていると思います。

「故郷」は、背景にある風景とかもうまく文にまとめていたので、その部分を読むとすぐその風景が浮かびます。でもどこか幻想的だと思います。例えば、「まどろみかけたわたしの目に、海辺の広い緑の砂地が浮かんでくる。その上の紺碧の空には、金色の丸い月が懸かっている。」というところ。

離郷の際も、そしてこれからも主人公の心を離れることのない、故郷とルントウにまつわる幻想的な風景を、学習者もまた、朗読するたびに、体で味わっている様子がうかがえます。

また、最後の象徴的な一節、「思うに希望とは、もともとあるものともいえぬし、ないものともいえない。それは、地上の道のようなものである。もともと地上に道はない。歩く人が多くなればそれが道になるのだ。」を、多くの学習者が、印象に残る表現として、書き抜いています。簡潔にして、深い意味をはらんだこの一節が、その響きとともに、学習者の胸にきざまれ、その歩みの途中にも、折に触れ、生きたことばとして、心の内によみがえると考えます。

さらに、一つの作品の朗読を通して、浮かびくるさまざまな心象を、ひととき、国語教室という場において、皆で共有し、味わい得ることのよろこびは、何にも代え難いといえます。読書は、孤独な読みの行為でもありますが、一方で、このような集団で読むこと、開かれた読みの行為による読書も、必要ではないかと考えます。

夏目漱石の小説『吾輩は猫である』は、高浜虚子らが月一回開いていた文章会のために書かれ、毎回、虚子が作者である漱石の前で朗読するという形がとられていたようです。

「漱石は、他人の作を聞いて鑑賞するやうに熱心に聴いてゐた。そしておかしいところに到ると声をあげて笑った」

大岡信氏は、「漱石・虚子・朗読」と題するエッセイの中で、この逸話を取り上げ、以下のように述べています。

この話は虚子の「平凡化された漱石」というおもしろい回想記の中にある。貴重な話題が多いが、私は特に、漱石と虚子の交友で「朗読」が果たした役割の重要性を思わずにはいられない。彼らのみならず、明治の偉大な文人たちの文章修業において、文章と肉声との関係は、本質的だった。彼らの文章が一口にいってきわめて「開かれた」ものだったことと、これは深く結びついていたように思う。

明治の文人達にとっては、文章は声にだして読まれるものであり、朗読したときのことばの響きの豊かさや、美しさが、磨かれた文章の条件として不可欠のものであったということがわかります。

青木幹勇先生は、音読指導の重要な側面の一つとして、「わかったことを他に聞かせ、自分で聞いて楽しむための音読」を挙げておられます。また同時に、「日本語のリズム、声調などを体で味わい、日本語を身につける音読」の必要性も説かれています。国語教室のみならず、日常のさまざまな場面で、皆で味わい、楽しみながらの音読や朗読が、広くおこなわれてもよいのではと考えます。発声・発音練習、話し合いによる読み譜づけ、音読練習などのパターン化された指導ではなく、多様な場面でいろいろな形の音読・朗読が、系統的かつ発展的におこなわれる必要があると思います。

もちろん、呼吸法や発声発音の基礎訓練は、たいへん重要であって、ないがしろにするわけにはいきません。腹式呼吸による深い息と、その息に支えられたはりのある声は、朗読する場合のみならず、話すことにおいても根幹となるものです。また、文章の長さや文意に合わせた息の使い方を知ることによって、いわゆる「学校読み」ではない、自然な話しことばに近い音読や朗読が可能になるのではないでしょうか。

学習者一人一人の話し方に個性があるように、自然に「話すように読む」朗読の中にも、微妙な一人一人の個性があってもいいのではと考えます。こうした朗読法を身につけることは、学習者が、将来どのような職種についても、日常のさまざまな場面で文章を紹介したり、報告したりすることに役立つでしょう。そのためにも、自分の呼吸法や、声に興味を持ち、客観的に見つめ直す機会をできるだけ多く持ちたいと考えます。

朗読は、一言でいえば、文字で書かれた文章を音声に置き換えるという作業ですが、朗読を聞く、朗読をするその過程で練られていく力、あるいは、集団で朗読することの意義は、思いのほか大きいものがあると思います。

今日もまた、読みひたる学習者の真剣な眼差しに支えられ、励まされながら、なお一層、指導者自身の朗読の修練を怠りないものにしていかなければという思いを強くしました。

5　阿波方言の分布と特徴

1　南北に分かれる言葉

	私　青少年	…ですよ	頻繁に	雑魚
南	ワイ	…デヨ	ショッチュー	ハエ
北	ワシ	…デワ	ジョージュ	ジャコ

2　文末や文節の区切りなどに付く言葉

県下全域……………………ナ・ナー
小松島の中心部と阿南市南部…男もネを使う
県西部……………………おとなも子どもも男はノ・ノー
鳴門のみの終助詞…………男も女も……ゼーという

3　疑問の意味を表す終助詞

〈県下全域〉カ

向こうに見える建物、ありゃ学校カ（あれは学校ですか）
〈剣山を中心にした山間部〉コ
ありゃ、はや終わったんコ（もう終わったんですか）
〈勝浦川流域から南部〉ケ
そんなタッスイ話があるケ（ばからしい話がありますか）

アクセント

徳島県内における地方語の中でも一番はっきりしているのは、アクセントの違いである。大きく上郡地区、下郡地区、山分の三つの地域に分かれる。上郡は香川全域と同じアクセントである。山分アクセントは、各峡谷によっては分かれず、同じアクセントを持っている。

他県との関連

徳島県は、四国東南部に位置する。海をへだてて阪神地方と関係が深く近畿方言の影響が見られる。とくに、県南の海部郡では、「～サカイ」「～ヨッテ」「～ヤ」「行かへン」などの文末表現、さらに、「学校《ガッコ》」「洗《アロ》テモタ」「山本ユー人」など、いわゆるなにわことば（大阪弁）が、特徴的である。

県北部は、香川と隣りあわせで、美馬郡・三好郡の平地部香川型アクセントである。香川・徳島とも、瀬戸内的語法「～ツカハル」があり、「感心」と「関心」、「公害」と「口外」など、／ka／と／kwa／、／ga／と／gwa／

によって区別することも共通している。

徳島県内陸部の山分、すなわち木頭・祖谷には、高知と同じ古い語法が残っている。「死ぬる」「起キュー」のほか、「行カザッタ」「行（ッ）ツロー」などである。

県西部、三好郡池田町・山城町は、愛媛県と隣あわせで、アクセントがよく似ている。また、「スグニ行クキニ《から》待ットレ」、「誰バレ《でも》ニ言《ユ》ーナ」など共通した表現もある。

阿波の代表的な方言

おげった　①うそつき者。阿波の特徴ある方言。②うそ。でたらめ。オゲの強調的表現。

しょーたれ〔衣装垂れ〕　だらしない人。不調法。しっかりしない。身なりが崩れている。

ほなけんど　しかし。ホダケンドと言う人もある。ソナルケレドモから変化したのだろう。東京のダケトに相当する。

せこい　肉体的・精神的に苦しい。①負担が重すぎる。②息がくるしい。③腹が痛い。④生活が苦しい。「せこうて、たまらん。」「ああ、せこー」などのように使う。

へらこい　ずるい。キタナイ・コスイ・スコイ・ズベラコイ・ズルコイ・ドスコイ・ドベラコイ・ヘライとも言う。

おちくれる〔落ちくれる〕　人や人物が転落する。墜落する。物が落ちることは言わない。乗り物に対しては言う。

いろべる　イロメルとも言う。からかう。テガウに同じ。県西部で言う。

たちる　立ち上がる。タテルとも言う。

方言トピックス

＊よその家を訪問して帰るとき

Ａ　「えっとお邪魔したなあ。もういんでくるけん。」
Ｂ　「もう、帰るんで。もちっと、ごゆっくりなして。」
Ａ　「はよういなな、仕事がたまっとるけんな。」
Ｂ　「まあまあ、あいそものうて。」

・「えっと」　長い間。
・「いんでくる」　「いぬ」（往ぬ）は帰る、「くる」は来る。「もう帰ってきますよ」という意味。
・「なして」　なさってくださいという意味の補助動詞。崇敬の意味を表す。
・「けん」　理由を表す。ケニ・キニ・キン。
・「あいそものうて」　愛想もなくて。

＊これから「阿波踊り」に出かけようとして

Ａ　「ぞめきが来よるぞ、見にいかんか。」

B「ぞめきを聞くと、じっとしておれん。」
A「ほんまじゃ。よしこの聞いたらあわててしもて。」
B「あれは、どこの連かいの。」
A「そこにあるでないで。」
B「とにかく、はよいこ。」
A「わしの靴、どこかいの。」

・「ぞめき」（騒き）　遠方から聞こえてくる盆踊りの囃子などを言う。ザワメキのなまったものであろう。
・「連」　踊りの一チーム。
・「あるでないで」　有るではありませんか。
・「よしこの」　よしこの節。江戸時代の流行歌であったが、七七七五の定型歌で、今歌われているのは、阿波踊りの歌くらいらしい。

参考文献

森本安市著『たのしい阿波の方言』（昭和五四年一月、南海ブックス刊）
金沢　治著『阿波言葉の辞典』（徳島市民双書6、昭和四七年九月一日、徳島市中央公民館刊）
高田豊輝著『徳島の方言』（一九八五年一〇月一三日）
森　重幸稿「徳島県の方言」（講座方言学8『中国・四国地方の方言』、昭和五七年一二月二〇日、国書刊行会刊、所収）
四国おくにことば刊行委員会編『四国おくにことば』

6　一人一人が課題を胸に

授業の導入が果たす役割は、学習を始めるにあたって、目標を把握し、学習の手順を理解し、学習への興味・関心・意欲を喚起することにある。

単元の初めの授業では、ことに念入りに、それらがなされる必要がある。が、しかし、もっと重要なのは、単元途中の毎時間の授業の導入がいかになされるかである。

理想をいえば、起立や礼の合図を待たずとも、学習者は、各々の課題を胸に、それぞれが、その日、取り組むべき学習内容に立ち向かっていっていってほしい。

そのためには、前述のように、単元の最初において、学習者一人一人が、学習目標と学習計画を把握できるような「手引き」が必要である。また、学習者が毎時間の学習を振り返り、自らがそこで考えたこと、なしえたこと、あるいは、なしえなかったことを書き留めておく「学習記録」が必要になってくる。

「手引き」は、文字通り学習者の手を引いて道を示していくように、読めば学習の手順が理解できるものでありたい。また、「学習記録」は、学習のすべてを記録し、自己の取り組むべき課題が何であるかという意識を持たせることによって、次時の学習への興味・関心・意欲を高めたいと考える。

「手引き」「学習記録」によって学習目標の個別化が実現されていれば、授業の導入において、学習者は記録を見直すだけで、その時間にすべきことがらを即座に把握できるのではないだろうか。とはいうものの、パワーにあふれた中学生のこと、休み時間のおしゃべりやふざけ合いから、すぐに授業へと気分の切り換えができないこともしばしばである。五分前行動で授業準備ができるのが理想ではあるが、私の場合は、漢字の五分間ドリルを実施している。十〜十五問の漢字ドリルではあるが、この間に学習者は、休み時間との気持ちの切り換えができ、自然な形で、ことばと向き合う心構えができてくるように思える。

7　学ぶよろこびを教室に
――学習記録を核として――

一　国語を学ぶよろこびとは？

中学校国語学習の入門期においては、①聞く力、②話し合う力、③学習を記録する力、を育てることが、ことに重要であると考える。これらの力は、三年間の国語科単元学習を豊かなものにし、また、生涯にわたって生きて働くことばの力の基礎となるものである。さらに、これらの力が、身に培われることによってもたらされる学ぶことのよろこびも大きいと考える。聞くこと（①）によって世界が広がっていくよろこび。話し合うこと（②）によって、自らの考えがさらに深まっていくよろこび。すべての学習を記録することに（③）よってもたらされる達成感や、苦労しながらも一つのことをなし終えた充実感。これらは、生涯にわたってのことばの学習をすすめていく力となるものである。

前任校は、美しい山並みに囲まれた、静かな村の中学校である。過疎や少子化の進むこの村の人々は人情豊かで、そして何より、共同体の一員として助け合う姿が、現実のものとしてある。

けれども意外なことに、四月当初、入学したばかりの一年生（二十八名）の様子は、教師不信に満ちており、どの教科の授業においても、指導者の指示や、意図するところが、素直に受け入れられない状況にあった。何より、集中して人の話を聞くということができないのである。国語科を担当する私自身も、自分の持てるだけの力を注いで授業の準備をしても、こちらの意図するような反応が得られず、焦るばかりの毎日であった。

そこで、放課後、三人ぐらいずつ個別に対話をし、学習記録を中において、一人一人に、国語の勉強のしかたを話した。一人一人のよいところを誉め、辛抱強く取り組んでいくべき事柄について話した。クラス全員の面接が終わり、夏休みが近づく頃、生徒たちの学習態度が、少しずつではあるが変化してくるのがわかった。

また、一学期も後半になると、クラス全体がどんなとき集中し、どんなとき注意散漫になっているかがわかってきた。と同時に、さらに意外に思うことが二つあった。覚えておきたい新出漢字や基本的な事項を板書すると、それを書き写すときは、大変よく集中している。また、友達の朗読や指導者の朗読を聞くことより、テープに録音された範読を聞くことのほうが集中できている。このように、受け身の学習は好むが、書きながら考えたり、聞きながら気づいたことを書いたりすることは、多くの生徒が苦手としていることがわかった。

学習者の大半は、少人数での学習に慣れており、小学校六年間を通して同じメンバーで過ごしている。他の学習者の考えに触れ、自分の考えと比べたり、多くの情報に接して、自らの意見や考えを広げたり深めたりすることのよろこびを経験していないことが、学習者の学ぶ意欲を削いでいるように思われた。

二　学ぶよろこびを支える学習記録

1　学習活動を豊かなものにする

一人一人の国語学習が、自己学習力に培う本格的な学習活動となるためには、学習記録が、教室における学習活動のみならず、新聞・パンフレット・図表・年鑑など、関連した資料を取り入れた豊かなものとなるよう指導していく必要がある。そのことは、また、生涯学習力としての読書生活力・課題解決力・情報産出力につながると考える。また、学習記録を通して、他の学習者の考えに出会わせ、交流させることも、聞く力や話し合う力の十分とはいえない初期の段階では必要であると考える。

2　言語生活者としての自覚を促す

国語の学習は、「漢字や作文、文法や語彙の習得」だけではなく、「一つのテーマについて考え、読み、話し合い、発表し合う」ことも国語の学習であり、学習者の将来にわたって生きて働く国語学力となることを、徐々に学習者に自覚させたい。

国語教室通信などを通して、学習者の国語学習に対する学習観を変えるとともに、具体的な学習の方法を学習の手引きによって身につけさせることが、重要であると考える。

言語生活者として、興味を持つべきものに興味を持たせ、多様な言語活動を通して、自ら伝えたい内容が伝わる成就感を味わわせること、そのことが、学習者の大きなよろこびとなって、主体的な学習への大きな力となるに違いない。

3　学習活動の軌跡を表す

一学期は、毎時間の学習を振り返って記録する時間を持つことができないまま、学期の終わりに、「学習記録」の整理をした。目次をつくり、項目ごとに分類整理し、頁番号を打ち、あとがきを書き、自己評価表をつけることで精一杯だったが、それでもこの作業によって、自分の「国語学習記録」に対する愛着心は高まり、「二学期こそは」という意欲へつながっていった。

二学期になって、毎時間の記録は、「その時間にしたこと」を、指導者が書いて見せ、後半に「どのようにしたか。どう取り組んだか、どういうことが得手か、苦手か、考えたこと、感じたこと」を簡単に書かせようと試みた。最初は、一言、態度の反省を書いたり、自分の姿ではなく、周囲の者の様子を書いていたが、次第に、学習することのよろこびや、自分の考え、疑問点なども書けるようになってきた。わからないことがわかるようになったよろこび、古典朗読の楽しさ、自分の考えを表現することの充実感が、次第に皆の学習意欲の高まりにつながっていった。二学期の学習記録のあとがきには、次のような記述が見られた。

・一番心に残っていることは、パソコンで自然を守ろうとよびかける広告をつくったことです。掲示板にはってもらえたので、みんなが見てくれたと思います。とてもうれしかったです。

・心に真っ先に思い出されることは、「自然」のことについて調べたことが心に残りました。
　私は、自然のことについてもっともっと調べたくなりました。自然のことをもっともっと調べて、少しでも力になることが見つかるようにがんばりたいです。

　学習を終えて思うことは、静かにノートをとれるようになったことです。三学期もがんばりたいです。

・学習記録を見ると、その時に、どれだけ一生懸命したかわかる。漢字の勉強、主語などの言葉の勉強はためになった。主語とかをもっと勉強したかった。学習する前は全然わからなかった主語とかでも、話していてこれは、主語かなーとたまに思うようになった。

・真っ先に思い出すこと、それは、自然の環境問題、そして、……とにかく自然のことが一番印象に残っていますね。そして、ただ一つ、わかりだしたことがあります。それは、記録をつけだしたことで、いつやったか、どんなことをしたとかが、わかりやすくなりました。
　やっぱりこれからもまだ、勉強したいっていうのは、『自然の森』についてです。

　前よりすごく勉強するようになったと思います。前は全然やっていなかったけれど、今は静かにできだしました。これから国語ガンバルゾッ！　オーッ！

単元「東祖谷の自然を守る」（資料1）は、それまで教科書教材を単元的にしか学習することができなかった学習者にとって、初めての単元らしい単元の学習である。調べ読んだことをまとめ、自然環境を守ることを呼びかけるパンフレットとして表現・発表する単元である。あとがきには、多くの学習者が、この単元を通して得たいろいろの手応えについて記している。

また、文法や古典で学習したことが、学習者の言語生活に反映されつつあることも感じ取れる。さらに、学習記録をまとめ終えたことのよろこびや意義について述べたものも、見受けられた。

しかし、まだまだ聞き合うことを苦手とし、話し合うことのよろこびを体験するには至らなかった。

4　学習者の実態を丸ごととらえる

学習記録は、学習者との対話や、読書生活の観察とともに、学習者把握の基盤である。いきいきとした国語学習は、学習者の問題から出発し、身につけさせたい国語学力を、学習者自身の目標として生活的に学ばせるところにある。週一回程度、全員の学習記録を見ることによって少しずつ学習記録のどこを見れば、学習の定着ぶり、その学習者の成長や、伸ばしたい学力がつかめるのかがわかってきた。

三　年間を見通した単元学習を

二〇〇二年度、二年に進級してからも、同学級の国語科を持ち上がりで担任することができた。新学習指導要領の実施にともない、週時数は三時間に減ったが、毎朝担任の先生とともに本を読む読書タイム（十分間）もとることができ、読書生活記録の指導も継続してできることとなった。

また、年間学習指導過程（資料2）のように、年間を通して単元学習を計画、実施することができ、その記録のすべてを三冊の学習記録にまとめることができた。

二学期の単元「世界の中の私」では、集中して聞き、活発に話し合う活動（三分の一の生徒は司会も経験）を展開できたことが、大きな成果であった。

学習記録のあとがき（二年二学期）に、学習者は次のように記している。

・一年の時は、一学期も二学期も長く思えた時間も、二年になってからめちゃくちゃ短いです。シンポジウムの時とってもおもしろかったです。パソコンとか本で、発表することを調べたときは、ちゃんと調べれるかなあともいろいろ思いました。けど、シンポジウムの時の発表で、調べてよかったと思いました。緊張もしたけど自分の調べたことをみんなが聞いてくれたときは、うれしかったです。三学期もまたしたいです。

・二学期の国語を振り返ってみて真っ先に思い出すのは、世界の中の私で、シンポジウムをしたことです。みんなそれぞれに、違うテーマのことを調べ、世界の国々のいろんなことがわかり、話し合うことができたからです。私は文化について調べて、いろんな国のことば宗教、主食としているもの、日本とちがった生活で驚き、また、すごいとおもい、印象に残っています。また、テロや戦争について調べた人の意見を聞いて、今自分にできることは何なのか、私たちは何ができるのか、そして、少しでも平和になるよう願い、戦争はしてはいけない、なくさなくてはいけないと強く感じました。

一つの単元に入るごとに、したくないなあと思う気持ちがあったけど、終えてみるとこの勉強ができてよかったと感じられるようになれたことも成長できたかなあと思います。国語をもっともっと勉強し、いろんな字を知ったり感情豊かになるよう頑張ります。

・一番の思い出は、シンポジウムでした。すごく緊張しました。古典はすごく勉強になりました。もっと学習したいことは、やっぱり文法かなあ。前はあんまり集中ができなくて、でも、だんだん集中ができて先生の話を聞けるようになったと思う。これからはもっと、集中して、漢字や文法など、いろいろがんばりたいです。
・私は、シンポジウムをしたことが心に残っています。シンポジウムを通して、世界の食糧危機のことがわかった。世界のことをもっと知りたい。古典をもっと知りたい。
今までより、読む力はついたと思うし、敬語などもきれいに遣えるようになったと思う。もっともっと国語の力をつけることができるとおもう。
・もっと学習したいことは、やっぱり「世界の中の私」です。自分たちの未来にも関わってくることなので、もっといろんなことをくわしく調べて、自分にできることがあればやっていきたいです。一つの単元に入る前の自分とあとの自分はやっぱりこれも「世界の中の私」で少し変わりました。私は地球の温暖化について調べたのでそれで学んだことを家でも実行しています。

四　二年間を振り返って

短い文章を読んでも、中学校入学時には、一行の気づきも書けなかった（書こうとしなかった）学習者が、二年たってそれぞれの思いや考えを何とか書きつづることができるようになった。この二年間、ファイル形式の学習記録をまとめる作業を大変おっくうがっていた男子生徒Aも、作文のテストで良い点が取れたことをきっかけに、学習に意欲的に取り組むようになってきた。「この一年間、一年生の時もそえれば二年間、国語の授業ほんとうにたのしかったです。」と、三学期の学習記録のあとがきに書いている。

私の転任のために、三年間を通しての指導という夢はかなわなかったが、国語学習によろこびを見いだす学習者は、確実に増えたと感じる。最後の授業でのこと、大岡信氏の「言葉の力」の朗読に聞き入る学習者の姿に、子どもたちの持つ無限の可塑性を感じとった。静かに学習記録のあとがきを書く作業の中にいて私は、胸の震えを押さえることができなかった。

目次の書かせ方や、あとがき集の活用など、大村はま先生の実践に学ぶこと、私自身の課題は多く残されている。

現任校でも、学習記録を核とした単元学習の実践研究に努めたいと考えている。


〈資料1〉「東祖谷の自然を守る」広告をつくろう

◎次のような順番で、「東祖谷の自然を守る」広告をつくる。
1 「東祖谷の自然を守る」ために、何が必要かを考え、メインコピーをつくろう。
うったえたいことをはっきりさせ、見る人の心をつかむような表現を工夫しよう。
・心をつかむ。
・言いたいことを、簡潔に、わかりやすく、はっきりと。
・プリントと「広告の表現　様々」を参考にしよう。
2 よりくわしく伝えるために、ボディコピーを書こう。
・具体例をあげてわかりやすく。
・順序を考えて。「自然の小さな診断役」や「魚を育てる森」の説明のしかたを参考に。
3 二人組になって、「二太郎ジャンプ」を使い広告を制作する。
・二人の広告のうちいい方を採用する。
4 プリントアウトしたものを掲示し、批評し合う。
5 村の広報誌にのせてもらえるよう、努力しよう。

メイン コピー	
対　　象	
伝えたい こと	
ボディ コピー	

〈資料2〉国語科　年間学習指導計画（一〇五時間）二学年

単元の欄の○の中の数字は時間数

月	単元	教材（○教科書教材　◎自作教材）	学習目標および評価の観点：話す・聞く	書く	読む	ことば
	②	オリエンテーション		★学習記録の書き方を知る		★学習目標を立てる
4　5	春を伝えよう⑬	◎「春」の詩集 ・春よ、来い　松任谷由美 ・春に　谷川俊太郎 他　編 ○春を届けよう 〔編集する〕 【漢字の学習1】	・自己の感想を友に伝える	・春ということばから連想することばを書く ・春にまつわる幼いころの思い出を五感を使って書く ・学習の記録のしかたを工夫する ・目次を書く	・春を題材にした詩を読み自己の心情にふさわしい詩を見つける ・友の作品を読み、詩文集「春を伝えよう」を編集する	・ローマ字表記になれる（パソコン） ・漢字を分解して考える
6　7	のメメント・モリⅡ⑮	○ゼブラ　ハイム・ポトク ○字のないはがき 向田　邦子 ◎長崎平和学習資料集	・長い講話を集中して聞く ・講評を聞く	・感想を手紙に書く	・表現の特徴に注意して文章を読む ・読み取ったことから感想を深める	・手紙の書き方について知る (書)行書で手紙を書く ・形や動きによって単語のいろいろな

		9	10	
私	⑥	世界の中の私⑭	祖谷弁教室⑦	
	〔ブックトーク〕 ◎私のお薦めこの一冊 ○走れメロス	○課題を見つける ○伝え合い　西江　雅之 ○マドゥーの地で　貫戸　朋子 ○テーマに沿って考えよう ○インターネットの活用 ○立場を明確にして話し合いに参加しよう	○方言と共通語 ◎ケイティ先生に祖谷弁を教えよう	○短歌と俳句、それぞれの表現　高田　宏 〔古典テキスト〕
	・本について話す ・ブックトークの方法を知る	・話し合いを通して課題を見つける ・パネルディスカッションの方法を知る	・相手の立場に立って説明する ・対話劇をする	・古典語のひびきに親しむ
	・読書感想文のさまざまな書き方について知る	・集めた情報をもとに意見文を書く		
	・表現に注意して読む	・筆者の論理の展開をとらえる ・本で調べたり、インターネットを活用したりして情報を得る	・カードを使って情報を整理する	・文語文の特徴をつかんで朗読する
種類に分類する	・文体の特徴	・漢字の複数の読み方、特別な読み方について知る	・方言の特徴とよさを知る ・方言の用法を伝えるための対話文を作ることができる	・文語文と現代文を比較しことばの変化について知る

月	11	12　1	
単元	日本人の美意識⑮	東祖谷水辺物語⑮	
教材	○扇の的 ○思いをつづる 枕草子・徒然草 ○漢詩の風景	○モアイは語る　安田　喜徳 ○物語が走る　奥脇　抄 ○物語を掘り起こそう —インタビューで取材する ○物語を伝え合おう —まとめ方を工夫する ○報告する ◎徳島県の人々の暮らしと水	【文法3】助詞と助動詞
		・物語を掘り起こすための構想を持つ ・活動の計画を立てるための、グループで話し合いをする ・インタビューをする ・報告する	
	・「わたしのものづくし」を書く	・活動計画書を作る ・インタビューのまとめ方を工夫する ・簡潔でわかりやすい報告文を書く	
	・古文を読み、作者のものの見方をとらえる ・漢詩特有の特徴を生かして朗読する ・漢詩の情景や心情を読み味わう	・文章を読んで、筆者の考えをとらえる ・筆者が伝えたいことや取材のしかたについて考える	・付属語の働きに
	・単語の活用について知る ・送りがな	・漢字の使い分け	・助詞と助動詞の働

	2	3	各学期末③
付属語の働き⑨			
○葉っぱのフレディ　レオ・バスカーリア	○江戸の人々と浮世絵　高橋　克彦	○言葉の力　大岡　信	学習記録のまとめ
			・書く習慣を身につける
注意しながら作品を読む			
きを知る	・辞書に親しむ	・語の意味に興味を持つ	・学習事項の整理

8 生活的に語彙を学ばせるくふう
――中学一年の場合――

現在、学習者を取り巻く生活環境を考えるとき、暴力的なことばやコミュニケーション不足に起因する痛ましい事件や事故が後を絶たない。児童虐待や引きこもり、不登校、あるいは中学生が殺人事件の加害者となる現実の背後には、マスコミや、IT社会が、暴力的言語を助長し、血の通ったコミュニケーション手段を奪い去っているとしか言えない面もある。

児童文学者の椋鳩十氏が、自らの文学的活動の源泉は、幼い頃、囲炉裏端で聞いた祖母や母の昔話にあると述懐されていたことは、有名な話であるが、言語や語彙の獲得が、日常生活のあたたかく幸せな場面とともにあることの意義はまことに大きいというべき例である。

大村はま氏は、語彙を豊かにするためのくふうとして、次の五つを掲げておられる。

① 読みものによる指導

語彙を増すこと、ゆたかにすることは、生活をひろげることであると思う。読んだものについて、いちいち、ことばの面から何かの学習をさせようとするのではない。ただ、いろいろな人物・性格に接し、いろいろな事がら・社会・自然を知り、いろいろな生活・思想に、またいろいろな自然の姿にふれることが、自然に語彙をゆたかにする基盤になると思う。

②　「話」による指導

生活をひろげるために読みものだけではたりなくなるので、そのときどきに起こってくる出来事…小さくは学級内の、広くは社会の…を中心に、話を組み立てて話す。

読みものとしてあるものも、読むだけでは間に合わないので、内容を話したり、読んで聞かせたりする。とくに、意図してある語彙を身につけさせるために話すこともある。その身につけさせたい語彙を、話の中にもりこんだ生活の場面の中で、とらえさせようとする。

③　ぜひ知らせたいことばをふくめた文章を作る。ただそれを使った短文ではなく全体としてある生活場面なり、主旨なりのある、まとまったものを作る。それを資料としての指導。

④　指導者の教室でのことばをゆたかにする。

⑤　練習的にある名詞や動詞を出して、それにできるだけ多くの修飾語をつけてみたり、ある主語にたくさんの述語をつけてみたりする。(注)

ここには、語彙を単にことばの置き換えによって辞書的に学ばせるのでなく（もちろん辞書の活用指導は大切であるが）、学習者が新しくことばを覚えることにより、自らの世界がひろがっていく感動があり、そのことばを学習者自身の実際に使えることばとするために、生活的に学ばせるくふうがなされている。

次は、大村氏のこうした語彙指導の精神を生かした、私自身の実践例である。

1　読書生活記録に語彙指導のページを

学習者の読書生活を記録する読書生活記録の中に新しく覚えたことばを記録するページをもうけ、どのような文脈の中で使われていたかを記録しておく。こうした読書活動によって、学習者の生活そのものがひろがり、自然に語彙を豊かにすることができるといえる。

2　国語教室通信で意図的に語彙を身につけさせる

毎週一回「国語教室通信」を発行し、学習の予定を知らせるほか、関連する学習材を掲載して学習内容を豊かにしたり、身につけさせたい語彙をもりこんだ話や新聞記事などを掲載する。

3　慣用句や故事成語をクイズや対話文づくりで学ばせる

学習者の日常では、あまり使われることがないものの、ぜひ知らせておきたい、慣用句や故事成語は、日常の生活場面で使うのにふさわしい対話文を作らせる。また、グループごとにつくった対話文を、互いにあて合うクイズ形式の学習活動にしても楽しい。

〔例〕**故事成語クイズに挑戦！**

母　ここにおいといたチョコレートの箱　知らない。
兄　知らないよ。
妹　わたしも知らないわ。
弟　空っぽの箱があったから、僕が捨てたよ。
母　たしか中味がぎっしりあったはずなのに…おかしいわね…まさか、…食べたでしょ。
兄　僕は、二個食べただけ。
妹　わたしも、一個食べただけ。
弟　箱に残っていた三個食べたら空っぽになったんで箱を片づけたんだよ。

母　まあ、みんな食べたことにはかわりないわ、（　　　　　　）ね。

答え　五十歩百歩

（注）大村はま稿「中学生と語彙」（『大村はま国語教室　第九巻』、一九八三年一月三〇日刊、三五～四九頁）より

9 『教育話法入門』の示唆するもの

『教育話法入門』（一九九六年七月、明治図書刊、Ａ５判、二五九頁）まえがきで、野地潤家先生は、「本書が専門話法としての教育話法への案内役となれば」と述べておられるが、案内の書と一言で言うにはあまりにも奥深い書物である。われわれ学校教育現場にある身にとっては、文字どおり野地先生に手を引かれるように導かれながら、学校という言語社会の全一的向上を求めて、自己の課題とするべき点に気づかされ、意義深い教唆を数多く得ることができる。

新制大学発足と同時に、教育学部国語科専門科目に、「国語音声学」（教育話法研究）・「児童語研究」を取り上げられ、専門話法としての教育話法の自覚、習得、実践、深化の過程と方法を求め続けてこられた先生は、学校教育現場のただいまなすべきさまざまな課題を示されている。新しい教育課程において、音声言語教育の重要性が叫ばれつつも、その指導がともすれば形骸化しがちな今日においては、まず指導者自身が教育話法の自覚、習得、実践、深化、演習に努める必要性があると考える。

『教育話法入門』の深く鋭い考察の根底には、野地先生ご自身が、教育者として絶えず磨きあげてこられた言語生活そのものが基盤としてある。それらをすべて言い尽くすことは難しいが、あえてその中のいくつかを挙げさせていただくとすれば、その一つには、真の教育話法は、指導者自身の「ことば自覚」に立つものであること、二つには、（先生ご自身が、永年書き留めてこられた「話術目録」に見られるような）修練と記録の集積が重要であること、さらに三つめとして、学習者の実態をとらえた学習者研究に基づく教育話法研究であることといえる。

これらは、『教育話法入門』の三つの章に、具体的に見ることができる。第Ⅰ章　教育話法の課題　では、児童・生徒・学生からの、教育話法への切実な期待として、明確性、ユーモア性などの、十項目を挙げられ、さらにその期待性の頂点として、誠実性、傾聴性の二点を挙げておられる。ことに傾聴性については、「1どうしても聴かずにはいられない。2自然に話にひき入れられて、心が晴れ晴れと楽しくなり、はては忘我の境地にはいって、大きい感動受けずにはいられない。3静かな学ぶ喜びに満たされる。4その話を拒否するのではなく、どうしても聴かずにはいられない。という傾聴性に至りつくことが望ましい。教育話法習得の究極は、この傾聴性充足への道程にこそあるといってもよいであろう。教職に立つ言語主体は、この目標にむかって、全人的努力を注がなくてはならない。」（三九、四〇頁）と述べておられる。まさに、学習者の側にたった周到かつ詳細な検証から得られた示唆といえる。

第Ⅱ章　教育話法の習得過程　では、教育実習において、「その際特に話法面についても、じゅうぶん注意して、教育話法習得の状況を、詳細に記録していくことが望ましい。」（一四七頁）と述べられ、自己の生活話法上の問題点に即して、呼吸法・発声法・発音法・アクセント法・抑揚法・表現法のそれぞれについての具体的かつ個別的な話法向上の方法が計画されるべきであると指摘しておられる。「ことば自覚」にたち、「話術目録」を通して話法の修練に努められ、腹式呼吸の鍛錬を続けておられる野地先生のご教示ゆえに、重みがある。

第Ⅲ章　教育話法の熟達過程　では、今日の子どもたちの聞解力や話表力の貧困化の要因として、対話の教育、討議の教育の不在を指摘しておられる。「対話を成立させ、機能させるには、話し手としての、聞き手としての、児童・生徒たち一人ひとりの自己確立を要する。このことはまた、現代の学校教育が児童・生徒一人ひとりの主体性を真に育成しているか否かにかかってくる。」（二三〇頁）という厳しい指摘は、学校教育現場にあるものの胸に痛切に響く。一斉学習やグループ学習のみに頼らず、教室の中に「水入らずの対話」を成立されること、そのためには、指導者自身がまず、生活話法・教育話法に習熟していなければならない。音声言語の学習指導の成果は、その規範となるべき指導者の教育話法の習熟度合に大きく依存していることを肝に銘じたい。

教育話法の修練をつみ、鍛えられた教師による「ことばのつしけ」や「ことばかけ」の有効性にあらためて気づくと同時に、常に、話題選びに周到な準備をされ、一人一人の顔と名前を覚えて、全力投球で研究授業にのぞまれる野地先生の、教育話法熟達に注がれる情熱に深く学びたい。

10　謝恩のことば
――退官される野地潤家先生へ――

野地先生、お元気でご退官を迎えられましたことこころよりおよろこび申し上げます。

平成元年から四年の修了生を代表して、謝恩のことばを述べさせていただきます。

野地先生は、平成元年に副学長に就任されましたが、お忙しいご公務の合間を縫って、ゼミやご講義で指導していただくことができました。このことは、私たち院生にとってこのうえないよろこびでございました。

先生がゼミナール室に、入ってこられるときの空気がぴいんと張りつめるような瞬間を、今でもとてもなつかしく、また心地よいものとして思い出すことができます。ほんとうに先生が体から発散していらっしゃいますアカデミックなオーラのようなものが、なつかしくてたまらないというようなときがあります。また、先生を思い浮かべるだけで背筋が伸びるようなその厳しさは、先生が国語教育に全力を傾注してこられた厳しさそのものであり、教え子の一人一人に注がれる愛情でもあると思います。課題研究に行き詰まったとき、あるいは一身上の悩みについて、院生の一人一人が必ずどこかで、先生のあたたかいアドバイスに救われた経験を持っているのではないでしょうか。

そんなふうに、ご迷惑をおかけしたにもかかわらず、「わたしのことを一番理解してくださっている」のは野地先生、先生にお教えをいただいたものは皆そのように思っているのではないかと思います。徳島在住の修了生にとりましては、先生がご退官にともなって、広島に帰られますことが非常に寂しく、悲しいことではありますが、先生の教え子の一人であることを支えにがんばって参りたいと思います。

先生、どうかいつまでもお元気で、重荷ではございましょうけれども、私たち修了生を今後ともお導きくださいますようお願いいたします。

（平成一〇年三月一四日）

あとがき

平成元年四月から平成三年三月の間、私は、現職教員の身分のまま鳴門教育大学大学院修士課程の言語系国語コースで学ばせていただくことができました。この二年間は、私の人生の中の「ベル・エポック」とでもいうべき二年間でした。

その時すでに、教職について十年あまりが経過していましたが、国語教師としては自らの指導方法について大いなる迷いがありました。それは、今思えば、ひとえに私自身が言語生活者として未熟であったことによるものでした。

この修士課程の二年間の学習者としての体験が、私に、言語自覚を促し、言語生活をより豊かで、楽しいものにしてくれるさまざまな方法や道具・工夫に出会うことができました。それは、たとえば付箋の使い方であったり、カードやファイリングによる情報整理の方法だったりもしました。また、ゼミや演習を通じて、話し合う楽しさ、自己の考えをつづることのよろこびを真に味わうことができました。

これらは、学習者把握の視点や、学習指導目標の設定、学習指導計画の立案に大いなる力となりました。学習者の将来にわたる言語生活に生きて働く力を措定し、具体的にそれらを身につける方法を考えること。迷いから脱し、自分のなすべき事の道筋が見えてきたように思いました。

今回、一冊にまとめることのできた実践は、そうした道筋の記録です。平成三年から平成十五年までの間の、吉野中学校、川島中学校、鳴門教育大学学校教育学部附属中学校、東祖谷中学校での実践です。

この間に私は、国語教師としてだけではなく学級担任、学年主任、研修や図書館の担当、そして、教頭としても生徒たちに関わってきました。こうした職務にも、教科での指導技術の探究によって、培われるものは多くありました。実践の中に、学活や総合的な学習の時間の実践が含まれているのは、そのようなわけからです。

しかし、こうした実践の基盤には、導き支えてくださった師の存在があります。ことに、野地潤家先生からは、国語教師として生きていく上での数多くの指針をいただきました。「実践即研究の精神」「研究は狭く入って、広く突き抜ける」「一番大切にしたいのは教え子」「迷ったときは困難な道を選びなさい」などの言葉を、気がつけば、毎日のように心の中で繰り返している自分がいます。

さらに、この十二年間の私の実践に、大村単元学習の精神を少しでも感じ取っていただけるとしたら、それらはとりもなおさず、橋本暢夫先生のご指導によるものです。解釈の力を必要とする「大村実践の意義と特質」について、具にご指導いただいたことが、土台となっています。

「師のないものは育たない」とは、芦田恵之助氏の言葉でありますが、野地先生、橋本先生、お二人の先生に出会えたことが、今日までの私の実践を形作るもととなっています。

近年、子どもたちを取り巻く言語環境は、著しい変化の波にさらされています。ことに、家庭や社会の変化が子どもたちの心とことばに暗い影を落としています。こうした中で、国語教師としての私がなすべき事は何なのかを求め続けてきたつもりではありますが、なお、なすべき課題は山積しています。これからも多くの実践研究に学びつつ、目の前の学習者の身に、生きて働くことばの力を培うべく精進して参ります。

終わりになりましたが、今回の出版にあたりご尽力いただいた溪水社社長木村逸司氏、福本郷子氏ならびに寺山静香氏に、厚くお礼を申しあげますとともに、各校で私を支えてくださった同僚の先生方、生徒の皆さん、そして家族に感謝しつつ、あとがきといたします。

平成十八年十一月二十九日

谷木由利

跋文

昭和五一（一九七六）年三月に、広島大学教育学部高等学校教員養成課程国語科を卒業して、徳島県下の中学校に勤め、中学校国語科教育の実践・研究に取り組まれた谷木由利さんは、やがて新設された鳴門教育大学大学院学校教育研究科教科領域専攻言語系（国語）コースに、平成元（一九八九）年四月から二年間学ばれた。すでに十二年もの教職経験を積まれていた谷木由利さんは、大学院で橋本暢夫教授の指導を受けつつ、中学校国語科教育の実践・研究の望ましい在り方を求めて精励された。その間の精進の成果は、現場に復帰して二年後、第一著作『中学校国語科における音読・朗読指導の実践的研究』（平成五年二月一日、溪水社刊）として刊行された。音読・朗読への苦手意識を徐々に克服しつつ、ついに清新な成果をまとめられた。そこには本格的な中学校国語科教育実践者・研究者としての歩みがつづけられるにちがいないと想わせるものがあった。

谷木由利さんは、第一著作『中学校国語科における音読・朗読指導の実践的研究』（平成五年二月一日、溪水社刊）を刊行され、さらに十三年を経て、このたび第二著作『学ぶよろこびを国語教室に――中学校国語科教育の活性化と創成を求めて――』を刊行されることになった。中学校国語科教育の活性化と創成と読書指導と指導法の工夫を求めてまとめられた、第二著作『学ぶよろこびを国語教室に』は、左のように四つ（Ⅰ～Ⅳ）の部から成る。

Ⅰ　国語科教育の活性化を求めて（計一〇章）
Ⅱ　国語科授業の創成を求めて（計八章）
Ⅲ　読書指導への取り組み（計八章）
Ⅳ　国語科指導へのくふうを求めて（計十節）

このように、Ⅰ、Ⅱ、Ⅲを通じて計二六章から構成されており、Ⅳは計十節から成る。谷木由利さんが求めつづけられた「国語教室」がみごとに創出されている。谷木さんの求めつづけられた〝国語教室〟、それは、活性化され、成就感に支えられ、伝え合い、高め合う、伝え合う力を高める、個を生かし、意欲的に学習に参加させる教室であった。

本書に収められた実践事例から一〇編をとり出してみると、左のようである。

1 Ⅰ 2 成就感に支えられた国語教室を
2 Ⅰ 4 伝え合い、高め合う国語教室を求めて――中学校入門期の場合――
3 Ⅰ 5 「国語教室」における現状と課題――一九九八年度を振り返って――
4 Ⅰ 7 「伝え合う力を高める」国語科学習指導の展開
5 Ⅰ 10 個を生かし、意欲的に学習に参加させるために
6 Ⅱ 2 話し合う楽しさを教室に――中学校三年間における話し合いの学習指導を中心に――
7 Ⅱ 4 「総合的な学習の時間」に生きる国語科の展開
8 Ⅲ 3 読書生活に培う国語科単元学習の展開――中学二年の場合を中心に――
9 Ⅲ 6 NIEで意見を育てる――中学一年の場合――
10 Ⅳ 7 学ぶよろこびを教室に――学習記録を核として――

これらの実践事例を読み進むと、谷木由利さんの実践の豊かさ、研究の確かさに改めて魅きつけられる。いつの場合も、自然体で教室（授業）に臨まれる谷木さんであるが、その独自の実践・研究には敬服せずにいられない。

第一著作につづく第二著作『学ぶよろこびを国語教室に』がわが国の中学校国語科教育界に道標として生かされることを期待したい。

平成十八年十二月二十六日

広島大学名誉教授
鳴門教育大学名誉教授　野地潤家

初出一覧

Ⅰ　国語科教育の活性化を求めて

1　国語科授業の活性化をいかに図るか
　　—入門単元学習指導の試み—
　　第八回鳴門教育大学国語教育学会シンポジウム発表
　　一九九三・八・二九（平成五）

2　成就感に支えられた国語教室を
　　大村はま国語教室の会研究発表会研究発表
　　一九九三・一一・二三（平成五）

3　学習者把握からの出発
　　—学習記録と音声表現を核として—
　　鳴門市・名東郡国語部会研究発表
　　一九九八・六・二四（平成一〇）

4　伝え合い、高め合う国語教室を求めて
　　—中学校入門期の場合—
　　第三九回広島大学国語教育学会研究発表
　　一九九九・八・一一（平成一一）
　　広島大学教育学部国語科光葉会『国語教育研究』第四三号、四～五一頁
　　二〇〇〇・三・三一（平成一二）

5　「国語教室」における現状と課題
　　—一九九八年度を振り返って—
　　鳴門教育大学学部付属連絡協議会報告
　　一九九九・五・一二（平成一一）

6　「伝え合う力を高める」国語教室を求めて
　—研究の内容と方法—
　第三〇回全日本中学校国語教育研究協議会徳島大会研究紀要『未来を拓《ひら》くことばの力が育つ国語教育の創造—伝え合う力を高める国語教室をめざして』、一一～一四頁草稿
　二〇〇一・一〇・一一～一二（平成一三）

7　「伝え合う力を高める」国語科学習指導の展開
　〃

8　「未来総合科」から「総合的な学習の時間」へ
　—新教育課程開発の意図するもの—
　鳴門教育大学学校教育学部附属中学校第四四回研究発表会研究紀要『自らの学びを未来につなぐ総合的学習—「未来総合科」から「総合的な学習の時間」へ』、一二～一八頁
　二〇〇〇・六・九（平成一二）

9　特別活動の指導を求めて
　—第二学年の取り組み—
　徳島県中学校教育研究会統一大会特別活動部会
　一九九四・一〇（平成六）

10　個を生かし、意欲的に学習に参加させるために
　徳島県中学校教育課程研究集会（国語）提出資料
　一九九五・八（平成七）

Ⅱ　国語科授業の創成を求めて

1　一つの単元をめぐって —「世界子どもフォーラム」（中学二年）の場合—	鳴門教育大学学校教育学部（中等国語）教育実習前資料	一九九五（平成七）
2　話し合う楽しさを教室に —中学校三年間における話し合いの学習指導を中心に—	第三六回広島大学教育学部国語教育学会研究発表	一九九五・八・一一（平成七）
	広島大学教育学部国語科光葉会『国語教育研究』第三九号、四五〜五四頁	一九九五・三・三一（平成七）
3　「野原はうたう」朗読発表会	ニチブン『中学校国語科教育授業実践資料集』第二巻「音読・朗読の学習指導」第四章、二〇一頁	一九九七・三・一（平成九）
4　「総合的な学習の時間」に生きる国語科の展開	明治図書『実践国語研究』一九九九年二・三月号（一九三号）、五〇〜五五頁「『総合的な学習の時間』その実践上の課題をふまえた国語科の展開」	一九九九・三・一（平成一一）

5 学習者の主体性に培う説明的文章の学習指導 —単元「異文化交流を考える」（中学三年）の場合—	第二二回日本国語教育学会関西集会中・高等学校説明文部会発表	一九九七・六・一四（平成九）
	日本国語教育学会『月刊国語教育研究』№306、三四～三五頁	一九九七・一〇・一〇（平成九）
6 古典単元学習の試み —単元「旅と私」（中学三年）の場合—	鳴門教育大学国語教育学会『語文と教育』第一二号、九三～一〇三頁	一九九八・八・三〇（平成一〇）
Ⅲ 読書指導への取り組み		
1 読書のひらめきをカードに　その一	『学遊』	一九九二（平成四）
2 読書のひらめきをカードに　その二	うずしおの会研究発表	一九九三・八・二六（平成五）
3 読書生活に培う国語科単元学習の展開 —中学二年の場合を中心に—	鳴門教育大学国語教育学会『語文と教育』第一一号、七一～八〇頁	一九九七・八・三〇（平成九）
4 教科書の周辺を読む —二つの単元を中心に—	阿波麻植中学校教育研究会国語部会研究発表	一九九六・六・二一（平成八）

5　学校図書館に調べ読む楽しさを	第三〇回全国学校図書館協議会研究大会（浦和大会）「情報活用能力を培う学校図書館―自ら学び心豊かな子どもたちの育成を目指して―」研究発表	一九九六・七・三一（平成八）
	同研究集録『今日の学校図書館』、二九〇～二九一頁	一九九六・一一・三〇（平成八）
6　NIEで意見を育てる ―中学一年の場合―	徳島県NIEセミナー報告資料	一九九七・一二・二〇（平成九）
7　新聞で育てたい情報活用能力	徳島新聞「私のNIE実践報告―育てたい情報活用能力―」	二〇〇二・一二・一六（平成一四）
8　読書生活指導と新聞	徳島新聞「私のNIE実践報告―読書生活指導　欠かせぬ新聞記事―」	二〇〇二・一一・一八（平成一四）

Ⅳ　国語科指導へのくふうを求めて

1　二年古典学習指導のくふう ―朗読と古典新聞づくりを通して古典に親しむ―	板野郡国語研究委員会発表資料	一九九五・五・三一（平成七）

2	発表会を目標として	東京法令出版社『月刊国語教育』一九九八年一〇月号、五九頁	一九九八・一〇（平成一〇）
3	今、中学生と	大村はま国語教室の会『はまゆう』第七一号、三～四頁	一九九九・一一・一（平成一一）
4	朗読を求めるよろこび —生徒とともに—	青玄会『国語教室』	一九九三（平成五）
5	阿波方言の分布と特徴	新学社『国語活用資料集』徳島県版、一五～一六頁「方言」草稿	一九九三（平成五）
6	一人一人が課題を胸に	東京法令出版社『月刊国語教育』二〇〇三年三月号、四六頁	二〇〇三・三（平成一五）
7	学ぶよろこびを教室に —学習記録を核として—	日本国語教育学会『月刊国語教育研究』№326、五六～六一頁実践報告	二〇〇三・一・一〇（平成一五）
8	生活的に語彙を学ばせるくふう —中学一年の場合—	明治図書『国語教育』二〇〇四年七月号、八八～九〇頁	二〇〇四・六・一二（平成一六）
9	『教育話法入門』の示唆するもの	明治図書『野地潤家著作選集』別巻2、二三一～二三四頁	一九九八・三（平成一〇）

【著者略歴】

谷　木　由　利（たにき　ゆり）

1953年11月29日香川県に生まれる。
1976年３月広島大学教育学部高等学校教員養成課程国語専攻卒業ののち、香川県、徳島県の公立中学校教諭（国語科）に。
1989（平成元）年４月より、現職教員のまま鳴門教育大学大学院学校教育研究科教科領域教育専攻言語系（国語）コースに学ぶ。平成３年３月同コース修了。
1991（平成３）年４月徳島県板野郡（現阿波市）吉野中学校教諭
1996（平成８）年４月　〃　麻植郡（現吉野川市）川島中学校教諭
1998（平成10）年４月鳴門教育大学学校教育学部附属中学校教官
2001（平成13）年４月徳島県三好郡（現三好市）東祖谷中学校教頭
2003（平成15）年４月　〃　美馬郡（現美馬市）美馬中学校教頭
2006（平成18）年４月より徳島県吉野川市美郷中学校教頭　現在に至る。
1997（平成９）年11月「大村はま奨励賞」受賞

著書に『中学校国語科における音読・朗読指導の実践的研究』1993（平成５）年２月１日、溪水社刊　がある。

学ぶよろこびを国語教室に
――中学校国語科教育の活性化と創成を求めて――

平成19年３月１日　発行

著　者　谷　木　由　利

発行所　株式会社　溪　水　社
広島市中区小町１－４（〒730－0041）
電　話（082）246－7909
ＦＡＸ（082）246－7876
ＵＲＬ http://www.keisui.co.jp/

ISBN978－4－87440－959－6　C3081